Constitutional Law Review

张千帆◎丛书主编

世界宪法评论

第三卷 | Volume 3

北京大学人大与议会研究中心　编

方　明　主编

中国民主法制出版社

2017年·北京

图书在版编目(CIP)数据

世界宪法评论．第三卷/方明主编．--北京:中国民主法制出版社,2017.12

ISBN 978-7-5162-1760-3

Ⅰ.①世… Ⅱ.①方… Ⅲ.①宪法—文集 Ⅳ.①D911.04-53

中国版本图书馆 CIP 数据核字(2018)第 003973 号

图书出品人:刘海涛
出 版 统 筹:乔先彪
责 任 编 辑:唐仲江　程王刚

书名/ 世界宪法评论(第三卷)
作者/ 方　明　主编

出版·发行/ 中国民主法制出版社
地址/ 北京市丰台区玉林里 7 号(100069)
电话/(010) 63292534　63057714(发行部)　63055259(总编室)
传真/(010) 63056975　63292520
http://www.npcpub.com
E-mail:flxs2011@163.com
经销/ 新华书店
开本/ 16 开　710 毫米×960 毫米
印张/ 15.75　**字数**/ 240 千字
版本/ 2017 年 12 月第 1 版　2017 年 12 月第 1 次印刷
印刷/ 永清县金鑫印刷有限公司

书号/ ISBN 978-7-5162-1760-3
定价/ 36.00 元

世界宪法评论

Constitutional Law Review

卷首语

总统制与议会制不仅是西方主要国家两大基本的政体分类,也是新兴民主国家在选择政权组织形式时所面临的困惑,由此引发广泛的关注与争论。政权组织形式也在很大程度上决定了一国的国家治理体系及治理能力,是公法学本应予以更多关注的重要主题之一。令人遗憾的是,即使在一般的研究中,当我们给各国贴上"总统制""责任内阁制""双元首脑制"的各色标签时,其背后因应各国"特色"的丰富多彩的制度表达往往就被遮蔽、忽略了。正如"猫科动物"这一指称无法弥合猫和老虎之间存在的巨大鸿沟一样,同谓之为"总统制"的美国、巴西、俄罗斯之间的差距也不可以道里计;而在"总统制"的美国与"议会制"的英国之间,其实倒未必没有"暗通款曲"之处。本卷设有"专题"与"论文"两大栏目,包括论文、译文,其中五篇专题文章致力于在"总统制""议会制""半总统制"之间进行比较研究,并对若干典型国家展开深入剖析,另五篇文章涉及人大制度建设、议会民主、财政预算以及选举与政党政治等相关话题,以资为相关研究及未来的实践有所借鉴。本卷若干文章曾在"第四届世界宪政论坛暨议会民主制度比较研究国际学术研讨会"上进行过交流。

杜瓦杰的《一个新的政体模式:半总统制政府》系统介绍、分析了一种所谓介于总统制与议会制之间的政体类型,在分享"半总统制"的名号之下,跨越时空的七国实践其实有着巨大的差异。杜瓦杰在文中构建了一个分析模型,将宪法文本、政治文化环境以及实际的政治力量对比抽取出四个参数进行演绎,令人耳目一新。他得出了一个很有意思的结论,即在实际政治运作中是否存在主导性的政治力量往往决定了宪法文本与实践的偏离程度,这就提示我们宪政本质上是一种平衡的制度设计,如果某种政治力量在实际生活中具备碾压性的地位,那么任何精妙的宪政制衡设计都将被扰动甚至异化而走向崩溃或名存实亡。巴西的政体选择与实践在某种意义上就可谓是这一结论的注脚。谭道明的《总统制还是议会制——巴西的政体变迁与民主转型》详细考察了巴西民主化转型中政体选择的论争与较量，为我们描绘了巴西政体变迁的历史画卷及其背后的深层因素。

自阿克曼教授发表《新分权》以来，围绕总统制抑或议会制的争论在美国公法学、政治学界再掀热潮，各路高手纷纷“亮剑”。本卷特意选取史蒂文·卡拉布雷西和理查·阿尔伯特的两篇商榷文章，以期窥测美国同行关于该问题的论争。史蒂文·卡拉布雷西是美国新保守主义的代表人物之一，其在《总统制的优点——为何偏好德国而非美国宪法的阿克曼教授是错的》一文中为美国宪制作了强有力的辩护，对阿克曼的观点展开了深入辩难，是对美国宪制最经典的阐释之一。若想深入研究美国宪政运作成功的奥秘，该文不可不读。一直以来，我国公法学界在引介美国宪法理论及实践时，着重关注以最高法院为主角的司法宪政，而对另两大分支的研究较为薄弱，除了早年民国总理熊希龄等人翻译的威尔逊总统的《国会政体——美国政治研究》与近年来蒋劲松、孙哲等人的相关著述外，我们关于美国国会与总统具体如何运作的研究文献并不丰富。在《总统制的优点》中，卡拉布雷西认为美国国会委员会及小组委员会实质上是准议会制的执行结构，此观点在理查·阿尔伯特的《总统制和议会制的融合》中也得到了某种印证。由此观之，我们未必就对貌似最为熟悉的美国政体与宪制把握到位。

卡氏在论述美国总统制的十大优点时也明确指出了美国总统所要面对的强大的制衡，这种制衡力量来源于选举、政党、国会以及法院等一整套的宪政结构设计。在《总统制和议会制的融合》一文中，理查·阿尔伯特进一步分析比较了传统理论关于议会制与总统制的所谓差异，指出二者的结构性差异常常隐藏了它们在功能上的共性，且二者在实践中互相借鉴，实现了某种制度上的融合。理查·阿尔伯特最后得出结论，即对规范的宪政框架而言，总统制抑或议会制并非重点，关键在于是否吸收了根本的民主机制。陈国栋的《政治问责制视角下的总统制、内阁制之比较》则从责任政治的视角比较了总统制与议会制各自的民主合法性基础，指出了责任内阁制看似更民主，却在稳定性、避免利益俘获等方面不如总统制，反映了代议制民主的内在复杂性。该文也在一定程度上呼应了卡氏在《总统制的优点》中的论点。

政体作为政权组织的形式问题，除了宏观层面的类型比较研究外，当然也应包括具体的制度如何去建构及运作。余下的五篇文章围绕中国、澳大利亚、德国、泰国的具体问题而展开。

郭道晖郭老的《完善我国人大制度的几点思考》从一个亲历人大制度

建立、改革历程的老一辈学人的视角澄清了一些理论及实践中的认识误区,这些也许都是常识,但在常识遭遇各色前现代、后现代话语挑战的当下,更显必要。中国公法学有一堆真实的问题需要澄清,这些问题往往只需要我们直面真相、诉诸常识即可,遗憾的是时髦话语永远有种泡沫般的魅力,吸引着追逐新鲜的人们的眼球,不知不觉中陷入“问题殖民”而不自知。田飞龙的《立法权的宪制化:议会民主的宪法使命》从思想史与制度史的角度对立法权的理论基础进行了翔实的考察,论述了立法权在宪制中的核心地位,并以2015年修订的立法法为中心对中国立法权的规范建构提出了设想,对相关的若干具体问题提供了解决方案。胡玉桃的《澳大利亚财政预算制度与议会监督》则从财政预算这个具体问题上介绍了澳大利亚在预算民主方面的成熟经验,展示了代议制民主的重要实现方式之一。

最后,若对政党与国家之间的关系感兴趣,那么马丁 · 莫洛克的《政党在政治活动中发挥的支撑作用对宪政国家造成的改变》值得研读。该文介绍了政党政治在德国国家机构及联邦制中的运作状况,探讨了政党在国家与社会之间的中介作用及其宪法定位。德国发展了颇具特色的“政党国体”理论,对我们也不无参照意义。如何因应各国国情在现代宪制结构中恰当地安顿政党这一最为活跃的政治力量,不正是一些政治宪政主义者最恢宏的理论抱负吗?政党政治是各种宪政机制得以运作的最重要动力来源,如何避免政党的官僚化、行政化而保持应有的活力,真正发挥政党在国家机器与社会、民众之间的中介作用,才是某些理论建构应该认真思考的着力点。而泰国自20世纪二三十年代以来直至现今民主转型的教训,则值得每一位对选举与民主问题感兴趣的严肃思考者深思。安德鲁 · 哈丁与彼得 · 莱兰在《新兴民主国家泰国的宪法设计、选举过程与叛乱》一文中揭示了深深困扰泰国的所谓“两种民主”问题,民主是所谓“多数人的私权”抑或审慎的、理性的政治生活?这不仅关乎民主的质量,更关乎着民主制度能否真正在发展中国家扎根。泰国的转型挫折警示了在族群分裂环境下选举政治所可能导致的恶性循环,而宪政机制设计上的缺陷——泰国选举委员会的内在职能张力可能加剧冲突,提示我们关于宪政与民主之间的微妙性,能否相得益彰关键在于审慎的制度建构。

方　明

2017年7月4日于南京

目　录

Contents

一个新的政体模式:半总统制政府

杜瓦杰*/文　张千帆**/译

1970 年出现了一个想法,就是对 1958—1962 年建立的法国政治体系和其他欧洲国家进行比较,后者的共和国总统由普选产生并被授予个人权力,同时和一个建立在议会赋予的信任基础上的内阁共存。同时有人建议,这类处于总统制和议会制之间的政府形态应该被称为"半总统制"(semi-presidential)。除了巴黎政府之外还有五个,其中四个运行于芬兰、澳大利亚、爱尔兰和冰岛,另一个运行于 1919—1933 年的德国魏玛共和国。此后,1975 年葡萄牙宪法又建立了一个半总统制,但是同样类型的政府却在希腊失败了。1975 年希腊宪法赋予国家元首相当大的个人权力,却并不要求他由普选产生。看上去 Karamandis 先生假如赢得后来的大选,就会提出这样的改革。不幸的是,1978 年总理的败选给这个戴高乐式的过程画上了句号。

八年之后,这项比较研究的初步结果以《制约国王》的标题出版〔1〕;在这部 250 页的专著中[166]〔2〕,第一部分追踪了有关国家的一般图景,第二部分则更详细地讨论了法国政体并与相应国家进行比较。索邦大学政治系的研讨班在来自所涉及的每个国家的"助理"或学生的帮助下,继续对 6 个半总统制政体进行比较分析。上述论著为所进行的研究提供了启示。

新政体模式建立在四个关键变量的基础上:宪法规则、议会多数的构成、总统相对于议会多数的地位、全国性与偶发性因素。后三者将在后面

---

* Maurice Duverger, A New Political System Model: Semi-Presidential Government, 8 *European Journal of Political Research* 165 (1980).

** 北京大学宪法学教授。

〔1〕 M. Duverger, *Echec au Roi*, Paris: Albin Michel (1978).

〔2〕 此为原文页码,下同。

深入探讨。第一个变量需要一些初步解释。在此所用的半总统制政体概念只是从宪法内容上定义的。如果规定此政府形式的宪法综合了以下三个要素,政体就被认为是半总统制:(1)共和国总统由普选产生;(2)他享有相当的实权;(3)他也有对手,那就是享有执法和政府权力的首相和部长,而他们只有在议会不显示反对的情况下才能任职。

这个定义需要应对几个难题。在芬兰,总统并非由直接普选产生。公民通过比例代表选举"大选举团"(grand electors),后者再通过三级投票选举国家元首。这个系统和美国类似,只是芬兰的"大选举团"并非经由选区多数票决产生,并可以自由选择总统。[3]在冰岛,总统几乎没有个人权力——允许他自行作出决定或阻止首相及内阁在不经过他而作出决定的权力。他的权力仅限于拒绝首相提出的解散议会决定,或把法律提交给最高法院,使之可能宣布其违宪。起初有些犹豫,是否要把这个国家归为半总统制的政府形式。然而,当 O' Dalaigh 总统 1976 年向最高法院提交法律时,触发了一场危机,表明上述权力并非无足轻重。

政治学家一般并不从宪法定义开始建构分析模型,但是任何人都不会梦想看一场足球或桥牌比赛,而不考虑比赛规则。它们构成了游戏策略和战术的基本面,并定义其框架。[167]法学家模糊了宪法的深层本质,认为它们是神圣的文本,只有一种"正确"的解释,其余都是"错误"的。当然,笔者的意思是每一个评论人都相信他的不同于其他人的解释是唯一正确的。实际上,宪法解释不可能从其所适用的政治权力之间的相互关系中分离出来。如果这种相互关系发生变化,宪法建立的政府形式的结构和职能也会同时变化。

一、半总统制实践的多样性

规定半总统制政府的宪法相对来说大同小异,对于国家元首的权力而言却显示出相当的差异。然而,对于政府系统的一般面相而言,这些差异仍属次要。它们远不如诸多政治实践重要,后者是七国比较分析所揭示的基本特征。规则的相似性与多样性是本模型所适用的七国形成的两个结构面。在其中三个国家,总统其实是傀儡;在一个国家,他权力很大;在

---

[3] 美国"选举院"由各州按名额(该州在联邦的众议员和参议员总数)划分选区选举产生,而选举人必须按该州多数选举结果统一投票,选举人个体并无选择自由。芬兰的选举人则可以按自己的意愿投票。——译者注

其他三个国家,他和首相分享权力。

1. 三个傀儡总统国家:奥地利、爱尔兰和冰岛

奥地利、爱尔兰和冰岛宪法属于半总统制,政治实践却是议会制。虽然国家元首由普选产生并享有法律赋予的个人权力,但这三国总统却颇像意大利和德国总统或英国女王;换言之,他批准政府向他提出的所有决定,真正属于他的权力仅限于选择首相,而他的选择并非由选举结果所决定。然而,三国之间存在几处差异可供观察。在实践中,爱尔兰总统比奥地利总统行使更多的个人权力,奥地利总统又比冰岛总统行使更多的个人权力。

在冰岛,看不到偏离议会制正常实践的任何迹象。由于那里的政党比爱尔兰和奥地利更多,而任何政党都从未独自获得绝对多数[168],首都雷克雅未克的国家元首对内阁形成要比都伯林和维也纳的国家元首拥有更多的行动自由。然而,这既不是因为他由普选产生的威望,也不是因为宪法赋予他的个人权力,尽管后者确实非常宽泛。冰岛总统严格遵循议会制游戏规则,并被认为是一个相对中立的仲裁人而非立场坚定的政客,代表整个国家说话。

这也许是为什么冰岛建立了一个奇特的制度:每个总统再选的时候,如果没有人反对他即自动延续职位任期。由于这个缘故,自从独立以来,冰岛只发生过1952年和1968年两次真正的选举。第二次选举阻止了从终身总统制向半世袭制的转变,选举人否决了一位去世的前任总统的女婿想顶替岳父的愿望。任何人都说不好,职位的终身延续是冰岛国家元首中立角色的因还是果。只有一件事是确定的:公民希望看到他扮演议会制国家元首的傀儡角色。然而,在严重危机的情况下,总统是可以更积极干预的,例如Bjoernsson作为丹麦摄政王在1942年所做的:在没有议会多数的情况下,他和贵族组成的内阁统治了两年之久。

在爱尔兰,主导政治生活的两大党[共和党(Fianna Fail)和部落党(Fine Gael)]有时可能达成协议,提出单一候选人。这清楚地表明了总统的傀儡特征,宪法也没有赋予他什么权力。唯一的例外是"国父"Eamon de Valera,国家英雄和独立的设计师。1959年,他以77岁高龄竞选总统。他希望得到一种上佳的退休计划,帮助一位新人继任共和党领袖。然而,他的党魁继承人和政府领导继任人却看上去和他的关系一般。1966年,他的再次当选并非易事。爱尔兰人似乎更倾向于共和国总统做一个傀儡。

1976年,O' Dalaigh总统希望行使其向最高法院提交法律的宪法权

力,但是这一举动触发了和内阁之间的冲突,导致国家元首辞职。这表明爱尔兰总统的权力并未处于作废状态,但确实极少行使。没有人否认他有权行使法律赋予他的特别权力。[169]就同其前任和继任一样,总统属于共和党,但危机来自其掌握议会权力的对手(部落党),而这种情况是非常罕见的。总统和内阁之间之所以产生冲突,是因为他们在政治上彼此对立。O'Dalaigh 先生是两党都接受的,并在没有竞争的情况下任职,而这使得情况更加复杂:他通过行使自己的权力,看上去又像党的人,而如果他忠于职守的话就不应该这样。这种情形和爱尔兰首任总统 Douglas Hyde 面临的状态截然相反。他由共和党提名,并在没有竞争的情况下当选,曾两次针对提名他的政党行使其向最高法院提交法律的权力。1945 年,他没有再次获得提名,Sean Thomas O'Kelly 当选。

在奥地利,共和国总统行使他的某些权力。至少在 1966 年之前,当两大党(社会民主党和民粹党 Populist)中的任何一个都不能自行获得多数,它们只能在"大联合"的框架下共同统治时,总统是这么做的。这个框架是共和国总统违背民粹党意愿强加的,后者想和接近泛德意志主义和新纳粹的右翼小党自由党联合。1953 年,Koerner 总统强有力地推动了"大联合"。1959 年,Schaerf 总统效仿此法,宣布他不会接受自由党出现在内阁之中。几个议会制的国家元首都施加压力,推动形成他们更倾向的多数;然而,压力却不那么大,因为他们权力有限。

在这期间,某些奥地利总统扮演了常规议会制之外的另一个角色。尽管他们是社会民主党人,总理(chancellor)被假定是民粹党人,由一位社会民主党的副总理辅佐。原则上,后者的职责是控制联盟的平衡,尤其在任命高官的过程中保证联盟两党之间职位的公正分配。实际上,Koerner 总统尤其是 Schaerf 总统倾向于个人保证社会民主党对民粹党总理的控制,而不是留给副总理作为社会民主党的官方领袖。作为社会民主党的前领袖和前副总理,Schaerf 总统看上去是民粹党总理 Raab 的天然对头。1953 年,他们共同谈判了大联盟协议。他充分行使了自己的任命权,保证社会民主党在联盟中的代表[170],因而取代了其继任副总理的职责。1966 年之后,一个政党获得了绝对多数(除了 1970—1971 年外,当时形成了社会民主党少数内阁),奥地利总统不再真正行使职权,而变成了议会制的国家元首。

2. 全权总统制国家——法国

1962 年的法国修宪引入了总统普选,但是 1958 年宪法并未赋予共和国总统太多个人权力，除了第 16 条允许他在非常情况下成为名副其实的临时独裁者——非常情况是指"共和国制度、国家独立、领土完整或其国际义务的履行受到严重的直接威胁，且宪法公权力的运行遭到中断"。这些条件不易同时发生，尤其是第 2 条设定了起义、侵略或核弹袭击。第 16 条只被用过一次，那是 1961 年阿尔及利亚 Challe 将军的军事政变之后。虽然在其象征性价值上花费过许多笔墨，但这一条其实可以忽略不计。

除了第 16 条外，法兰西共和国总统还可以自行作出决定，无须总理附署与内阁或议会多数的同意，但仅限于四个领域：(1)解散国民议会，一年内不得再次解散；(2)将他认为违宪的法律或国际义务提交宪政院；(3)在其前任的任期到期后任命三名宪政院成员及院长；(4)向议会发布咨文。

另外，总统可以拒绝签署部长会议讨论通过的条例和法令。条例是内阁在授权立法时通过的文本，具有法律效力。法令则涉及资深官员的任命，包括国政院(Council of State)成员、审计办公室负责人、省长、大使、将军、国立大学校长和中央行政机构负责人。所有其他法令可以由总理自行作出，因为他有执法权和立法权。至于议会立法，总统在一定时间内如果愿意的话可以提交给宪政院，在此之后即有义务颁布之。[171] 他也可以将其发回众议院二读，但是这项决定受制于附署；换言之，没有总理同意就不能作出。总统也可以拒绝诉诸公投，即便内阁或议会请求之。但是没有二者之一的提议，他就不能诉诸公投。

法兰西共和国总统的主要权力带有波动性。除了参与任命资深官员之外，它们不像议会或内阁权力，并非一般行使的常规权力，而只是不经常行使的非常权力。另外，议会多数并无决定权。它倾向于或者阻止一项决定，以便将其提交给新的检验并检查其正当性，或者将决定交给法国人民(解散议会或公决)。它对应于宪法第 5 条所规定的仲裁。

在实践中，法国总统行使大得多的权力。1964 年 1 月 31 日，戴高乐将军以极有争议的方式解释宪法，宣布"选举总统的人民将不可分割的权力完全委托于他，除此之外不存在他未被赋予和未曾持有的内阁、内政、军事或司法权力，他有义务协调仅属于他的最高领域和他委托给别人控制的其他领域"。这些高论未能考虑的是，国民议会就和总统一样，也是人民选举的，也和他一样是国家主权之所在。它们也忽视了一个事实，那就是任何国家机关都无权定义自己以及其他机关相对于自己的权能，即便它掌握了最高权力，因为二者都是由所有机关必须遵守的宪法规定的。它们还忽视了一个事实，内阁及其领袖必须保持议会代表的信任，才能继续任职并行使权力,而这就限制了总统的选择;正如将军自己对 Paul Reynaud 说的,总统并不能罢免总理。

然而,戴高乐将军的继任者行使了几乎和他同样的权力。他们直接行使了宪法赋予他们的特别权力,并通过迫使总理和内阁服从而间接行使了属于他们的权力。因此,他们成为行政最高首脑和真正的政府首脑。[172] Rene Capitant 教授把总理刻画为"共和国总统的幕僚长"。三位继任总统的风格差异是显而易见的,但其权力的实质却是一样的。蓬皮杜和德斯坦对内阁享有的权力并不比戴高乐将军少。

总统权力的形式会按照总理类型而发生变化,并在这方面可以区分为几个变种。在 Michel Debre、Jacques Chaban-Delmas 和 Raymond Barre 任总理的时候,总统实际上就是路易十三世或路易十四世之下的法国君主制:首相只是在国王许可之下才执掌权力,且随时可被废黜。这种体制的好处在于分担国家元首的责任。蓬皮杜、Maurice Couve de Murville 和 Pirre Messmer 总理是总统意志的直接执行者。蓬皮杜的强烈个性及其 1968 年 5 月的行动赋予其个人权力之后,戴高乐总统使之退居"共和国二线(reserve)"。希拉克是一个特例,其个人活力不允许他只做总统的执行人,也不会让总统对他完全信任,他受到了爱丽舍宫永久而琐细的控制,而这被描述为"超总统制"。

国家元首的权力扩展并不涉及违宪。法国总统只有四次漠视宪法规定,而每一次都获得了总理、内阁和众议员多数的同意:1960 年拒绝召集议会特别会议,1962 年和 1969 年两次依据第 11 条规定的复决进行修宪,1973 年拒绝将宪法修正案提交复决或议会表决。除了这些事例之外,总统权力的延伸通过一个很简单的机制在宪法框架内实现:总理和内阁同意服从国家元首的命令。假如他们当时拒绝服从,而总统试图忽视他们的意见,那么就违背了宪法。迄今为止,违宪尚未发生,因为政治力量之间的相互关系不允许其发生。[173]

3. 总统和内阁权力平衡的三国:魏玛共和国、芬兰和葡萄牙

半总统制规定了二元政体(diarchy)。这类宪法设立了一位由普选产生的总统并赋予其个人权力,同时又有建立在议会之上的总理和内阁并赋予其行政权力,从而在国家心脏处引入了二元制。然而,这种二元制在七国中的四国纯属表面,因为冰岛、爱尔兰和奥地利的总统仅限于象征职能,法国总理则被降格到幕僚长的角色。相比之下,真正意义的二元制正在或曾经运行于魏玛共和国、葡萄牙和芬兰。

人们对魏玛共和国一般评价不高,因为它未能防止希特勒攫取权力。然而,错既不在于总统普选,也不在于宪法赋予其宽泛的权力。假如魏玛共和国是一个常规的议会政府,它的崩溃可能还会更快一点。实际上,魏玛共和国并非像通常描述的那样。它的第一任总统艾伯特(Friedrich Ebert)并未被限于议会制国家元首的角色,而是广泛行使了其半总统制的特别权力。艾伯特根据第 48 条制定了许多条例:1919 年 5 个、1920 年 22 个、1921 年 12 个、1922 年 6 个、1923 年 38 个——马克在这一年崩溃了。他任命了不属于任何党派的非议会制总理——1922 年的 Cuno 和 1925 年的 Luther。Cuno 的任命没有和政党事先商量,是在政党之外选择的;这个内阁把工程师和政客混在一起,可以说是 1930—1932 年总统内阁的前兆。这允许帝国议会在左翼获得社会民主党的支持,在右翼获得德意志国家党的支持。

艾伯特的继任者兴登堡在就任总统之初,更多地将自己局限于傀儡角色。1925—1930 年,德国正处于繁荣期,政治对立不那么严重。在风平浪静中航行,部长们更为稳定,也更高效。西方资本主义大危机改变了一切,对欧洲工业化国家产生了沉重打击。它要求作出强有力的决定,但这在没有议会多数的情况下是不可能的。然后兴登堡干预了,就和艾伯特在暴动和严重通胀时的干预一样。Bruening 内阁一开始就比 Cuno 内阁更缺总统制元素,因为总理是一位政客、议会中间派领袖。1930 年 7 月解散议会之后就更是如此,纳粹在帝国议会中的代表从 12 个增加到 107 个。此后,总理只能通过国家元首才能行动,而后者以极为宽泛的方式适用第 48 条,1931 年制定了 43 个条例。同时,议会也认可退居二线。1930 年 9 月选举的帝国议会在那一年开了 12 天的会,1931 年开会 56 天,1932 年 10 天。代表们并没有被强迫冷藏自己,他们如果愿意的话可以正常开会。他们自愿限制了他们对内阁和立法行为的控制,允许 Bruening 通过条例采取行动。他们之所以能这么做,要归功于社会民主党人的弃权;后者不认同总理政策,却"为了防止德意志共和国沉沦于法西斯专政"而容忍了。

这一策略并不像听上去那么荒谬。1930 年 3 月 30 日至 1932 年 5 月 31 日,统一政府统治德国两年零两个月,有能力作出决定并立法以应对世界性危机。在同一阶段,法国换了五届政府,每五个月换一届政府。事实证明,魏玛共和国制度比法国第三共和更有效。1932 年 4 月,总统选举使得所有纳粹反对者得以重新组织,除了在玩弄把自己候选人保留到第二轮游戏的共产党。兴登堡元帅的光环阻止了老右派围绕希特勒,希特勒被击败了。

魏玛总统行使权力的节奏有点不规则。这些权力是在必须行使的艰难时刻才被行使,在其余时间则被冰封起来。芬兰提供了另一种节律的例子。这个最悠久的半总统制已经运行了整整六十年,其历史清楚地呈现出两个阶段。1919—1939 年,其实践主要取决于国家元首的个性,弱总统一般伴随着强总统:强总统 Stohlberg 之后是弱总统 Relander,之后又是强总统 Svinhufud,再后是弱总统 Kallio。在某种程度上,这是大选举团集会期间政党操控的结果。一个铁拳总统之后,更想要一个软掌总统。总统统治国家的无能又产生一位积极强人,把天平往另一方倾斜。如果总统由直接普选产生,事情很可能沿着不同路径发展。

1945 年之后,芬兰即无弱总统。相反[175],可以看到国家元首权力的不断强化。Paasikivi 总统在其积极引领的外交政策领域扮演关键角色,在内政领域则对高官任命这个非常重要的问题将自己的意志强加于内阁之上。他的所有前任都在某些任命决定上没有采纳内阁的建议,Passikivi 则将这种方式系统化了。这经常并不是要提升他的战友,而是要恢复论资排辈体制。这项制度有助于避免过高的换人成本,并维持行政的稳定性。部长们最后默认了这种方式,仅提议那些可能让国家元首喜欢的候选人,以避免在委员会的正式程序中出现不同意见。然而,这种惯例并未随着其始作俑者的离去而消失。现在,任命资深官员是总统权力的基础之一。

Paasikivi 先生掌权 10 年。这是以前的总统所没有过的,他的前任只任一届 6 年。1956 年,他的继任 Kekkonen 开始掌权。在 300 人的大选举团中,他凭 1 票多数当选,1962 年勉强连任,但是在 1968 年选举中大获全胜。1974 年,议会几乎一致投票同意延长其 4 年任期,使之从精疲力竭的竞选中恢复过来。1978 年,他再次凯旋连任,赢得了几乎所有政党的支持。他在议会和国家都获得了相当的权威。宪法允许他日常参与政府行政。

Kekkonen 先生行使其总统特权,敦促各党建构尽可能大的多数,以便总理及其团队获得统治的手段。他热衷于"绿红"联盟,社会民主党和农民党的衰弱迫使他把联盟扩展到其他党派,尤其是共产党。总统想把后者融入正常的议会生活中去,这让他有时候和他认为不够的多数联盟分道扬镳。例如 1975 年 5 月,他把罪责怪到农民党—社会民主党政府,迫使其辞职并同时决定解散议会。然而,直到国家元首不承认之前,内阁曾接连 11 次躲过了信任表决。尽管如此,Kekkonen 先生仍然认为其多数太微弱,不足以度过经济危机。

紧接着的选举并没有改变多少议会构成[176]，只是向右移了一小点。在形成更大多数的拉锯战中，总统集体会见了所有政党的领袖们，指示他们3天内形成“全国紧急”内阁，并大肆宣传这个最后通牒。各党遵守了时间限制，组成了农民党、社会民主党、共产党、自由党和瑞典人党的大部制，但是它只持续了293天。在这段时间里，只能由不足多数的内阁统治，基础极为薄弱。1977年5月15日，总统所期待的大联盟终于形成。

芬兰总统经常建立少数派内阁，其中某些总统得益于多数党的轮流交替。这也出现于别的北欧议会制国家。如果局势变得更加艰难，国家元首就形成公务员和工程师内阁，或者他们与政客乃至工会合在一起的“混合”内阁。这些内阁能够在局势得不到缓解的情况下，加快处理眼下的事务。他们只是在得到议会接受的条件下留任，在得不到信任的时候就垮台。他们在过渡时期履行职责，直到下一次选举或新的多数形成为止。自Stohlberg在1922年与1924年使用过之后，这种处理方式已成为芬兰的传统。

半总统制在葡萄牙运行了不到3年，因而这种政府形式只允许表面化的分析。它表明国家元首既非傀儡，也非全权在握，而是与他的芬兰与魏玛同事属于同一类型。在其早期，Eanes总统极少行使宪法赋予他的极宽泛权力。然而，他对内政产生了谨慎而持续的影响。葡萄牙先是有社会党领袖Mario Soares建立的少数党内阁，仅代表35%的选民和40%的议会席次。为了得到更宽广的根基，Mario Soares和他的政党又与自由主义右翼政党——民主社会中心——联合。

1978年7月，“民主社会中心”背弃之后，Mario Soares想回到社会党少数内阁继续执政。总统拒绝了，罢免了总理，并建立了一个不基于任何政党的总统内阁，但是很快就被议会代表们推翻了。第二个总统内阁取而代之，议会为了避免解散而答应不推翻。国家元首之所以下决心采取这样的积极行动[177]，是因为他认为先前的政府未能作出足以解决国家经济灾难的决定。他希望形成一个中间多数派，而这是很难形成的。

二、半总统制政体的分析模型

作为一个分析模型，半总统制政府概念的目的是解释，为什么相对同质的宪法在适用方式上极端不同。它只有四个参数：宪法的实际内容、传统和情境（circumstances）的结合、议会多数的构成以及总统相对于这个多数而言的地位。后两者的行为可以表现为一个转换方阵，表明政体在所有可能情形下的运行方式。相对于这个核心机制，前两者有点外因特征。在某种程度上，它们定义了转换方阵适用的环境。

1. 外生变量：宪法内容和传统及情境

既然宪法规定了行为者必须遵守的游戏规则，宪法内容就显然影响其所建立的政府形式的实际适用。有关国家的所有宪法都对总统概括了大同小异的方案：普选产生、享有个人特别权力，同时也有总理和内阁，他们只有在议会让他们任职期间才能行使政府权力。然而，尤其在关于总统权力的定义上，这些宪法并非绝对相同。爱尔兰宪法赋予国家元首极少的个人权力，芬兰宪法则给他众多重要的特别权力，二者极为不同。

半总统制宪法分为三种类型。某些宪法把控制权力仅赋予国家元首，尤其包括向宪政法院提交法律、行使解散议会和启动复决的权力以及在非常情况下诉诸部长会议命令的权力。爱尔兰就是这种情况，这些权力总统都有，有时与内阁合作行使。在上述权力之上，其他宪法还加上只有总统才能自由行使的罢免总理的权力。因此，内阁只有在获得双重信任的情况下才能保持权位：议会信任与国家元首的信任，二者被置于同等地位。奥地利、德国魏玛和葡萄牙都属于这一类，其中奥地利只允许补充性特权，后两者还规定了其他权力。

最后，冰岛和芬兰宪法让总统成为比仅仅是控制（controlling）更多的统治（governing）力量，他和总理与内阁合作，分享统治国家的权力。在冰岛，所有内阁决定都必须经过总统签署，他自己的决定也必须得到部长的附署。在法律上，总统可以拒绝签署，部长也可以拒绝附署。因此，总统可以搁置内阁，内阁也可以搁置总统。在芬兰，总统和内阁之间的关联并不那么显著，各自具有自己的责任领域。国家元首可以控制行政、启动监督并要求部门领导解释，而不用牵扯部长。部长则召开没有国家元首参与的部长会议，处理大部分政府事务。

然而，关键问题还是在共和国总统参与的会议上讨论。他自己则通过部长会议作出大多数决定，例如立法动议、贯彻立法的法令、资深官员的立法权及其任命。他并不受内阁意见的约束，他可以自行作出决定，但是他的愿望只有在部长附署时才能实现，而这在履行国际事务中也是必要的。不过，部长只有以不合法为由才能拒绝附署，这在很大程度上限制了其领域，并赋予总统极大的自主权。另外，他可以让自己的意见发挥影响，例如将自己的立法草案取代内阁提出的草案。部长则必须对总统的决定负责，除非辞职或表达相反的意见并在官方会议记录上记载之。

根据宪法赋予总统的权力，可以确定半总统制政体的级别（scale）。

图 1 第 1 列描述了国家元首的特别权力，从芬兰到爱尔兰按降序排列，其中的不规则空隙对差别的大小提供了很近似的概念。图 1 第 2 列对比了有关国家元首实际上行使的权力大小，二者比较是很有启示的。

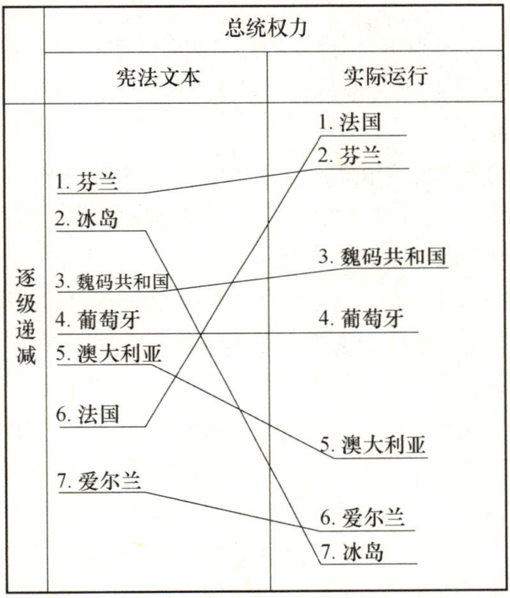

图 1 半总统制政体的总统权力

上表展示了法国和冰岛这两个例外情形。法国总统行使的权力要比其他国家大得多，尽管宪法仅赋予他很少的权力，因为他在这方面的顺序是出现在第六位或倒数第二位。相比之下，冰岛总统的法律权力看上去名列第二，仅次于芬兰总统，但是其实际行使的权力却排在末位，在爱尔兰总统之后或和他并列。[4] 除去这些例外情形，其他国家的两种归类具有同样的排位顺序，1978 年葡萄牙总统 Eanes 采取的动议除外。在芬兰和魏玛共和国，总统的实际权力要比宪法规则超出一点，在奥地利和爱尔兰则会落后一点。

虽然宪法在行使总统权力中发挥某种作用，但其作用和其他参数相比是次要的。法国和冰岛的情形以不可否认的方式证明了这一点。这两个国家并没有违背宪法，尽管写在宪法里的和实际操作之间存在相当大的

〔4〕 在《制约国王》这本书里，爱尔兰相对于实际行使的权力而言看上去排名第七，冰岛第六。此后进行的研究置换了它们的排位，或者将两国认定为平起平坐。

差距。如果实际权力没有达到写在宪法里的权力,表明总统没有行使宪法赋予他的权力。[180]因为他有权决定是否利用他的特别权力,他即便使之束之高阁也仍然在法律范围之内。如果实际权力超出了写在宪法里的,表明内阁实际上同意服从它可以合法忽视的总统命令;它本来和总统一样,也可以自由决定是否利用自己的权力。当然,如果国家元首或总理并不行使其全部的权力,那是因为他们考虑政治局势和权力关系之后,认为不这样做对自己有利。

这把讨论带到传统和情境结合所形成的第二个参量,二者不可分割、彼此相连。在法律上,政体实践并不真正创造成文立法,除非在历史进程中确立了这个方面的一般共识。两位英国作者在《西敏寺的政变》一书中想象,在旧文本从未被撤销、古老的权力配方仍然有效的情况下,一个现代英国主权某天决定要行使旧文本赋予国王的巨大权力。因此,从未被明确废黜的绝对君主要复辟了。这类政治科幻小说为人所津津乐道的故事和描述恐龙归来的故事一样。英国王权的规则已经成了化石,它们的躯体在其周围的世界已经死亡,任何人都不能使之复活。未被适用的法律规则并没有死,它们只是休眠了;只要人具备必要的技巧,即总能让它们复活。

然而,政体实践创造了事实上的传统;随着岁月穿梭,恢复休眠的法律规则越来越难。1976 年,O' Dalaigh 总统可以被强迫辞职,因为爱尔兰人民已经习惯了傀儡总统,一位不曾行使过其宪法权力的国家元首。但是,假如他技艺高超的话,他或许能够利用其宪法权力,而避免产生不良后果。在奥地利,1971 年民粹党组织的一次民意测验表明,多数公民认为总统只有象征性的代表权力,而这一地位类似于德国而非法国总统。在被告知宪法规定之后,被调查者中的多数人回应说,国家元首应当以谨慎而有保留的方式行为,而不是行使其特权。他们对他不卷入日常政治表示满意。但总统是一个“预备控制者”,这种情况和冰岛大同小异。

在法国,戴高乐将军及其继任者建立的传统为总统提供了一个不同的图景。[181]公民或多或少地习惯了他是政府真正首脑的观念,他控制决策并使得总理及其团队屈居从属地位。然而,反对派一直拒绝接受这一观念,坚持国家元首必须相当严格地局限于其宪法权力框架。因为反对派代表了大约一半的法国人民,在总统权力问题上并无“共识”。不同的民意调查表明,第五共和的总统形象是叠加于第三与第四共和的 3/4 个世纪所形成的另一个形象之上。总统的新形象是新政体的积极首脑、内阁与议会多数的最高领袖,体现其目标并控制其政策,但是这个新形象却未能排除旧体制中随和总统的旧形象，他没有紧急状态权力，而是一个无能而不偏不倚的仲裁者，官方仪式中的装饰、整个国家的象征。在政治力量发生重组（realignment）的时候，这种形象叠加可以帮助政体自我适应调整。

情境会干扰传统。1978年年初，在经历了二十年的强势总统之后，法国多数政客同意，如果选举把胜利交给了左派，国家元首应退回到仅行使其宪法权力的范围内。德斯坦先生宣布他会继续任职，同时也不阻碍《共同纲领》之实施，从而肯定了反对派的分析。10月，宪法之父德布利（Michel Debre）和密特朗也都认同这一点。政体可以在同一法律框架下发生如此剧变，这让法律专家接受起来更加困难。

在魏玛共和国，国家元首在1919—1926年、1930—1932年及其处于休眠状态的中间阶段，其权力行使则面临不同情形。在开始和结束时发生的危机之间，有一个平静与繁荣的阶段，议会游戏不需要总统监督。“预备控制者”概念很好地展示了这种政府形式的意义，它通过普选产生国家元首，建立固定的坐标系，以此回应议会制的困难。他只是在例外情况下才利用自己的特别权力，而这符合其实际性质。对于一个本质上模糊的政府形式，情境总是能够将先前的方向改换为不同方向，不可能谈论明白无误的传统。[182]难道议会制政府形式与此很不一样吗？是否存在一个清楚和纪律严明的多数，议会制的运行照样截然相反？

2. 外生性变量和转换方阵

现在来考虑方阵中体现的总统制实践的多样性，并和宪法规定对比。它们可以和七国议会多数情形的比较研究放在一起。几个简单程式就可以总结这里出现的某些明显的相互关联。在没有议会多数的国家，宪法和实践之间的重合度最大，总统在实践中处于中间位置，既非傀儡，也无全权。在一般存在连续和稳定议会多数的国家，宪法和实践之间出现了差异，总统在实践中或者处于主导地位，或者作为议会制的国家元首下降到象征性地位。

魏玛德国、芬兰和葡萄牙属于前一种情况。在1919—1933年的柏林、1919年之后的赫尔辛基，从未出现连续稳定的议会多数。结果，内阁通常昙花一现、分裂软弱。议会享有可怕的制约权，在没有多数的时候，不能作出决定，却可以阻止内阁作出决定。议会不能促进并维持一个强大内阁，却可以使之倒台。总统没有手段在任何时候都代替内阁采取行动。他可以提供动力、行使控制、弥补不足，但是除了在非常情况之外不能自行统治。在法律上,这个二元体制有点像盲人和跛子的组合。

然而,国家元首相对于议会产生的内阁而言享有相当大的优势。他自成一系,并享有可持续的权力。如果必须作出基本和紧急决定,而支持内阁的党派分裂,使之受到掣肘、不能行动,公民们自然会诉诸总统。1944年后,芬兰作为其强大邻国的天然屏障,必须承诺勤勉、效率和持续的忠诚,国家体制就挂靠在这个定点上。两位讲求技巧并个性很强的总统逐步发展了国家元首的权威,而并未减损内阁的权力。魏玛共和国没有时间实现这种均衡[183],芬兰则经过25年的强弱总统交替,才实现均衡。但是,如果说总统权力的发展增强了芬兰行政,它并不能为国家提供一个稳定的内阁。在60年时间里,有60个内阁前赴后继。

葡萄牙属于中间情况。政党比魏玛德国和芬兰少,其中之一处于准主导地位:1976年,社会党赢得了35%的选票和40%的议席。还有三个党派获得议会代表:大众民主党(那时叫“社会民主党”)赢得24%的选票和27%的议席,民主社会中心党赢得16%的选票和16%的议席,共产党赢得14.4%的选票和15%的议席。由于社会党内部分裂,它既不能和相当斯大林主义的共产党结盟,也不能和更右翼的政党结盟,社会党和民主社会中心党的多数联盟不幸失败。共和国总统致力促成中间联盟,长远看是可能成功的。同时,形势也迫使总统利用自己的权力。

法国、奥地利、爱尔兰和冰岛存在稳定的议会多数。1962年之后,巴黎的戴高乐主义者、传统右翼和中间派通常赢得国民议会的多数席位,并逐步产生了U.D.F.和R.P.R.两大党。1966年之后,奥地利的议会多数属于一个党,除了1970—1971年的短暂会期将1966—1970年的民粹党多数和1971年上台的社会党多数隔断之外;1979年5月,后者又重新上台。之前,两大党中的任何一个都不能单独执政,小党自由党把握着天平。然而,两大党联合执政极其稳定。

爱尔兰独立后,共和党在10次议会选举中的5次赢得了绝对多数,还有一次是部落党和工党联盟。在其余四次中,议会没有多数,尽管竞争党派中的一个或两个接近多数;但除了它们,还有足够多的独立议员或小党在这种情况下提供支持。爱尔兰内阁的平均寿命是3.5年,显示了相当的稳定性。[184]

冰岛属于不同情况,几乎从来没有议会多数。任何政党都没有赢得过多半席位,尽管一个党一般获得接近40%的席位。它叫“独立党”,融合了保守派和温和自由派;后者不愿勉为其难,和其他三个大党中的任何一个联合,其中包括共产党。这个“准多数”格局和真多数类似,保证了内阁的团结与稳定。从1944年建立共和到1977年的33年中,Reykjavik的部长们12次继任,平均每届两年零九个月,接近10届议会:平均任期三年零四个月。在此期间的26年中,独立党因为其重要地位而共享权力。

在上述具有议会多数或准多数的四国,总统的共同特点是实践远离宪法规则。然而,这种远离却沿着相反的方向。在法国,权力很大的总统发挥了比成文宪法规定重要得多的作用。在奥地利、爱尔兰和冰岛,傀儡总统发挥的作用比其宪法权力所允许的小得多。二者的差异取决于国家元首相对于议会多数的地位。如果他是议会多数的领袖,他就像法国总统那样大权在握。如果他只是其成员而非领袖,他就像本文发表时的奥地利总统或多数爱尔兰总统那样成了傀儡。如果他不属于议会多数,无论是作为反对派还是中立人物,他都处于权力平衡(regulatory)地位,其实际权力符合宪法规定的轮廓。

这些现象的解释似乎是比较简单的。如果议会具备清楚和纪律严明的多数,多数党领袖同时统治内阁与议会。如果总统处于这个位置,那么他就可以把总理降格为幕僚长地位。法国就是属于这种情况,议会多数原来就是围绕国家元首形成的,总统候选人就是政党领袖。如果总统并非多数党领袖,却又属于或隶属于该党,这意味着多数党决定把领袖这个位置交给总理,实权也就属于他。他作为多数党领袖,和内阁一道控制议会。因此,他把国家元首降格到从属地位。奥地利1971年之后和冰岛绝大多数时候就属于这种情况[185],两国的政党都小心翼翼,提名的总统候选人只在党内担任次要职位,而非他们的领袖。

假如左派赢得了1978年3月的选举,法国就会出现第三种情况,和议会多数对立的总统将被降格到其宪法权力,角色是权力平衡。1966—1970年,奥地利就属于这种情形,Jonas总统很谨慎,一面遵守国家传统,一面却在内阁起初不愿意的情况下坚持任命最高法院院长。这可以和1976年的爱尔兰宪法危机相对比,类似的传统阻碍总统行使控制权。冰岛总统也受到文化语境的限制,没有竞争的连任进一步将其降格到象征性地位。因此,他们并不发挥权力平衡功能,但是可能在极为非常的情况下发挥这种功能。

表1是相对精准的“转换方阵”,总结了议会多数的构成和总统地位的相对关系所产生的效果。这里不能提供《制约国王》第120—136页对相关问题的精确解释,而只需注意第17方格对应于魏玛共和国、芬兰和本文

发表时的葡萄牙,尽管后者几乎处于第16方格,因为它很接近冰岛的"准多数"类型。第9方格对应于1970年之后的奥地利总统和多数爱尔兰总统。第5方格对应于1966—1970年Jonas总统的地位,第6方格则对应于1976年的O' Dalaigh总统,尽管他也被推向第14方格,因为他是经过所有政党同意而被选择的。

表1 转换方阵

总统与议会多数之间的关系		总统			
		多数党领袖	少数党	多数党成员	中立
议会多数	一党	绝对君主(1)	控制者(5)	象征(9)	控制者(13)
	大党联盟	有限君主(2)	控制者(6)	象征(10)	控制者(14)
	平衡联盟	二元制(3)	控制者(7)	象征(11)	控制者(15)
准多数		有限君主(4)	控制者(8)	象征(12)	控制者(16)
无多数		不存在	不存在	不存在	二元体制(17)

如果法国左派在1978年议会选举中获胜,德斯坦总统的位置将对应于第6、7方格。第1、2、3方格对应于法国总统的实际情况。在这方面,更准确地定义三个方格需要更详细的分析,这正在进行之中。尤其必须仔细研究1978年之后德斯坦总统和R. P. R. 之间的关系。在数量上,我们看到的是一个"平衡联盟"。在实际上,许多希拉克主义者向共和国总统倾斜,后者决定了他们的连任与未来。

三、结论

在一篇名为《合成还是瘫痪》的精辟论文中,我们的杰出同事韦德尔指出:"半总统制政府如果能够在法国生存,实际上不会是议会制与总统制的合成,而是与之相当不同的总统制与议会制阶段的轮替。"[5] 谁会谈论概念合成呢?那只是学者任意建构的分析模型。费城会议的立宪者并没有想到创立一个总统制政府,所有英国人也不知道他们几个世纪里在伦敦一砖一瓦建设的是议会制政府,就好像戴高乐将军不会去想在法国设立一个半总统制政体一样。

问题是要知道所描述的半总统制概念是否允许我们理解,七国类似的宪法为何得到不同的适用,并理解和预测在任何既定国家是否可能发生

[5] Georges Vedel, Synthesis or Paralysis, *Le Monde*, 19-20 February 1978.

韦德尔所说的“轮替”。[187]其余皆不重要，即便所用的研究方法并不时兴。在1960年代早期，通过改良1951年《政党制度》提出的模型[6]，笔者曾预言法国会向两党制演进。这一学术探讨在当时受到讥讽，直到事实确证了其预言的准确性。在政治科学，人们极少不避讳强调这一点。

本文并非宣称，半总统制政府模型以千篇一律的方式运行。理解政体整体的进化要比理解政党在选举机器影响下的联盟困难得多。《制约国王》设定1978年3月的左翼胜选事件并预测了之后的国家制度演绎，但是法国公民并未对验证这一预言提供机会。那本书的阅读肯定不是唯一的动因，促使葡萄牙共和国总统以其描绘的转换方阵所表明的方式适用于1975年宪法。就目前而言，本文提出这个模型的功劳既不多也不少，那就是较好地解释了同样的宪法机制在实践应用中的差异。

---

[6] M. Duverger, *Les Partis Politiques*, Paris: Armand Colin (1951).

总统制的优点

——为何偏好德国而非美国宪法的阿克曼教授是错的

史蒂文·卡拉布雷西*/文　方　明**/译

一、引言

美国是世界强国,但它是否有能力理解自身?即使到现在,它是否满足于做智识的殖民地,借用欧洲的分类来解读其国家身份的意义?……当美国是处于欧洲外围的军事和经济弱势者时,它是宪法思想的前沿;在它转换为西方世界的强者后,它的主要的宪法学者变得愈发了无新意。[1]

但笔者的主旨不同。笔者拒绝以西敏寺(Westminster)或华盛顿作为指引,且提出设限议会制(constrained parliamentarianism)模式是分权未来发展最有前景的构架……德国宪法的成功已鼓舞了其他国家在它们自身从威权主义的转型中将其作为借鉴,尤其是西班牙。设限议会制在世界上

---

* Steven G. Calabresi, The Virtues of Presidential Government: Why Professor Ackerman is Wrong to Prefer the German to the U. S. Constitution, 18 *Constitutional Commentary* 51 (Spring, 2001). 作者是西北大学巴伯(Clayton J. and Henry R. Barber)法学讲席教授。感谢布鲁斯·阿克曼(Bruce Ackerman)、阿希尔·里德·阿玛(Akhil Reed Amar)、罗伯特·班尼特(Robert W. Bennett)、圭多·卡拉布雷西(Guido Calabresi)、安德鲁·科佩尔蒙(Andrew Koppelman)、盖瑞·劳森(Gary S. Lawson)、詹姆斯·林格伦(James Lindgren)、托马斯·梅里尔(Thomas W. Merrill)、亨利·史密斯(Henry Smith)和弗吉尼亚大学比较宪法会议的全体与会者的有益评论和建议,以及我的研究助理斯科特·斯通(Scott Stone)的有益工作。谨将此文献给我之前的老师布鲁斯·阿克曼和胡安·林茨(Juan Linz),许多年来我从他们的工作中获益良多。

** 宪法学博士,南京大学法学院博士后研究人员。
北京大学宪法与行政法博士研究生周斯佳对本文的翻译也有贡献,特此感谢。

[1] Bruce Ackerman, *We the People: Foundations* 3 (Harvard U. Press, 1991).

是新兴的力量，在其过去超过半世纪的实际运作中有很多地方值得学习。[2]

耶鲁的法学教授布鲁斯·阿克曼自称美国粉丝，认为美国对全球宪政思想有独特贡献。但正是这个布鲁斯·阿克曼，现在也是德国模式最坦率的支持者，认为德式议会制比我们美国的总统制分权政体要优越。[3] 怎么会这样呢？为何在他那代最能干的美国宪法教授背弃了美国宪法的中心设计特征？这回，我们美国人将再次成为由柏林取代伦敦统治的某种"智识侨民"(intellectual colony)？当在海外旅行时由于耻辱我们必须低下自己的头，向所有关心我们那不再时髦的分权体制的人道歉？

不，绝不！我们宪法中存在的总统制和分权体制是此文献中一个值得嘉许的特征，在海外应当被效仿。我们应当感到自豪，"在 1980 年代和 1990 年代，拉丁美洲和亚洲(韩国和菲律宾)所有有抱负的新兴民主国家都已选择了纯粹的总统制，现在构成东欧和苏联地区的大约 25 个国家也是如此，只有匈牙利、新捷克共和国、斯洛伐克三国选择了纯粹的议会制"。[4] 美式总统制和分权体制是今天的"世界时尚"——像伍德罗·威尔逊(Woodrow Wilson)会悲伤地说的那样。[5]

---

〔2〕 Bruce Ackerman, The New Separation of Powers, 113 *Harv. L. Rev.* 633, 640 (2000).

〔3〕 在《新分权》(The New Separation of Powers, 113 *Harv. L. Rev.* 633)中，阿克曼教授呼吁新兴的民主国家效仿德国的设限议会制模式以取代美国的总统与分权体制。(阿克曼教授在其文章里也论述了分权体制若干有意思的创新，诸如发扬民主的独立分支的创造、完整性、规制和分配正义等，所有这些相关的主题超出了我回应的范畴)

在论证新兴民主国家若效仿德国而非美国宪法会做得更好时，阿克曼教授依赖了他的耶鲁同事、斯特林政治与社会科学讲席教授胡安·林茨的极为出色的工作。参见 Juan J. Linz and Arturo Valenzuela, eds., 1 & 2 *The Failure of Presidential Democracy* (Johns Hopkins U. Press, 1994)。林茨教授的开创性工作在阿克曼教授最近的文章中自始至终被提及，因此本文就像对阿克曼教授那样，也是对林茨教授的某种回应。

我应当提及我在耶鲁大学的本科时代曾有幸成为林茨教授的学生。抱歉我在此文中不能赞同他，但聊以自慰的是，我的不同意见被激发于大约 25 年前在他的关于民主政体危机与崩溃的课程中，出于关心他第一次引起了我对这个问题的关注。

〔4〕 Alfred Stepan and Cindy Skach, Presidentialism and Parliamentarianism in Comparative Perspective, in 1 The Failure of Presidential Democracy 119, 120. (注释 3 中援引)

〔5〕 伍德罗·威尔逊是一个主要的议会制的倡导者，他在 19 世纪 80 年代将其描绘为"世界时尚"并力促其在美国采用。参见 Arend Lijphart, *Patterns of Democracy: Government Forms and Performance in Thirty-Six Countries* 10 (Yale U. Press, 1999) (引证了威尔逊)。

自从法国在 1958 年转换成某种形式的总统制[6]后,越来越多的新兴民主国家选择了总统制。在当代,包括法国和以色列在内的好几个议会制民主国家转向了直接选举行政长官的总统制,但没有起初采用总统制的民主国家转向了议会制。布鲁斯·阿克曼说总统制现在是世界上的"大红人",他是完全正确的。[7]它已和成文宪法、司法审查、联邦制等一样列入了美国公法的输出品,所有这些都包括在美国对世界思想的主要贡献中。美国可能在很多领域都维持着贸易逆差,但是一旦涉及观念竞争的时候,我们作为公法的输出者正保持着巨大顺差。[8]之前的敌人诸如俄国、德国和日本现今都在很大程度上归功于美国思想的宪法统治下。所以为何阿克曼教授如此悲哀?为何这个美国宪政主义的主要声音对于我们在观念竞争中所取得的胜利并不感到高兴?

答案是,阿克曼在某种程度上是高兴的。[9]实际上,他认为美国在帮助设计德国宪法上是如此成功,以至于我们实际上帮助产生了比仍然统治着我们的宪法文献更好的东西。自伍德罗·威尔逊时代以来,在一长串的美国革新派人士中,布鲁斯·阿克曼并不仅仅只是另一个偏好英国式的议会制而非我们自产的美国式分权制度的人。不,阿克曼喜欢德式议会制恰恰是因为它有一些分权,但不像美国那样多。德国有强大的实施司法审查的宪政法院——它的州也有实权——但它将行政与立法融为一体,阿克曼认为这样的权力归宿比美式分权制模式或英式西敏寺模式都更好。[10]

---

〔6〕 法式总统制也许是在总统制与议会制阶段之间的技术性交替。艾瑞德·李帕特(Arend Lijphart)认为"第五共和国通常是总统制,偶尔是议会制,而非半总统制"。参见 Arend Lijphart, Presidentialism and Majoritarian Democracy: Theoretical Observations, in 1 The Failure of Presidential Democracy 91,95。(注释 3 中援引)他追随莫里斯·杜瓦杰(Maurice Duverger)认为,当一党同时控制总统职位和议会多数时,第五共和国有总统制的动态过程;当分裂的党派控制着政府或像法国人叫的"共栖"状态时,第五共和国有议会制的动态过程。

〔7〕 Ackerman, 113 Harv. L. Rev. at 636. (注释 2 中援引)在这篇文章付梓的时候,以色列刚刚终止了其直选总理的实验,而在日本支持改革的力量正强力推进一场直选首相的行动。

〔8〕 公允地说,美国法制体系在某些重要方面落后于其他西方国家,尤其是其过于野蛮的刑事执法体系,极度依赖于死刑和在西方发达国家中最高的人均监禁率。讽刺的是,如果我们的最高法院更严格地坚持分权,今天我们的刑事监禁率本可以更低,而它错误地支持了美国刑事判决委员会的合宪性。参见 Mistretta v. United States, 488 U. S. 361, 413 (1989)。[斯卡利亚(Scalia, J.)的异议意见]

〔9〕 严肃地说,我应当指出阿克曼是格外开明的,他去思索一部也许是世界上最好的宪法的可能性,除了他出生并被置于其统治之下的宪法外。几乎无人拥有如此的开阔心胸,我钦佩阿克曼世界性的视野,尽管我不同意他的结论。

〔10〕 Ackerman, 113 *Harv. L. Rev.*, at 639. (注释 2 中援引)

阿克曼将德国的体制称为设限议会制，并且他偏好德国而非英国模式，因为德国模式不会授予仅赢得一场选举的某一政党以完全的权力。[11] 他认为这个模式比美国好，是因为德国模式较少产生僵局及病兆，而其治理体系更富于理念。[12]

我认为阿克曼教授对德式设限议会制的偏好乃所托非人。尽管相较于英国一元化的西敏寺形式而言，我也偏向于具有司法审查和联邦制的议会制，但是我更偏好美国的分权模式，而非以柏林或伦敦来作为替代选择。并且，我认为当务之急就是我们美国人要欣赏我们国产的分权体制，并且要更大声地夸赞它。那就是我在本文中倡导去做的。我要敝帚自珍地讨论十大理由，即为何我们的宪政设计形式是一个值得其他新兴民主国家正在效仿的好形式。

在论证中，我将整合“总统制”与“分权”这两个术语，因为所有的总统制，就像该术语被普遍地理解的那样，具有分别选举产生的行政与立法机关，因此谓之分权制。在此，我应该区分总统制与议会制。议会制最合适的定义是，政府首脑（一般指首相）[13] 对立法机关负责，这意味着他依赖于立法机关对他的信任，可以通过议会的不信任投票来解除他的职位。相反，在总统制下，总统和立法机关是被分别选举产生的，总统可以在一个固定的年限内维系他的职位。[14]

然而，相较于服从司法审查，另外还有宪政联邦制保障的设限议会制，为何总统制和分权是个好东西？当我们认为我们在过去超过 50 年所帮助建立的自由资本主义世界秩序，现在仍然可以很好地被 200 年前在另一个非常不一样的时空下设计的政体形式所服务，为何我们美国人是对的？笔者在此将回答这些问题，通过比较笔者的观点与阿克曼教授以及他

〔11〕 Id. ,at 639-40.

〔12〕 Id. ,at 643-64.

〔13〕 事实上，许多议会制采用诸如总理（Premier）、大臣（Chancellor）、首席部长（Minister-President）、泰瑞芝（Taoiseach，爱尔兰总理）等其他头衔。Lijphart，*Patterns of Democracy*，at 117.（注释 5 中援引）

〔14〕 艾瑞德 · 李帕特使用了这两个定义标准并似乎让我抓住了这两种政体类型的基本差异。Lijphart，*Patterns of Democracy*，at 117-18 .（注释 5 中援引）尽管在政治科学文献中关于分类标准有很多讨论，但这两个简单列举的梗概性标准让我感到满意，因为其最能帮助我们抓住总统制与议会制的基本差异。也就是说，还有其他的利益差异，尤其是李帕特在其第三个区分标准中提到的，即议会制通常具有一个团体性的行政系统，而总统制典型地具有一个等级制的或统一的行政系统。Id. ,at 118. 这一差异是重要的，我们随后再讨论。

的耶鲁同事胡安·林茨的不同观点,阿克曼明显依赖于后者的工作。阿克曼教授和林茨教授现在都可以被认为是向新兴民主政权倡导德式设限议会制之优点的主要倡导者。阿克曼教授和林茨教授可跻身于议会制曾有过的最出色的捍卫者之列,所以在回应他们论点的时候,笔者自信给了自己的智识对手一切他们应得的机会。

二、总统制优于议会制

总统制优于议会制的理由同时包括对前者的支持及对后者的反对。首先笔者要讨论支持总统制的理由,然后解释为何笔者认为布鲁斯·阿克曼和胡安·林茨所担忧的所谓美式总统制若输入新兴民主政权将会失败以致变成独裁是错误的。

(一)支持总统制的十大理由

支持总统制的理由可以有效地概括为十个论点。总的来说,这十个论点认为在其他条件都一样的情况下,总统制比议会制更民主,更稳定,更少意识形态化,更能保障司法审查,也更自由。这十个论点并不意味着目前存在的议会制应抛弃自身的宪法并立即转向总统制。但是,其确实意味着当起草新宪法或者当一国的议会制不能良好运作,从而考虑转向总统制的时候,这十个论点就是选择总统制的理由。因此,只有在其余条件都一样的情况下,应选择总统制,当然,在现实世界中这种情形是很少见的。

1. 检验民意

支持美式分权制优于德式设限议会制的第一个论点是非常简单的:在检验民意的机制上,美国体制更民主、更精密。用阿克曼的话说,美国体制最好地回答了这个问题:“某一场政治运动必须赢得多少次选举,才能获得相应的立法权?”[15]

在德式设限议会制下,一场全国性的胜利将会赋予一个党或者政党联盟巨大的权力去国有化或者私有化,管制庞大的经济部门或者解除管制。在某一设限议会制政权下,只有宪政法院和州政府——如果存在的话,有可能挡住一个赢取了51%选票的新当选政府。在这个国家中,即使是宪政法院所能提供的制约也比美式的最高法院要少。基本而言,德式设限议会制赋予了一个以最微弱的多数赢得仅仅一场选举的政党以一大堆

---

〔15〕 Ackerman,113 *Harv. L. Rev.*,at 643.(注释2中援引)

的权力,并且在这种选举下,作为国家公民和议会选区成员的投票并没有什么不同。一场投票中的一次选择[16],就决定了接下来的四年或五年。

此结果反映了检验民意不够充分。一国的选举体制应当能够区分特定职位选举的微弱多数和压倒性多数,以及地理广袤的跨越整个国家的职位和只是某些部分或者地区才高度关注的职位。同样,一国的选举制度也应该能够区分选民对特定职位的关注程度。典型的德式设限议会制的选举体制不能作出任何这些精细的区分。它赋予微弱多数的胜利者以巨大的权力,与压倒性多数的胜利者一样。

相比之下,我们熟悉的二元化的美国体制——如此闻名的描绘来自阿克曼教授自己的《我们人民》[17],看起来节制得多。一场政治运动必须在很长一段时间、差异很大的诸多选区中赢得许许多多的选举,才能行使完全的立法权。我们的麦迪逊式交替选举体制——每两年一次的众议院选举、每四年一次的总统选举、每次换三分之一每六年改选完的参议院选举,在检验民意上是一个比德国体制精密得多的方式。它不仅度量(gauge)和再次校准(recalibrate)了地理意义上各地区的特定观点,也包括这些观点的力度。一场政治运动不能在我们这个地理多样的国家仅仅席卷某一地区而就在我们的体制下盛行。一场政治运动也不能获得胜利,如果导致政治运动的议题在两年甚至四年后熄火的话。麦迪逊式选举体制为完整的六年选举周期提供了某种连续滚动的民意测验机制,要求一场政治运动必须维持十年以上的主导地位,才能指望在联邦最高法院的九名大法官中任命五六名。[18]

而且,美国体制下的选举从性质上与德式设限议会制下的选举存在两个关键性的差异。首先,美式选举的时间是随机的(arbitrary),并不会对当下议会中的精英们唯命是从。在议会体制下,可以试图通过特定时间的选举以确保一个有利的结果。[19]其次,美国的选举是在三种精心且区别定义的地理单位中进行的:选举众议员的国会选区;每两年改选三分之一参议员的州;通过选举人团的联邦筛选机制(federalizing filter)来选举总统和副总统的全国选举。在滚动的六年周期中,通过不断地在这三种非常不同

---

〔16〕 Id. ,at 643.

〔17〕 Ackerman,*We the People*.(注释1中援引)

〔18〕 "总而言之,在美国体制下,一场政治运动若想完全控制所有的关键机构,时常得保持十年以上的选举胜利……" Ackerman,113 *Harv. L. Rev.* ,at 650 .(注释2中援引)

〔19〕 Id. ,at 644.

的地理单位对民意进行检验,美国体制对民意的追踪必然比一个设限议会制要更密切。后者只在一种地理单位进行较少的检验,只向投票者提供一次选择。美国人可以奢侈地进行分裂投票,比如他们可以选举一位在外交政策事务和犯罪问题上都强硬的保守派总统,同时选举出自由派的国会以建立社会安全网络。德国人就没这么奢侈了,他们一次选举中只能打造出一种选择,而我们向来具有三种。如果德国人想要一个保守的外交政策,他们不得不接受一个持有保守的国内政策的立法机关。因为德国体制将这些议题绑在一起,并且只给选民一次投票的机会选出总理和联邦议院。这种捆绑意味着德国选民的选择与我们美国人一向享有的选择相比较少,因此也就显得更不民主。

美国体制在检验民意上注定做得更好,其原因完全和精密的、每日追踪的民意调查会优于每周或每月的民意调查一样,后者可能会错过舆情中沧海桑田般的突然变化。美国体制和追踪民意调查一样,在更多的单位上对民意进行更多的抽样检验,这两种情形下都是更好的信息得出更精确的结果。如果一个人真诚地想要民主治理,选举所基于的单位越多、选举越多,无疑就越民主。很明显,除此之外还有其他利害攸关的重要原则,并且,据此我不同意那些殖民地时期的美国人所认为的"一年一度的选举告终之时,就是暴政开始之日"[20]。但是我也不会对我们的实践不抱希望,即每两年举行的、以制衡上次在总统大选中获胜的政党的中期选举,此种实践我们经常进行。1994 年,选民们收回了他们在 1992 年授予比尔·克林顿(Bill Clinton)的部分权力,因为对他们来说两年的空头支票已经足够了。(换言之,如果克林顿想有所作为,上台两年就够了;如果两年做不了什么事,即足以证明他无能。——译者注)同样的事情也发生在 1982 年,选民们收回了其在 1980 年授予罗纳德·里根(Ronald Reagan)的部分权力。德式设限议会制不能提供中期选举的机会来控制新近刚获胜的狂妄自大、过度膨胀的政治赢家,而美国最近的历史表明,在许许多多的情形下,那将被证明是民主力量的昂贵损失。美国的分权体制的第一个优势就在于其更准确地表达了民意。

2. 保障稳定

支持美国分权政体优于德式设限议会制的第二个论点是美国体制比

---

〔20〕 Federalist 53 (Madison) in Isaac Framnick, ed., The Federalist Papers 326, 326 (Penguin Books, 1987).

德国体制更稳定。[21]正如对一个民主国家而言进行多次准确的民意测验是至关重要的，选举一旦举行政治赢家被授权行动也是至关重要的。强大的个人和企业经济主体需要政治上的稳定，如果他们将会做长期投资决定的话，这些投资对于现代资本主义是绝对需要的。可悲的是，议会制常常退化、变得不稳定。正如发生在法兰西第三、第四共和时期的那样，当时法国的议会制是脆弱的。或者正如最近意大利的情况，自“二战”以来，意大利已经经历了50多个政府。类似情形也发生在以色列和日本。所有这些政体都退化为或经历过脆弱的、如同旋转门一样的内阁，不能保持足够长的在位期限去治理国家。一旦一个内阁政府成立了，对于其成立必要的党派联盟中的一员就会脱离出来。其结果一向是经常的政府危机，伴随着官僚机构自行处理一切事务，而民主政治的政客们则大声争吵。在最好的情形下，正如已发生在现代意大利的一样，这种结果会导致公众不再抱有幻想，并且使得民主制度变得无关紧要。在最坏的情形下，比如魏玛共和国时期的德国，旋转门式的内阁为希特勒和共产党领导的在野反民主力量的成功铺平了道路。确实，在魏玛共和国，希特勒和共产主义者有时会联合起来，通过他们臭名昭著的棕红色反民主联盟的不信任投票来制造混乱。

不稳定对于一个民主国家可能是致命的，正如其对魏玛共和国和法兰西第三、第四共和国那样，因为人民断定如果他们选举产生的政府总是在部长们能做任何事之前就垮台了，则选举是无意义的。民主制需要选举来产生清楚的胜利者与失败者，他们要么治理国家，要么领导忠诚的反对派。而许多议会制，甚至在当代，在实现上述最基本的目标上都明显失败了。正因为如此，以色列最近尝试直接普选总理——迈向总统制的重要一步[22]，意大利也正在讨论是否转向直接选举总理。这两个国家都已经

---

〔21〕 胡安·林茨含蓄地承认了这一点，并视其为美式总统制的唯一的、最大的优势。Juan J. Linz, Presidential or Parlimentary Democracy: Does It Make a Difference, in 1 *The Failure of Presidential Democracy* 3, 65.（注释3中援引）（“我不得不承认政体的稳定性是反对议会制、支持总统制的有力论点之一。”）也可参见 Arend Lijphart, ed., *Parliamentary Versus Presidential Government* 11（Oxford U. Press, 1992）（“总统制的第一个优势，行政的稳定性，是基于总统的固定任期”）。

〔22〕 最重要的政治学家艾瑞德·李帕特把以色列归类为已经是总统制民主国家，自从该国在1996年采取直接选举总理以来。Lijphart, Patterns of Democracy, at 123-24.（注释5中援引）在这篇文章付梓的时候，以色列刚刚已终止了其直选实验，因为那种制度被证明与挑选以色列国会成员的比例代表制不兼容。然而在其他国家，比如日本，新掌权的改革首相正倡导转向直接选举首相。

厌倦了议会制的脆弱与不稳定,并且受到法兰西第五共和总统制榜样的鼓舞,它们都已经开始考虑转向,而且以色列已经明显地转向了总统制。

在以色列,多数党联合政府的脆弱与不稳定时常给边缘的小党们以巨大的权力。因为以色列有一个很极端的比例代表制形式,少数和极端的宗教党派在以色列国会中只有一个或两个席位,有时却拥有可以形成或者解散联合政府的巨大权力。许多观察家认为以色列的选举体制给了这些边缘政党太多的权力,它们可以利用这种权力来获得政策妥协,而这些妥协是绝大多数以色列人反对的。一个好的选举体制应该产生反映公众大多数意见的政府和一个忠诚的反对派,而不是将一些古怪的边缘分子变成决定国家政治的"造王者"。依靠极端小党派来维系执政的议会联合政府总是受到那些小党需求的支配,而其需求可能需要国家大多数人民所憎恶的政策妥协。

总统制解决了稳定问题,通过保障行政和立法官员都会在固定年限内保有职位,而不受到之后形势的影响,也不受到少许政府支持者的极端要求的影响。即使一场选举产生了一个模糊的妥协结果,比如产生了对总统职位和立法机关分裂的党派控制,此妥协结果在固定年限内也是稳定的。比如在今日美国,总统布什和他在参议院及众议院中的民主党反对者在下一个一年半中都被牢牢地赋予了权力,而不论公众意见是否会发生任何沧海桑田般的变化。总统或国会的支持率也许明天就会下跌,然而总统及国会仍将在位直到 2003 年 1 月或 2005 年 1 月。因为民主需要稳定性,并且因为现代资本主义会回馈提供稳定投资环境的政治制度,总统制能提供稳定这一事实是一个巨大的好处。这种优势很明显地使得总统制优于某种脆弱的、旋转门式的内阁制,后者时常发生在议会制下。

阿克曼教授认为议会制的稳定性问题已被德式设限议会制模式的两个特质解决,且已被广为模仿。这两个特质是:第一,政党若进入议会必须满足最低 5% 支持率的门槛要求;第二,必须只能采用建设性不信任投票。[23]

这些规定确实体现了巨大的改进并值得讨论。此 5% 的门槛,正如其在德国运作的那样,阻止了任何得票率低于 5% 的党派在比例代表制下进入立法机构。此门槛被期待用来排除边缘政党及极端团体进入议会,而仍允许重要的或主流的第三及第四大党派有相应比例的代表。在德国,还有

---

〔23〕 Ackerman, 113 *Harv. L. Rev.*, at 654-55.(注释 2 中援引)

一个宪法上的禁令来对付某些反体制的党派,5%的门槛目前确实似乎已产生了一种相当稳定的多党体制,当前在德国联邦议院中不会出现严重的反体制分子。德国的基督教与社会民主党也不得不只与温和的自由民主党(古典自由主义者)、环保主义者的政党(绿党)以及东德共产党的民主继承者打交道。迄今为止,各种各样的新纳粹党派、非民主的左翼党派以及反对移民的团体,通常在联邦议院中都没有代表。

在这里,有效的措辞是"迄今为止"。很容易想象将来任何一个极端的团体很可能会满足5%的门槛要求,尤其是极端团体整合其资源的话。考虑下德国隔壁邻居奥地利的情形。在奥地利,一个可憎的反对移民的偏执分子约尔格·海德尔(Jörg Haider)在该国的比例代表制下已进入奥地利国会很多年。最初,温和的中间偏右的政党和社会党组成一个亲民主的大联合政府以阻止海德尔上台。此大联合是必需的,因为社会党即使拥有在美国选举规则下已可给其带来胜利的实质性多数票,在奥地利的比例代表制下也不能在立法机关中拿到其必需的、超过51%的票数,以在一场不信任投票中存续下去。社会党/保守党的大联合政府在奥地利坚持了很多年,他们联合起来意图阻止约尔格·海德尔掌权。每一次选举过后,大联合政府都损失力量,而约尔格·海德尔的反移民势力却会增强,部分原因是海德尔是唯一可投的反对者,不存在所谓"忠诚的"反对派。最终海德尔的党成为三党中的第二大党,在奥地利最近的全国大选中赢得了大大超过20%的投票,而在那时,现处于第三位的保守党,从其和社会党的联合政府中退出,与海德尔的党组成了一个新联盟,从而让一个可憎的种族主义团体僭夺了国家权力。

此进程固然令人沮丧,但它更加倍地令人沮丧的是,因为其看上去荒诞地与动摇魏玛共和国、为希特勒攫取魏玛德国的权力打开大门的政治进程类似。在这两个例子中,比例代表制给了希特勒和海德尔在立法机关中的初始位置,立法机关被分割成政府中的民主力量和反政府的反民主势力。长年的摩擦和消耗缩减了政府中亲民主的力量,扩充了反政府的"不忠诚的"反对派。最终,突变发生,希特勒和海德尔突然被视为并非不可接受,他们成功地进入了内阁。最后一步还没有在奥地利发生,笔者希望永远不会发生:反体制势力的领导人成为总理或首相从而接管政府。

奥地利最近的进程提示笔者,依靠5%的门槛将反民主的极端分子排除在立法机关外是不够的。在过去50年里,不少西方国家的种族主义者和其他极端党派在很多民意测验中已多次轻易地超过了5%的支持率。法国的种族主义反移民领导人让·玛丽·勒庞(Jean Marie Le Pen)在该国常获得超过10%的投票,德国的新纳粹也已多年在接近5%的得票率上徘徊。[24]“二战”后,法国和意大利信奉斯大林主义的党派一段时期内经常能越过5%的障碍。即使是在美国,乔治·华莱士(George Wallace)在1968年美国总统竞选中也获得了远远超过5%的投票。区区5%的门槛太低,并不足以将邪恶的种族主义者和反民主的党派排除在立法机关外,以及将其排除在议会联合政治中扮演“造王者”的地位外。

5%的得票率门槛当然比没有此类门槛好,且迄今为止其已在德国运作良好,部分是因为新纳粹分子间的分化。但是,其对笔者而言实在太容易想象约尔格·海德尔现象在今天的德国能取得成功,和其在奥地利几乎一样。如果经济震荡或外交政策上有意想不到的挫败,政府面对的是一个随时准备好,也能够接管政府的忠诚的反对派是极端重要的。比例代表制减少了有一个稳定政府与一个忠诚的、能自己统治的稳定的反对派的可能性。如果亲体制的政党不得不形成大联合以阻止乖戾的种族主义、宗教势力或斯大林主义党派提出的极端要求,那么联盟瓦解和一些反体制分子变得受欢迎乃至进入内阁就将只是时间问题。两种温和的中右或中左联盟形成的内阁比一个向代表反体制势力的政党开放的内阁要好。

阿克曼教授可能的回应是,建议将5%的得票率门槛提升至10%,或者建议完全废除比例代表制。我由衷赞成其中任何一项,理由下面会进一步谈到。但到现在已足以指出即使提升门槛至10%也阻止不了海德尔或勒庞。他们在大多数民意调查中十分轻松地超过了10%。一个稳定的民主政府或一个忠诚的反对派,显然不能指望由种族主义者、反移民或纵容暴力的政党的得票数来决定。此乃时常授权给这些反体制边缘分子的议会制民主的巨大弱点。

好,那么建设性不信任投票如何?此乃一种防范将来的棕红色联盟的规则,只有选出新政府,一场不信任投票才能成功,而不仅仅是投票反对当前的政府。正如5%的门槛,这也是一个笔者全心全意赞成的好主意。建设性不信任投票抑制了反体制的党派在其没有共同纲领之时联合起来

---

〔24〕 1986年法兰西第五共和国重新引入了比例代表制。当前法国有一个12%得票率的门槛。Juan J. Linz, Presidential or Parliamentary Democracy: Does It Make a Difference?, in 1 *The Failure of Presidential Democracy* 3, 65.(注释3中援引)

反对亲体制的政党。换言之,其阻止了纳粹和共产党在它们自己没有共同纲领之时投票把一个中间派政府搞下台。[25]

建设性不信任投票的问题在于其不能阻止立法机关中的某棕红色联盟投票否决政府的议案。这种联盟如果囊括立法机关多数,则可以阻止预算或外交政策议案的通过,甚至阻止所有立法的通过。占据51%席位的此种反对派联盟唯一不能做的就是选总理或首相。就像5%的支持率门槛一样,建设性不信任投票是对魏玛德国规则的一种改良,但其不是一种稳定的两党制的替代。这种两党制包含温和的左派和右派,二者可交替执政。建设性不信任投票与5%的支持率门槛这两种机制都允许反体制的党派在议会政治中扮演破坏性的角色,包括选举政府。稳定对一个民主国家很重要,总统制比议会制更稳定,因为总统制不太可能受制于极端分子。

最后一个关于总统制与稳定性的需要处理的论点,也是胡安·林茨的论点,即在美国,我们的总统也许能可靠地服务四年或八年,但我们的内阁部长和部长助理们在位时间往往短得多。[26]林茨指出美国的内阁部长们实际上一向不如绝大多数议会制下的内阁部长们服务期长。[27]在美国内阁的持续时间短,林茨恰好问这是否抵消了行政长官层面的稳定性所带来的任何收益。[28]笔者认为没有。

---

〔25〕 正如林茨解释的,“此宪政设置给了议会制下的首相一个强有力的地位;他或她不能被一场仅仅是多数反对的投票所推翻,像在魏玛共和国发生的那样,纳粹和共产党使得稳定的政府成为不可能,但也不能提供一个替代的选择。”Id. ,at 66.

〔26〕 阿克曼注意到“政务官的任期中值已持续下降了一段时间,现在大约是两年。三分之一的服务期少于一年半!”Ackerman,113 *Harv. L. Rev.* ,at 706-07.(注释2中援引)(省略脚注)

〔27〕 Juan J. Linz,Presidential or Parliamentary Democracy:Does It Make a Difference?,in 1 *The Failure of Presidential Democracy* 31,65.(注释3中援引)林茨引用珍·勃朗德尔(Jean Blondel)声称:“在美国部长的任期很短,在大西洋国家中,只有芬兰、葡萄牙、希腊的部长任期比美国还短。换言之,部长们刚刚超过三年的平均任期,此数字仅比大多数拉丁美洲国家多一点点,恰好和哥斯达黎加几乎一样。宪政总统制确实导致一个短的部长任期,即使其在其他方面能有效运作且没有障碍……”Id. ,at 31;也可参见 Alfred Stepan and Cindy Skach,Presidentialism and Parliamentarism in Comparative Perspective,in 1 The Failure of Presidential Democracy 119,127。(注释3中援引)(“在议会制民主国家任何一个任命的部长职位其平均任期几乎两倍于其在总统制民主国家。”)

〔28〕 林茨观察到,“政府的稳定性已成为反对议会制、支持总统制最有力的论点之一。在做那种辩论时,其已忘了在总统制下内阁相当大的不稳定性……”。Juan J. Linz,Presidential or Parliamentary Democracy:Does It Make a Difference?,in 1 *The Failure of Presidential Democracy* 3,65.(注释3中援引)阿克曼也认为美国政务官的快速轮换是个问题。Ackerman,113 *Harv. L. Rev.* ,at 706-09.(注释2中援引)

在美国，内阁部长们管理其部门是与终身任职的文官系统一起协作的，同时也与国会各监管委员会及小组委员会一起协作，这些委员会都承担各自部门的责任。国会委员会及小组委员会实质上是准议会制的执行结构，若不是宪法第一条第六款不得兼任条款的限制，这些委员会早已将内阁各部门从总统的控制下夺过去了。[29] 这些准议会制的执行委员会机构组成人员非常稳定，极少随着时间改变，其提供了某种若非这样可能会缺乏的稳定性，因于总统制下任命的内阁部长及部长助理们的快速轮换。仅举一例，参议院司法委员会在过去的 25 年基本上只被四个人控制：参议员爱德华·M. 肯尼迪（Edward M. Kennedy）、奥林·哈奇（Orrin Hatch）、乔·拜登（Joseph Biden）和斯特罗姆·瑟蒙德（Strom Thurmond）。这四人已比六任司法部长及也许几百名的司法部低层雇员在位久长。不分析参议员肯尼迪、哈奇、拜登和瑟蒙德这四人的影响力，是无法完整解释参与美国司法部门政策制定的人员的稳定性问题的。的确，其中一个理由可能是，这四人中的每个人对司法政策的影响都比在过去 1/4 世纪里供职的六位司法部长中的任何一位都更重要。美国通过其国会各监管委员会人员令人惊讶的稳定程度和官僚系统顶层同样的巨大稳定性，来弥补其总统任命人员中部长层级稳定性的欠缺。行政结构的稳定性因此是美国体制的一个强处，并为偏好美式总统制而非意大利、日本或 1996 年前以色列旋转门式的内阁提供了扎实的理由。

3. 民主合法性：首相

第三个关于美式总统制优于德式设限议会制的优势就在于，在美国体制下，行政长官是在一场公开的选举中由人民直接挑选的，而非由立法机关的政治精英们在密室里挑选。[30] 这是总统制一个巨大的优势，因为如果重要的党派领导人和潜在的总理，比如赫尔穆特·科尔（Helmut Kohl）和格哈德·施罗德（Gerhard Schroeder），是由立法机关的政治精英们暗中挑选的，则民主合法性有巨大损失。挑选一国的行政长官是任何民主国家必须做的最重要决定之一。由党派领导人来为该职位挑选两三个主要候选人，而非在公开的预选中来挑选，必然会减少民众对政府的控制。对很

---

〔29〕 复杂的论述及个中关系更详尽的阐发参见 Steven G. Calabresi and Joan L. Larsen, One Person, One Office: Separation of Powers or Separation of Personnel?, 79 Cornell L. Rev. 1045 (1994)。

〔30〕 Lijphart, *Parlimentary Versus Presidential Government*, at 12-14.（注释 21 中援引）（"总统制的第二个主要优势是其大众选举行政长官，可被视为较议会制下正式或非正式的间接选举行政长官更民主。"）

多读者而言,总统制相较议会制的这一优势仅凭此点也许就是决定性的。一国的人民应该能够直接挑选他们最重要的公共官员。[31]

为议会制辩护的人也许会解释说,议会制下的人民还是有最终选择权的,当他们在主要政党所挑选的候选人之间进行选择的时候。这是不假,但在议会制下,挑选那些本应由选民选择并因此最终入围的候选人,不是以民主的方式决定的。美国选民了解我们挑选总统候选人的预选体制的优势。美国的预选现场筛选候选人,并且时常告知我们大量的关于总统候选人的性格、信仰及缺点的信息。即使政党领导人支持的候选人如乔治·布什(George W. Bush)和阿尔·戈尔(Al Gore),若想成功获得该党的总统候选人提名,也必须去打造民众基础。[32]

---

〔31〕 当然,在美国该选择因为选举人团的存在从技术上看是间接的,但在2000年大选前的超过一百年的、我们的大部分历史中该选择实际上是直接的,民众选出获胜者,选举人团也选出同样的人选。

〔32〕 预选的投票者在挑选领导人上比立法机构成员更好,此命题实际上可通过比较1960年后美国总统和副总统的候选人来实证分析。前者在某种重大程度上是由预选投票的选民挑选出来的,而后者则是由各党首要的精英人物——总统提名委员会挑选出来的。这段时期的副总统被提名人包括七位强大的候选人:休伯特·汉弗莱(Hubert Humphrey)、沃尔特·蒙代尔(Walter Mondale)、乔治·H. W. 布什(George H. W. Bush)、劳埃德·本特森(Lloyd Bentsen)、阿尔·戈尔、迪克·切尼(Dick Cheney)和乔·利伯曼(Joseph Lieberman)——其中有两位在当前的选举周期中被挑中。这段时期六位弱的副总统被提名人包括威廉·米勒(William Miller)、斯皮罗·阿格纽(Spiro Agnew)、鲍勃·多尔(Robert Dole)、杰罗丁·费拉罗(Geraldine Ferraro)、丹·奎尔(Dan Quayle)和杰克·肯普(Jack Kemp)(笔者曾短期为其工作过并钦佩的丹·奎尔,被不公地、但也不可避免地归为一个弱的候选人)。就由精英挑选的副总统而言,七位强大的与六位弱的副总统候选人意味着某种接近50%的失败率。相比之下,这段时期的总统候选人要强得多,某种程度上他们由预选投票的选民挑选出来。在我看来强大的候选人包括九个人:林登·约翰逊(Lyndon Johnson)、休伯特·汉弗莱、杰拉尔德·福特(Gerald Ford)、罗纳德·里根、沃尔特·蒙代尔、迈克尔·杜卡基斯(Michael Dukakis)、乔治·H. W. 布什、阿尔·戈尔和乔治·W. 布什。另外两位,理查德·尼克松(Richard Nixon)和比尔·克林顿可被视为杰出但不正派。弱的候选人包括四个人:巴里·戈德华特(Barry Goldwater)、乔治·麦戈文(George McGovern)、吉米·卡特(Jimmy Carter)和鲍勃·多尔,甚至他们也不无力量。通过我的评估,在过去三十六年间,由总统预选的选民挑选的十五位总统候选人中至少有九位是有良好资格执掌最高职位的强大候选人。相比之下,同时期由一个精英程序挑选的副总统候选人中只有50%可谓同等强大。我提交该记录是为某种直觉提供实证支持,即一国的最高官员通过一个预选程序来民主挑选是有价值的,如果不是必不可少的话。当然,也许精英们在两个候选人名单上挑选最高候选人时有可能会做得更好,较之他们在挑选副总统这种第二位的候选人时已做的,但其似乎对我而言不太可能,且无论如何也不能完全解释我所认为的总统候选人对比副总统候选人在质量上的巨大差距。

总统候选人需要获得公众支持，这一合法性需求是美国总统选举体制中一个非常好的特质，而这个特质是议会制所欠缺的。仅有来自党派内部人员而非普通百姓选民的支持，就想赢得某一全国领袖的提名是非常不够的。首先得在一个党派内打造民众基础，然后延伸至整个选区，使得一个候选人有资格来治理国家。总统候选人应该被要求去打造这样一个民众基础，而不是仅仅能够赢得该党派内部多数精英立法成员的支持。

一旦被提名，总统制下的候选人就将在选举中直面人民，他们必须靠自己来赢得选民，而不是靠其所属政党的受欢迎度或该党在议题上的立场来博取上位。在某些议会制下，比如意大利直到最近最大党派提名的人必定成为总理，即使他不是该职位的最佳人选。总统候选人不能依靠其党派的声望、党纲或认证而搭顺风车（coast on），而必须凭借自身价值证明其是最佳的行政长官人选。这也是总统制的一个优势。

没有理由相信在挑选行政长官上议员比人民自己更能胜任，使某人成为一名优秀的立法者或政策制定者的才能并非政府人事上的优秀评判者所必需。议员挑选首相人选可能并非因为某人是该职位的最佳人选，而是为了推动对议员所在的州或地区重要的某法案的通过。因此，将议员本身的工作与挑选行政长官的工作捆在一起是个坏主意。它确保了某个众议员的地方主义的、政治分肥（pork barrel）的视角在挑选该国行政长官的人选上将扮演某种角色。这是一个严重的错误。

相关地，在议会制下成为首相的政客与在总统制下成为总统的政客之间的差别是很明显的。尤其是在像意大利和日本那样的多党制政体下，首相们趋于成为无特色的、机器人般的政客（machine politicians），他们是些乏味的、折中的人物，为所有党派大佬所接受，因为其不会破坏任何现状。这些首相们往往缺乏魅力，也缺乏在电视上向全国人民讲话的能力，而总统们则不缺乏这些。这些首相们也不太可能以约翰·F. 肯尼迪（John F. Kennedy）或罗纳德·里根的方式来激励年轻人。典型的立法机关中的领导人正像前众议院议长卡尔·艾伯特（Carl Albert）、蒂普·奥尼尔（Tip O'Neill）或者现任众议院议长丹尼斯·哈斯特尔特（Dennis Haste-rt）一样。这几个人也许互相大肆吹捧，但他们并不是那种能在战争中领导国家、对抗贫困或者对抗伊拉克的人。意大利和日本的年轻人面对着类似卡尔·艾伯特或丹尼斯·哈斯特尔特的首相们时，必然使他们变得对民主感到幻灭，或至少对民主失去兴趣。事实上，这已在历史上发生了。在1958年之前的法国,在意大利、日本、以色列及印度,由精英们所挑选的无特色的、机器人般的政客都曾损害了民主事业。

现如今,由人民直接选举是合法性的本质要求,即使是最坚定的议会制,比如德国和西班牙,都因其缺乏由人民直接挑选的领导人而饱受争议。比如德国就长期由缺乏个人魅力的赫尔穆特·科尔所统治,科尔是一个在很多方面都很典型的投票交易(logrolling)式的领导人,当议员挑选行政长官时易于被挑中。科尔,实际上与所有意大利和日本近来的首相一样,是一个折中的人物,其主要才能在于聚合某党党团会议的多数,通过摆平党内不同派系而非吸引选民来上位。正如许多近来意大利和日本的对口人物一样,科尔是一个典型的职业政客和靠互捧上位的(log-roller)、并非令人振奋的人物。即使在他主持一些重要的历史事件时,诸如德国重新统一和欧盟扩张,科尔也被看作是一个呆板、过于沉稳而非能大力提振人心的领导人。类似许多意大利和日本的靠互捧上位的首相,科尔最终丑闻缠身,尽管他直到离任才被揭发。赫尔穆特·科尔是近年来除英国首相外至今任期最长和最成功的总理,然而,即使是他也暴露出那些议会制领导人的缺陷,这些缺陷典型地存在于意大利、日本及其他更脆弱的议会制民主国家的首相身上。

诚然,以上所描述的一般规则存在例外。西班牙首相费利佩·冈萨雷斯(Felipe Gonzales)和英国的玛格丽特·撒切尔夫人(Margaret Thatcher),当然是有超凡魅力的人物,在他们的国家都深受民众支持。然而,英国不同于大多数设限议会制民主国家的地方在于其没有采用比例代表制,并因此存在一个有力的两党制。此两党制又转而产生了强力的、不受制于议会联盟中少数党派成员的首相。在费利佩·冈萨雷斯领导下的西班牙是一个新兴的民主国家,仍然获得那些铭记着并且惧怕回到佛朗哥式法西斯体制的人们的巨大支持。至于冈萨雷斯的继任者们是否仍有超凡魅力,并且可以激发像他一样无可争议的公众支持,还有待观察。

在此,我的观点并非所有议会制下的领导人都是缺乏个人魅力的、呆板的、靠互捧上位的人物,比如蒂普·奥尼尔,只是相较总统们而言,议会制下的领导人易于成为那样的人。对于一个总是被缺乏个人感染力的人物所代表的民主国家而言,这是糟糕且危险的,因为民主的敌人常常以妥协与投票交易被置于原则之前来攻击它。其实,妥协与投票交易总被置于原则之前是民主制的一个巨大长处,因为此乃民主带来稳定和防止暴力的一个缘由。但是,对于一个民主国家而言这也许是更可欲(desirable)的,即展现其有更多大众吸引力的领导人而非展现其作妥协的领导人。总统制通过把克里斯马型领导人置于总统职位,将折中型领导人置于不那么显眼但相当关键的立法机关职位来做到此点。通过提供能让民众仰慕的、具有超凡魅力的领导人来保护民主制,从而阻止了作为克里斯马型替代选择、能与妥协型民主政治家们竞争的法西斯或共产主义领袖的突现。

4. 民主合法性:内阁与官僚体系

美式总统制相较德式设限议会制的第四个优势在于其强化了对内阁与官僚体系的民主控制。正如对首相或行政长官的大众控制于民主合法性很重要一样,对其余这些次要但关键的执行机构的大众控制于民主合法性也很重要。在我看来,议会制的若干特质减少了对内阁及官僚体系的大众控制。

首先关于内阁制,注意由政治学家艾瑞德·李帕特所强调的一点很重要,即在总统制与议会制之间的三个关键区别的其中之一是,总统制是单一的领袖,而议会制是团体执政(collegial executive)。[33]李帕特认为总统制的行政结构是等级制的,由总统牢牢掌控,而首相的行政结构是共同掌权的,首相通常只是居于同侪之首。[34]笔者赞同李帕特所谓的这是总统制与议会制之间的一个关键区别。在议会制下,首相常常不得不牺牲整个的内阁部门及其政策组合,以迎合其执政联盟中的强力派系。例如,强势的德国前总理赫尔穆特·科尔多年来把外交部让与了其自由民主党的执政联盟搭档。在意大利和日本,以及直到1996年才暂时采用某种形式的总统制的以色列,有权势的政府部门通常为组成每一届政府的多党派联盟中的搭档所瓜分。此体制存在的问题就是我们美国人已了解的所谓"机构俘获"(Agency Capture),只不过在这些事例中通常被俘获的是某一整个的内阁部门。当最关心某一部门或机构的决策的人将其所有的政治资本都致力于俘获该部门或机构并转而服务自身目的时,内阁或机构俘获就会发生。机构俘获的问题就在于其让狐狸来管理鸡窝,正如已经发生的。那些本应由某一机构来管制的人变成了该机构

〔33〕 Arend Lijphart, Presidentialism and Majoritarian Democracy: Theoretical Observations, in 1 *The Failure of Presidential Democracy* 91, 93.(注释3中援引)

〔34〕 Id.

的管理者。

在美国,机构与内阁俘获是一个真实的问题。比如像联邦贸易委员会一类的机构,以及像商务部、劳工部这样的内阁部门,常常被那些本应被规制的人所俘获。根据多数学者们的意见,在美国对“俘获”的关键制约是统一的行政权。总统一个人被授予了所有的行政权[35],并由所有选民选举产生,总统可以被游说来控制其选举联盟中的特殊利益集团。总统可以被督促来防止特殊利益集团或意识形态狂热分子把公共政策转向极端或非公共利益的方向上去。并且,任何做不到这一点的总统,则可能要在下一轮选举周期中被惩罚(或看到其后继者受到惩罚)。美国的选民们期待总统抗衡特殊利益的“俘获”,他们会对总统任命内阁成员是否基于才干作出相应的奖赏或惩罚。

另外,在一个议会制民主国家,内阁或机构俘获注定是个主要问题。各部向来被分派给党派的主要人物,其是执政联盟中至关重要的成员,甚至关键的部门常常被定位给一党之内的主要派系。在议会制民主国家,一些至关重要的部门,比如外交部、财政部和内务部,常常被当作关键的美差分派给小派系或少数党联盟的领导人,而在美国只有次要机构和部门被分派。首相也许不仅作为同侪之首而出现,而且他可能根本就没什么权力去制约他的执政联盟搭档在其自己的内阁封地(Cabinet fiefdoms)的所作所为。因为一旦来一场不信任投票,首相也许就不得不依靠他执政联盟搭档的支持,总的来说,他很可能发现自己处于一个非常软弱的谈判地位。边缘政党,比如奥地利的约尔格 · 海德尔或以色列一些小的宗教党派,可以夺得它们特别感兴趣的至关重要的内阁部门,而且它们会将其势力范围的国家政策从温和的中左或中右立场转向,以适应他们自身党派的目的。

在美国,我们必须不断努力克服机构或内阁俘获问题,因于总统趋于中间立场的选举激励,他总是我们迎战该问题的最可靠的支撑。在某一议会制下,首相的激励机制与我们总统所面对的截然不同。首相们无须担心温和的摇摆不定的选民(moderate swing voters),而不得不担心能否摆平那些能够使其政府垮台的边缘政党和派系。结果就是,政策的作出是为了安抚边缘集团而非中间派别,也因此,内阁俘获是议会制动态过程的关键一

〔35〕 参见 Myers v. United States, 272 U. S. 52, 138-39 (1926); Morrison v. Olson, 487 U. S. 654, 697 (1988)。(斯卡利亚的异议意见)

部分。

此现象为可能在脆弱的多党制下经历议会制的公众注入了普遍的不满。公众不满边缘集团在支离破碎的多党制政体中行使权力，比如海德尔或以色列的宗教党派。由极端党派行使巨大的权力、把持关键的内阁部门，诸如外交部、财政部或内务部，令人同时感到恐惧与幻灭。这导致中间选民对民主失去信心，并且为军方或其他地方的反民主势力的民粹主义诉求打开大门，他们谴责总是在争吵与交易中试图将政府要职当作战利品瓜分的党派领导人。总统制有助于避免内阁与机构俘获，因为总统被授权以等级制方式去驾驭其合作伙伴，维护温和的摇摆不定的选民的偏好。另外，议会制将内阁与机构俘获制度化，因为正是由于此种机制才能形成立法机构的多数联盟。

当一个人观察内阁层级之下的官僚体系的其他职位时，也能发现几乎一样的政治过程。在我们这样的总统制下，下级行政职位由4000名左右的总统及其愿景的支持者所担任，他们被任命为所谓的“豁免”(exempt)或“C表”政治职位，构成了克林顿政府或里根政府。我们体制的一个伟大特质就是，每四到八年，整个高层范围内的行政部门都会从头开始彻底改造，因为新总统们从商界、学术界以及律师事务所中引入有才干的外来者去填补这4000个左右的职位以组成新一届政府。新鲜血液的输入有助于民众维系对官僚体系的控制，通过将终身职的、非决策的官僚置于定期流动的“进出政坛的人”(in-and-outers)的领导下，后者是政治任命官员，其在政府里服务几年然后回到私营部门。[36]这种方式有助于终身职的官僚被置于民众的控制与监督下，即便他们通常非常不喜欢这样。如果民众对政府的控制不能深入官僚体系就会没什么意义，因为许多决策实际上是在那作出的。

阿克曼教授批评美国体制因其缺乏专业主义，他并且认为在不少议会制下因有更多的有野心的官僚(careerist bureaucracy)，而更有可能遵循法治的价值并在一段时间一以贯之地实施政策。[37]阿克曼尤其反感常发

---

〔36〕 进一步的讨论，参见 Steven G. Calabresi, The President, the Supreme Court and the Constitution: A Brief Positive Account of the Role of Government Lawyers in the Development of Constitutional Law, 61 *Law & Contemporary Problems* 61 (Winter, 1998)；亦可参见 Thomas W. Merrill, High-Level, “Tenured” Lawyers, 61 *Law & Contemporary Problems* 83 (Spring, 1998)。（形成一种情形：即较少依靠总统任命的“进出政坛的人”来控制，而更多依靠公务员的人事保护）

〔37〕 Ackerman, 113 *Harv. L. Rev.*, at 690-92, 712-14.（注释2中援引）

生在总统政治任命的官员与国会委员会成员之间均要求职业官僚效忠的争夺战,职业官僚不时地必须同时接受来自总统任命的官员和国会里某反对党领导人的指示。[38]

阿克曼或许是对的,在美国体制中确实有一些连贯性与法治价值的内在损失[39],但他忽略了一个民主合法性上的巨大收获,那是通过迫使职业官僚总是开展与总统任命的官员、国会委员会成员的对话而取得的。不断地将专业的决策者置于民选长官的监管之下,是与陪审团审判体制无二的民主化方式。这可能在法治方面有一些损失(就像在陪审团审判中也当然存在的),但于笔者而言,分权的渴望与暴政的威胁比那些损失更重要(就像在陪审团审判中也会发生的)。把专业人员与民选决策者相结合是有巨大价值的,因为彼此都能在向对方的披露(exposure)中学习。美国体制以颇具智慧的方式做到了这一点,不应等闲视之,即便它还没有像陪审团审判那样被浪漫化。

此外,美国体制还有其他收益,类似于从陪审制中也会产生其他收益。在美国政治体制中,陪审团审判有个经常被提及的优势就是其教育了公民,且授之以使民主政治运作得更好的重要价值。同样的道理我认为也适用于我们挑选国会及较低级别的政府组成人员以掌控某一届政府中关键政治职位的体制。其是通过几千名较低级别的政府组成人员及国会成员来控制官僚体系以进行民主化,因为那会使那些人员对我们的政府体制如何真正运作受到更好的训练。将此类较低级别的人员提升至掌权的位置,然后在一届政府任满时又定期地将其裁减,此乃整个社会秩序民主化的方式。其创造了一个由前行政官员与低级别国会成员组成的庞大干部队伍,他们能被将来的政府所动用,并对美国政府的部门与机构有份特别的忠诚。之前担任过陪审员的公民成了更优秀的公民,有国会山或政府经历的公民也将是更优秀的公民。

5. 两党制与总统制

美式总统制相较德式议会制的第五个优势在于总统制导向两党制,两党制稳定且强化民主。这两点都需要详细阐述,我将先从后面这一点开始。

两党制的优势在于其在政治体制中易于促使高度的调和。当只有两

---

〔38〕 Id.

〔39〕 Id.

个政党互相竞争的时候,每个党派都趋向于争夺并将其注意力集中于中间选民。这两党通常是温和的中间偏左或者中间偏右,且都类似于有种种非常不同的派系分子的大联盟。在一个两党制政体下,任何投票举行之前,派系一定被整合进这两个联盟中的一个。然后选民开始在这两个联盟中进行选择,中间选民常常最被充权(empowered)。两个党派联盟都有动力去掩盖和/或驯服其最极端的分子以争取中间选民,其极端分子在理解这些后也将勉强顺从。整个体制倾向于围绕着20%中间选民的需求与偏好转。大多数右翼40%的选民与大多数左翼40%的选民则不再受到重视,除非在某种意义上他们彼此达成一致。因为联盟是在任何投票举行之前形成的,两党都会不断地设法去塑造一个稳健的形象旨在吸引挑剔的摇摆不定的选民。政党因此具有动力去保持其措辞与公共形象尽可能地理性。

另外,在伴随着比例代表制的多党制政体下,政党为政治光谱上确定的生态位(niche)公开且显而易见地竞争。那里存在某种利用种族的、民族的、语言的与宗教的差异来设法在政治光谱中赢得一席之地的动力。一旦获得代表,该党派为了其地位,将在立法机关中讨价还价以确保在其成员最关心的议题上有最大的政策影响力。此种政体的政治远比在两党制政体下支离破碎,且其党派联盟常常是在选举之后才进行整合,而不像在某种美式两党体制下是在选举之前。

较之多党制,两党制的优势就在于其不太可能导致民主的崩溃,且其更易导向温和的政治以及政治措辞。对担心与惧怕民主崩溃的人而言,民主崩溃在历史上已导致了战争、种族清洗及暴力迫害,一个稳定的两党制的优势显得很清楚。作为"二战"难民的子孙,笔者个人无法想象押注在一个多党制政体上而非更稳健的两党制政体,如果笔者在该问题上有任何选择的话。民主崩溃的代价是如此之高,而多党制的比较收益又是如此之低,笔者无法想象此种风险值得去冒。民主国家里的变革最好渐进地去设法完成,而稳健的两党体制很适合于进行渐进的变革。日积月累,那些变革会相当重要,正如在"新政"(New Deal)或"伟大社会"(the Great Society)时代美国公民所了解的那样。在一个民主国家,为实现根本改变,多党体制简直没必要。在一个两党体制下,如果有多数支持,那些变革不管怎样也会发生。

假定两党体制是可欲的,正如我所认为的那样,能举出什么证据来提出总统制很可能导致某种两党体制的出现?首先,根据政治学家胡安·

林茨[40]、艾瑞德·李帕特[41]、乔瓦尼·萨托利(Giovanni Sartori)[42]、阿尔佛雷德·斯捷潘(Alfred Stepan)与辛迪·司卡池(Cindy Skach)[43]、以斯拉·苏莱曼(Ezra Suleiman)[44]等人的观点,1958年以来法国的经验趋于确证了总统制很可能导向某种两党体制。他们都同意第五共和下的法兰西已走向某种更稳定、稳健的两党制政体。法兰西在第三与第四共和之下饱受严重的支离破碎的政党政治之苦,但自从1958年以来,那里已出现了似乎是两大中间联盟交替的模式——一方右翼、另一方左翼——双方都已成功且负责任地掌控着要么是总统职位,要么是议会,且双方都能与对方共存。世界上最吵闹不休与最不稳定的政党体制之一的突然转向是引人注目的,在我看来其体制比美国或英国之外的任何国家都更能发挥功能。苏莱曼教授如此描述此转型:

总统制及直接投票选举总统的制度已在左翼与右翼内部形成了联盟。夺取最高职位已刺激了党派的某种重组——至少是渴望分享权力的党派——因为要获得多数,没有联盟是极端困难的。总统制已使得选举两极化,以至于该体制有"两个主要极点,每个极点都由好几个不同的党派组成,其被迫互相合作以赢得总统大选或某种反映合作以进行统治的议

---

[40] Juan J. Linz, Presidential or Parliamentary Democracy: Does It Make a Difference?, in 1 *The Failure of Presidential Democracy* 3, 34, 51, 80 n. 47.(注释3中援引)林茨观察到:"根据Laakso-Taagepera指标,好几个作者已注意到大多数稳定的总统制民主国家步入两党体制,而很多稳定的议会制民主国家是多党制。"同上,第34页(省略脚注)。

[41] Arend Lijphart, Presidentialism and Majoritarian Democracy: Theoretical Observations, in 1 *The Failure of Presidential Democracy* 91, 98.(注释3中援引)("总统制带来的趋向某种两党体制的压力,也可能使得'左—右'的维度成为主导,问题的所有其他方面都会被排挤。")

[42] Giovanni Sartori, Neither Presidentialism nor Parliamentarism, in 1 *The Failure of Presidential Democracy* 106, 115.(注释3中援引)("此外应承认在法国模式中直接选举总统在把政党体制'总统化'中发挥了重要与积极的作用,迫使其进入某种两极类型。这并非一个偶然的结果。因为总统府是总统制制衡'比例代表制政治'的一个不可分割的胜利。")(省略脚注)

[43] Alfred Stepan and Cindy Skach, Presidentialism and Parliamentarism in Comparative Perspective, in 1 *The Failure of Presidential Democracy* 119, 212.(注释3中援引)(在他们研究的34个议会制民主国家中,"十一国有在三至七个之间的发挥作用的政党。同样,世界上的半总统制民主国家也有三至四个发挥作用的政党。然而,没有任何纯粹的总统制民主国家有超过2.6个发挥作用的政党。这些数据揭示巩固的议会制及半总统制民主国家能与其立法机关里大量的党派相结合,而巩固的总统制民主国家不能……")(省略脚注)

[44] Ezra N. Suleiman, Presidentialism and Political Stability in France, in 1 *The Failure of Presidential Democracy* 137, 138, 140, 147.(注释3中援引)

会多数。[45]

苏莱曼教授继续说道:"自1962年以来,政党制度的两极化趋势已在相当程度上减少了中间党派与极端党派的分量,并已在左翼和右翼之间导致了某种类似的重组。"[46]他总结道:某种"稍纵即逝的对美国总统制的熟悉应该提示了1958年宪法文本的起草者,即美国的两党体制是总统制的一个派生物"[47]。确实是这种情况,美国的两党体制在18世纪80年代有总统制之前并不存在,其是在18世纪90年代兴起的,差不多紧随由既存的总统制所创建的激励机制已落实到位之后。

总统制赋予了法国某种两党体制,正如其在美国一样,我认为这是一种极好的防御民主崩溃的发展。我严重怀疑在诸如日本、意大利甚至德国这样的国家里的左右翼能否像在法国那样轮流执政,即某种亲体制的"圈内"联盟(在朝党)总是一致反对反体制的"圈外"联盟(在野党)。迫使极右或极左将其自身没入两个中间党派的一个,并被中间党派驯服,对于防止20世纪20年代与30年代的政治动态再度出现是非常重要的,像林茨教授自己的著作曾经说服作为他学生时的笔者那样。两党制有助于拯救民主,而总统制趋向于产生两党制。换言之,阿克曼教授显然是对的,将总统制民主与立法机构的比例代表制相结合是一个灾难性的错误,因为一个支离破碎的立法机构会招致某种关涉总统的政变,而比例代表制有导致支离破碎的倾向。[48]

6. 总统制反意识形态化

总统制优于设限议会制的第六个优势在于前者趋向于反意识形态化,而后者趋于高度的意识形态化。视此为一个优势的原因与我将两党制看成是优势的原因相同。非意识形态化的政体不太可能由于暴力或种族、语言、民族或宗教紧张而崩溃。鉴于民主崩溃的巨大代价,即在人权上的损失及民主自身生命的损失,总统制的这一特质使我强烈支持总统制分权政体。

让我们首先用结束上一部分讨论的要点来考虑总统制的非意识形态性质:总统制与在立法机构选举中所采用的比例代表制是不相容的。情况就是这样,我同意阿克曼教授的观点。理由相当简单,因为比例代表制导

---

〔45〕 Id. ,at 147.

〔46〕 Id. (省略脚注)

〔47〕 Id.

〔48〕 Ackerman,113 *Harv. L. Rev.* ,at 656. (注释2中援引)

致多党制,而多党制会弱化与分散立法机构的领导力。[49]考虑一下此种体制若在美国实施的话会如何收场。

到任期结束时,克林顿总统至少面对了五位非常强势的议会领导人:汤姆·德莱(Tom DeLay)、迪克·阿梅(Dick Armey)、迪克·格普哈特(Dick Gephardt)、特伦特·洛特(Trent Lott)与汤姆·达施勒(Tom Daschle)。这五个人有力地限制了克林顿总统所能采取的行动,并约束他的总统权力。现在想象一下众议院采用比例代表制。取代面对强大的共和党与民主党领导人,克林顿总统可能将面对这样一个众议院,其领导人来自基督教联盟、自由党、某非洲裔美国人的政党、社会民主党、商业圆桌党(Business Roundtable Party)、三 K 党、绿党及工党。如此分散的政党领导对克林顿总统几乎没什么影响力,总统反而因此变得更加强大。这就是现在实际上在许多将总统制与比例代表制相结合的拉美国家上演的政治过程,且在其中一些国家通过总统领导的政变导致了民主崩溃。必须使总统面对强有力的议会领导,这意味着总统制与比例代表制不兼容。阿克曼教授强调此点是对的[50],且其正确注意到此点引起对类似拉妮·吉尼尔(Lani Guinier)的努力的怀疑,即把美国转向比例代表制,而无须从总统制变为某种议会制。[51]

总统制与比例代表制之间的不协调,以及总统制趋向于激励某种稳健的两党制政治,意味着总统制是反意识形态的——此观点由阿克曼教授提出,但他视此为总统制的一个劣势而非优势。[52]阿克曼教授的兴趣在于民主对话,并且他对于政府立法的乐观使他相较笔者而言不那么注重风险规避。笔者仍然更担忧法西斯主义与共产主义导致民主崩溃的危险,此危险遍布 20 世纪,对人类的生活与自由构成了巨大威胁。

除了与比例代表制不兼容之外,总统制在另两个重要方面也是反意识形态化的。首先,如阿克曼教授所述,总统制有鼓励某种个性化政治的

---

〔49〕 有关将比例代表制与总统制相结合的危害的讨论,参见 Alfred Stepan and Cindy Skach, Presidentialism and Parliamentarism in Comparative Perspective, in 1 *The Failure of Presidential Democracy* 119,131(注释 3 中援引); Carlos Santiago Nino, Hyperpresidentialism and Constitutional Reform in Argentina, in Arend Lijphart and Carlos H. Waisman, eds., *Institutional Design in New Democracies: Eastern Europe and Latin America* 161,167 (Westview Press,1996)。

〔50〕 Ackerman, 113 *Harv. L. Rev.*, at 656.(注释 2 中援引)

〔51〕 Id., at 657.

〔52〕 Id., at 657-64.

倾向,尤其是在总统这一层级。[53] 总统选举在很大程度上常常是个性竞争。选民会权衡非意识形态的因素,比如乔治·布什的亲和度(likability)而非阿尔·戈尔的国策经验,并且果断地基于非意识形态的原因而作出决定。此情形某种程度上在议会制下也会发生,但不及在总统制下。在总统制下,一旦其当选,总统的个人特质会变得非常重要。

在总统制下,现任总统的个人特质也非常重要。正如阿克曼教授所指出的,克林顿总统的个人癖好耗费了美国政治精英们大量的时间与精力[54],20 世纪 80 年代里根总统在伊朗门事件中的健忘与迟钝也是广大精英关注的目标。阿克曼教授责难此种投注于个性而非议题的巨大精力宣泄,不过笔者却为其喝彩。在一个民主国家,人民应当密切关注那些统治他们的人,且健康的民主状态是民众可以讨论各种议题,除了那些会使所有民主政体产生巨大分歧的宗教、阶级、种族或民族问题。个性化政治取代那些强化人们之间的争执或分歧的政治形式,给选民提供了某种娱乐来源与使国家团结起来的谈资。这在一个民主国家里是非常健康的状态,其易于减少阶级斗争或宗教、民族冲突的可能性。在克林顿总统或里根总统的个人癖好问题上每个人都会有自己的观点,而那些观点将打断基于前述因素形成的分野,否则那些分野可能导致政体分裂,这对民主很有利。伴随着总统制的个性化政治,因此是个好东西,应当得到我们的赞美,而并非像阿克曼教授所认为的是个缺点。

这反过来提出了第二个更一般的观点,那就是去意识形态化的总统制产生于时空被随机分割为随机的选举单元。我们之前已讨论了美式总统制如何以某种非意识形态化甚至反意识形态化的方式,排斥比例代表制而支持单一成员选区制。此基点就在于民主代表制的基本单元是一个地理实体,而非政治光谱上的某个意识形态位点,因而地理分区趋向于打断并不再强调意识形态。美式总统制运用地理或空间,削减了意识形态的重要性,其产生了某种更温和、更稳健也更安全的政治品牌。

美式总统制还利用选举时间的随机划分做了几乎一样的事情。美国宪政体制中定时的选举打击了议会制的倡导者,使其显得无意义与专断,因为选举每两年、四年或六年就会举行,而不管在那时政治世界发生了什么。议会制的倡导者如胡安·林茨觉得这匪夷所思,而宁愿当要决定重要

---

〔53〕 Id. ,at 657-64.

〔54〕 Id. ,at 659.

事情时才召集选举，就像通常在议会制的国家里发生的那样。[55]我们为举行总统选举所制定的严格的时间表会使得已失去公众支持的吉米·卡特继续在位，而又迫使广受欢迎的富兰克林·罗斯福(Franklin Roosevelt)再次竞选，林茨觉得这很古怪。他责难美式总统制中此种随机的选举时间划分毫无意义，并认为其阻碍了人民在需要作出重大决定时通过选举来作出决定。

我不同意林茨所谓此种美国体制毫无意义的观点，且非常喜欢把选举时间随机划分为两年、四年、六年的增量，而非任由有权势的精英们自己决定何时进行选举，像在议会制里发生的那样。总统制民主国家里随机的定时选举，就像随机绘制的地理区域分界线一样，趋向于抹去与不再强调政治体中意识形态的断层线(fault lines)。这是件好事，因为潜在的基于意识形态、宗教、民族或阶级的社会冲突，经常可能爆发。随机的地理区域分界线或定时的选举是可欲的，其也许能打断所有民主国家都必须控制的潜在但可能爆发的社会分裂。依我的判断，总统制能做到，而议会制不大可能做到。

此点可通过简单提及瑞士政治来很好地说明，即艾瑞德·李帕特早先在其职业生涯里大力研究和描述的所谓协合式民主(consociational democracy)。[56]对政治学家而言，瑞士是个吸引人的谜题，因为其政治运行如此平稳，尽管其分成三个语言群体：德语、法语和意大利。为何伴随着这样的民族与语言区分的瑞士民主运转得如此良好，而其他多语言、多民族的民主国家比如加拿大却经受了那样的冲突？根据李帕特的观点，答案就是：在某种程度上，瑞士语言与民族的裂痕被其他裂痕诸如宗教与城乡的分割所切断。[57]更具体地说，半数的瑞士德裔与法裔是天主教徒，另一半是新教徒。而且，半数的瑞士德裔与法裔主要居住在城市的州(Cantons)，而另一半主要居住在乡村的州。在瑞士，语言与民族的裂痕因此被宗教与城乡的分割所切断，这就意味着同样的族群并不总是沿着同样的分割线互相对抗。与之相反，在加拿大，说英语的主要是新教徒，而说法语的主要是

〔55〕 Juan J. Linz, Presidential or Parliamentary Democracy: Does It Make a Difference?, in 1 *The Failure of Presidential Democracy* 3,9-10.(注释3中援引)

〔56〕 Arend Lijphart, *Democracy in Plural Societies: A Comparative Exploration* 71-81, 119-29 (Yale U. Press, 1977). 亦可参见 Arend Lijphart, 2 *The Politics of Accommodation: Pluralism and Democracy in the Netherlands* (U. of California Press, 1968); Arend Lijphart, ed., *Conflict and Coexistence in Belgium: Dynamics of a Culturally Divided Society* (Institute of International Studies, 1981)。

〔57〕 Lijphart, *Democracy in Plural Societies*, at 71-81, 119-29.(注释56中援引)

天主教徒,因而宗教的分裂加剧了民族与语言的分裂,而不是打断它们。这有助于解释为何加拿大的魁北克人感觉像是一个弱势的少数民族,而在瑞士说法语的就不是。相较说德语与说法语的瑞士公民之间的差异,字面意义上的魁北克公民可能与安大略省的公民更少有共同之处。瑞士民主之所以运转良好是因为社会裂痕被切断了,而加拿大民主运转得不太好是因为社会裂痕被加剧了。

与选举规则上随机的时间选择与地理划分相关联的就是,随机绘制选举的区域分界线与确定举行选举的日期,可以人为制造使民主国家运行得更好的交叉裂痕(cross-cutting cleavages)。例如在美国,东北、南方、西部与中西部这些主要的区域划分,被随机地将国家划分成50个州与435个国会选区而大大弱化了。随机绘制这些州和选区的地理分界线有助于抹去并使美国公民较少意识到其差异。[58]与之类似,随机定时地进行选举也弱化了美国选举中种族的、阶级的社会裂痕,美国的选举并非在政治精英们的召集下紧随骚乱、萧条或衰退而进行,而是依照一个每两年、四年或六年的随机时间表举行。最终结果就是美式总统制构造了随机交叉的地理分界线及定时的安排,发挥了某种在瑞士自然形成的交叉裂痕所发挥的有益功能。这样的交叉裂痕对稳定的多民族民主国家的兴起至关重要,因为其确保了所有的公民至少在某件事物上彼此有共同之处。此乃美式总统制的一个巨大的好处,其能产生反意识形态化的政治与为确保稳定的民主所必需的那种交叉裂痕。

这引出了笔者与阿克曼教授的另一个意见分歧点,即关于他声称总统制产生古怪的政策突然倾斜(odd lurchings of policy)的现象,因为其创造了机会,当某一党控制了所有的权柄时,会以一定方式牢固地确立其决策和政策,而这些方式可能被证明是凭普通多数非常难以推翻的。[59]其基本假设就是美国民主党人或共和党人等待着一个时机,当其政党主导了白宫与国会时,他们就会冲进去并通过一大堆的法案,那些法案在此之前20年的分裂政府时期他们只能梦见。在此种模式之下,特定类型的立法供给完全不一样,其取决于一党是否同时控制了白宫与国会,还是由两党分别掌控。当一党控制时,阿克曼教授预测将会有广泛的立法;而当两党分别

---

〔58〕 Steven G. Calabresi,"A Government of Limited and Enumerated Powers":In Defense of United States v. Lopez,94 *Mich. L. Rev.* 752,765-69 (1995).

〔59〕 Ackerman,113 *Harv. L. Rev.* ,at 650-53.(注释2中援引)

控制白宫或国会时,他含蓄地预测会形成某种程度的僵局,只有次要的立法能通过。

阿克曼教授的模型在某种程度上被事实所否定。参考一下他的耶鲁同事大卫 · 梅休(David Mayhew)教授的杰出著作,其在《我们在分裂中统治》(Divided We Govern)中认为,不管是一党掌控了所有的权柄还是出现分裂政府,立法供给都不受影响。[60] 梅休研究了"二战"后 1946 年至 1990 年间通过的所有的主要立法,发现无论是在一党完全控制白宫与国会时期,还是两党分别控制时期,立法步伐基本上没有差别。[61] 他注意到主要的法案,如塔夫脱-哈特莱法案(Taft-Hartley Act)、1948 年的马歇尔计划、1957 年的民权法、1970 年的清洁空气法、1970 年的职业健康与安全法、1973 年的战争权法与 1986 年的税收改革法,都是在白宫与国会分别处于两党控制下的时期通过的。[62] 梅休教授确实注意到,较之后两年而言重要法案略微更有可能在总统任期的头两年通过[63],而且他还确证了意识形态化的潮涌期,包括大致在 1964 年至 1974 年间涌动的支持政府扩张的那股思潮。[64] 但是,无论是主要的立法通过或者甚至是举行重要的监管听证会,梅休教授都没有发现其与一党政府或分裂政府的存在有关联性。事实是国会根据其自身的动机与需求产生立法,并且主导监管调查,而不管哪个党正坐镇白宫。若公众需要立法与调查,国会就产生它们。若公众想让国会沉寂,他们也能得偿所愿。其并非简单的是那么回事,即政治精英们在华盛顿无所事事,说道:"现在国会与白宫都被我们一个党控制了。很好。让我们来通过一些法案吧。"不论一党是否同时控制着白宫与国会,立法供给都不受其支配。在这方面,美国政体从根本上而言也是非意识形态化的。美国的政治精英们并没有以阿克曼教授所提议的那种有自我意识的方式去试图立法。

7. 总统制导向司法审查

总统制分权政体优于议会政体的第七个优势在于,前者潜在地更能

---

〔60〕 David R. Mayhew, *Divided We Govern*: *Party*, *Control*, *Lawmaking*, *and Investigations*, 1946-1990 (Yale U. Press, 1992). 阿克曼教授引用了梅休教授的著作,参见 Ackerman, 113 *Harv. L. Rev.*, at 645 n. 18(注释 2 中援引),但似乎并没像我一样从中得到同样多的安慰。

〔61〕 Id., at 175-99.

〔62〕 Id., at 51-99.

〔63〕 Id., at 118.

〔64〕 Id., at 142-45.

兼容一个强大的司法审查体制的存在。这是因为面对分立的"行政-立法"(Executive-Legislative)之决策机构,宪政法院也许经常要能够获得一方或另一方的帮助以支持其有争议的裁决。另外,一个面对融合型议会政体的法院也许在某些情形下被迫表现得更为谨慎些。此点颇为显著,1958年后在法国兴起总统制的同时,也导致了某种司法审查体制的创设,而法国传统上一直对司法审查怀有敌意。而且,正如在法国横向分权导致了司法审查,纵向分权——联邦制——有助于在美国和澳大利亚产生司法审查。像法国那样在总统与议会之间充当仲裁者,或像美国那样在国家与州之间充当仲裁者,这些作为都强化了宪政法院。

在最近一本比较美国与英国法制体系的书中,首席大法官理查德·波斯纳(Richard Posner)公开推断,相较英国法院面对的统一的议会制,也许美国的分权体制使我们的法院更积极主动,也有更多的政治自由去作决策。[65] 首席大法官波斯纳的观点很有逻辑且阐述到位。一个能在国会与总统之间、国家与州之间进行导引的法院体制,较之面对统一的、融合的"行政-立法"之决策机构的法院体制,将有更多的政治自由。在最低限度上,分权政体之下的法院体制不太可能对其法律解释被以修订或改写的形式再次通过的法规所取代而熟视无睹。情况就是这样,因为相较议会制下形成多数而言,国会与总统更难就如何推翻一个法案的司法解释达成一致。分权与联邦制强化了宪政法院,并使其发挥重要的仲裁作用。在美国,法院的观察者们最近几年已注意到此现象,因为美国最高法院极大地加速了其基于宪法分权结构的依据而对法律所进行的审查。相较之前很多年里在美国被观察到的,日益增长的审查已扩张了国家的司法权,并导致了在每届国会任期里有更多的法案被宣告无效。

阿克曼教授在此点上也许会回应道,德国设限议会制民主也有一个很强大的宪政法院,且一点也没有被其必须面对的、某种融合的"行政-立法"之多数体制的存在所损害。这无疑是真实的,且德国的例外显然意味着司法审查能在议会制环境里兴盛。[66] 然而,尽管德国有点例外,但在所有其他条件都相同的情况下,分权与联邦制有助于促进司法审查在一个因上述理由而不存在的环境中成长。也许在这点上值得注意的是,德国是一个联邦国家,且其立法机关中的联邦上议院在挑选宪政法院法官上发

---

〔65〕 Richard A. Posner, *Law and Legal Theory in England and America* 33-35 (Clarendon Press, 1996).

〔66〕 See Ackerman, 113 *Harv. L. Rev.*, at 668-70. (注释2中援引)(讨论分权对司法审查的重要性)

挥重要作用。此外,宪政法院一旦就位,其半数成员——两个法庭中的一个庭[67]——要致力于以德国基本法(或宪法)监控分权与联邦权力界限的审查任务。笔者当然没有声称议会制与司法审查不兼容,但笔者确实认为某种宪政分权或联邦制的存在有助于确立司法审查制度。一旦在权限中确立其作为仲裁者,一个宪政法院随后就会将其注意力转向监督人权法案的实施,就像美国在过去的100年里发生的那样。

8. 总统制、两院制与联邦制

总统制优于议会政体的第八个优势在于:较之后者,前者更能兼容两院制与某种联邦体制。[68]阿克曼教授在一个精彩的讨论中论证道,一旦一国在立法机构中具有完全平起平坐的两院,其绝对必须拥有一个单独选举产生的总统,而非由两院中的一院挑选出的首相。[69]作为一个常识的问题,此原因很明显(立法机构中的两院并不能真正地平起平坐,如果其中一院选出内阁与首相而另一院不能的话)。两院制立法机构中的两个院也不可能都选出政府。其将需要打破平局的规则,且很难想象该规则将是什么。为此,每个具有两院制立法机构的议会制一直都是包含着某种选出政府的下院比上院有多得多的权力的体制。阿克曼教授称其为一院半制解决方案(one-and-half House solution)[70],并予以相当详尽的赞扬。

笔者对一院半制解决方案自身的优点持相当大的保留意见,至少对很多国家而言,联邦制是一个很重要的宪法组成部分,正如其在美国一样。在一个真正的联邦制政体下,重要的是法律要同时得到大多数人民的支持与各州或各省中大多数人民的支持。否则,全国的大多数可能会被引诱去创立一些在联邦某些地区极其不受欢迎的法案,并伴随着严重的不稳定后果。美国的两个院完全平起平坐的两院制解决方案防范了这部分的立法,比一院半制解决方案好得多,因此我认为其值得新兴联邦制政体效仿。

此点非常重要,正如阿克曼教授所含蓄地承认的那样,因为联邦制政

---

〔67〕 德国宪政法院有十六名成员,分成两个庭,每庭八人。一庭主要听取涉及宪政权力结构的案件,另一庭主要听取涉及个人权利的案件。其一个简要的历史介绍及描述,参见 David P. Currie, *The Constitution of the Federal Republic of Germany* 1-32 (U. of Chicago Press, 1994)。

〔68〕 林茨注意到:"有时认为总统制特别适合于联邦制共和国,因为总统能充当统一的象征,尤其是在不存在君主制的情形下,且能以议会无法办到的方式代表国家作为一个整体"。Juan J. Linz, Presidential or Parliamentary Democracy: Does It Make a Difference?, in 1 *The Failure of Presidential Democracy* 3, 42. (注释3中援引)

〔69〕 Ackerman, 113 *Harv. L. Rev.*, at 671-83. (注释2中援引)

〔70〕 Id., at 635, 636, 671-87.

体很可能正非常时兴,所以地球上的国家愈发变得更加互相依赖、更需要合作,而又不愿失去其身份特性。联邦与邦联结构如欧盟、北约、北美自由贸易协定、世界贸易组织、关贸总协定都可能是崭新的、更强大的全球联盟到来的预兆。[71] 如果联邦制就像我所认为的那样代表了未来的趋势,且如果联邦制需要两院制,则我们又有一个有力的额外理由支持总统制了,因为只有总统制能与国家立法机构中完全平起平坐的两院合作。关键问题是,联邦制真的需要完全平起平坐的两院制,抑或一院半制解决方案也能与其合作?让我们来更深入地探讨这一关键议题。

首先,我们也许会问,在将权力让与某个未来的全球联邦之前,强大的民族国家可能会寻求什么保证?这里考虑一下英国向欧盟让渡权力或美国向某个类似北美自由贸易协定的北美邦联让渡权力的情形。目前二者的情形都已扭曲到了可信度快要崩溃的极点,因为英国与美国将让渡主权给那些实体在今天看来是不可思议的。但是,不管怎样让我们就将其当作假设来考虑吧。在笔者看来这将是非常可能的,即在最低限度上,美国与英国在这种情况下将会要求在立法机构中有完全平起平坐的实体以使民族国家能被平等地代表,并有机会否决虽获得多数同意但与联邦制相抵触的举措与法律。那就是在美国历史上以"大调和"(Great Compromise)的形式发生的事情,"大调和"导致创设了我们两院制的国会,也与在瑞士联邦发生的事情一致,其两院也是完全平起平坐的。

阿克曼教授的回应是指出加拿大与印度联邦作为议会制民主国家已采用了一院半制的解决方案[72],但这些国家几乎不是联邦和睦的典范,部分因为地方利益在加拿大与印度都感到极其不安全。当然,加拿大在魁北克面临一个很严重的分离主义挑战,因为那个说法语的罗马天主教省份的公民对其利益在加拿大议会将受到充分保护没有感到确信。并且,在印度,分离主义运动已经从事暴力活动甚至行刺,因为他们不满其在印度宪法下所获得的保障措施。若声称完全平起平坐的两院制方案将能独自解决加拿大与印度的分离主义问题也许言过其实,但在我看来,主张加拿大和印度作为联邦和睦与给人好感的典范同样言过其实!无疑有着平起平坐的两院制、"大调和"解决方案的美国和瑞士更接近于作为联邦国家成功的标志。

---

〔71〕 更多的讨论,参见 Calabresi,94 *Mich. L. Rev.* ,at 756-73。(注释 58 中援引)

〔72〕 Ackerman,113 *Harv. L. Rev.* ,at 672. (注释 2 中援引)

阿克曼教授明智地指出,美国的联邦主义者为了拥有参议院付出了代价,其不得不接受伴随着参议院的非常国家化的总统制度。阿克曼在此点上完全正确。有一个与众议院完全平起平坐的参议院确实意味着美国人不得不接受总统制,并且为此他们当然得相信一个非常国家化的制度。美国总统在美国宪政秩序中无疑是强大的国家力量之一。

但在美国有一个国家化的总统对应联邦性质的参议院是件好事,且均是抽象宪政设计的问题。这意味着国家的大多数人民与多数州的大多数人民都能在华盛顿找到代表他们的声音,这是高度可欲的。美国总统因而以某种十分积极的方式与参议院携手并进。正如参议院诱使各州加入了联邦并让渡了某些主权,总统制着手于使我们首先都认为我们自己是美国人,其次才是我们各自州的公民。总统选举产生了总统及数以千计的"美国官员",总统使其任职,他们首先想到自己是美国人。就这样,我们的总统体制真正促进了我们成为一个民族。

想象一下若欧盟明天可选举产生总统的效果,他将任命4000名四年任期的"欧盟官员"。联邦制在欧盟或将极大地推进这一结构。其将伴随着立法机构中平起平坐的两院制,难道对一个联邦主义者而言付出这个代价太高以至于要否决吗?不,一点也不。在联邦制是可欲的甚至是必然的地方,人们通过全体一起选出最高职位来巩固其新的政治身份是一件好事。其有助于建立那些锻造新民族的神秘的联盟盟约,使曾经是敌人的人们永久地团结起来。

总之,我强烈的直觉是:(1)联邦制代表了未来的趋势;(2)只有在新联邦国家中建立起完全平起平坐的两院制立法机构,联邦制才会成功;(3)两院制将导向并需要采行某种总统制分权政体。

9. 总统制与战争权

总统制相对议会政体的第九个优势在于,它也许比议会制更能作战并赢得战争。在战时,民主国家需要且受益于总统制所能提供的稳定性。例如,美国产生了一些非常威严的战时领导人,包括乔治·华盛顿、安德鲁·杰克逊、亚伯拉罕·林肯、西奥多·罗斯福、伍德罗·威尔逊、富兰克林·罗斯福、哈里·杜鲁门、德怀特·艾森豪威尔、约翰·肯尼迪、林登·约翰逊、罗纳德·里根与乔治·H. W. 布什。上面列举的十二人中的每一位要么自身是军事英雄,要么在战时以给人留下深刻印象的方式领导国家,而这十二位占所有执掌最高职位的人的1/4。那是构筑领导力的相当了不起的记录,且有助于解释为何美国是当今世界上仅存的超级大国。美国总统在超过两百年中能够团结民众与国会,坚持对军队的掌控,且赢得胜利。[73]对一个民主国家而言这是个相当了不起的成就,因为民主国家趋于热爱和平,会在国际关系中表现得过分软弱而非坚毅。

阿克曼教授极为重视此点,即美国作为“二战”的胜利者鼓励其战败的对手德国、日本与意大利采用了议会制。[74]然而他从来不问在我们的立场上那是一个无私的偏好吗?当然不是。我们不想让德国、日本与意大利拥有强大的行政系统,因为我们不想让他们将来能够再从事战争。我们故意将其推向在军事与外交政策事务领域保持弱势的宪政结构,因为我们在1945年后并不完全信任他们。议会政体是那种弱势的结构之一,较之总统制,其会产生不太稳定的行政系统及内阁。

阿克曼教授可能的回应是指向由诸如温斯顿·丘吉尔、劳埃德·乔治与玛格丽特·撒切尔等男女领导的伟大的英国战时内阁,但英国是一个非典型的、稳定的议会制。英国有别于几乎所有其他的议会制,因为其实际上拥有一个两党体制,并因此产生保守党或工党的议会领袖完全领导的稳定政府。在多数议会制下,如法兰西第三、第四共和[75],或今天的日本、德国,当权政府代表着某个党派联盟。较之总统制下的内阁,这样的联合政府注定更加脆弱。就此而言指出这个很有意思,英国在“二战”期间不得不暂停选举,而我们美国人从不需要那样做。即使在残酷的内战与“二战”期间,我们兑现了每四年一次的周期总统选举,正当我们的军队在战争中部署时,我们仍送选民们去投票。[76]

最新的由议会民主转向总统制的是以色列[77],考虑到该国所面临的不同寻常的军事和外交政策问题,这很令人关注。对一个被严重的外

---

〔73〕 林茨指出:“一个常用于支持总统制的论点是,总统制提供了某种武装力量认同其作为最高指挥官的个性化领导的政治体制;而认同首相将更困难些”。Juan J. Linz, Presidential or Parliamentary Democracy: Does It Make a Difference?, in 1 *The Failure of Presidential Democracy* 3, 45. (注释3中援引)

〔74〕 Ackerman, 113 *Harv. L. Rev.*, at 634-36. (注释2中援引)

〔75〕 或许令人吃惊的是,法兰西第三共和败于纳粹侵略者,而第四共和陷于阿尔及利亚危机。Ezra N. Suleiman, Presidentialism and Political Stability in France, in 1 *The Failure of Presidential Democracy* 137, 142. (注释3中援引)

〔76〕 我将此点归功于阿希尔·阿玛,其正确地论述道,林肯总统愿意在1864年举行选举,应得到与约翰·亚当斯(John Adam)总统在其1800年选举失败后愿意向杰弗逊(Jefferson)交出权力同样的尊敬。Conversation with Akhil Amar, November 1999.

〔77〕 Lijphart, *Patterns of Democracy*, at 123-24. (注释5中援引)

交政策问题困扰的国家,如以色列而言,或许总统制的更大的稳定性将被证明是可欲的。显然,总统制对一种民主国家拥有强大的军事力量而言并非必需,但我认为在其他条件都一样的情况下这相当有利。总统制民主国家有一种能力,即在战时进入某种可称为行政“全权”(Full Authority)的模式,这一有用的术语借自阿克曼[78],然后其总是在和平时期恢复到某种较少权威的模式。这一宪政安排中的灵活性与适应性是总统制一种可贵的特质,其从而能剪裁行政权力的程度与范围以适应形势。显然,战时首相有时也能证明其非常成功,如在议会有稳固多数的丘吉尔,但总的来说,总统制的稳定性在战时似乎很可能有一个明显的优势。

将此问题付诸讨论的一个方式是问下我们自己,如果我们能设计一部未来假想的欧盟或北美自由贸易协定宪法,我们将更喜欢何种行政体制?不管我是哪个民主国家的公民,我个人会需要在战时由总统来领导的优势,只要立法机关拥有宣战权。然而,如果我是为德国或日本或某个笔者非其公民的民主国家设计宪法,议会形式当然将看上去更好。总统对一国的敌人而言是危险的,而对此美国的对手们已经有机会了解到。除了英国外,还没有议会制民主国家已成为世界舞台上主要的军事与外交玩家,然而美国已屡屡证明自己是民主国家的兵工厂。未来的民主联盟在放弃现存在于美国、战时由总统领导的能力之前,应当想得久远些、困难些。在过去超过200年中,其已证明自己相当可贵。

10. 维护自由与维持现状

笔者希望讨论的第十个也是最后一个总统制的优势是,其较之议会制有更大的能力维护自由与现状。[79]总统制使得政府更难采取行动干预经济,作为一个更怀疑(尽管并非完全有敌意)政府干预的人,我将此视为总统制的一个巨大好处。法律规则的稳定性及恒定条款(entrenchment)对个人与公司之经济主体而言是一个巨大的恩惠,因为其极大地促进了长远的经济规划,而总统制有助于创造它们。分权体制较之议会制更不太可能陷入轻率的调控方案。我想这绝非偶然,正因此,英国的议会民主较之美国在相同时段里对更多产业进行了国有化或私有化。我们的宪政体制之

---

[78] 阿克曼有力地描述了其称为美国体制的“全权”模式,即当一党同时控制总统职位与国会众议院时。Ackerman,113 *Harv. L. Rev.* ,at 648.(注释2中援引)

[79] 阿克曼的相反立场,参见Ackerman,113 *Harv. L. Rev.* ,at 722-23。(注释2中援引)

所以能如此,是因为相较仅需在下院得到大多数的批准,政府支持的法案同时获得众议院、参议院的批准及总统的签署要困难得多。

当然,笔者的自由主义的无为(inaction)偏好是意识形态上的,也许并不为我的许多读者所赞同,但我应指出所有的自由形式——人身自由与经济自由——都为美国的制衡结构所维护。在美国,两院制与上文笔者所陈述的对一切改变法律的努力造成了某种障碍,不管那些努力是来自基督教联盟还是"劳联-产联"(AFL-CIO)。较之世界上其他多种族、多民族的民主国家,美国有一个了不起的人权纪录,我们的制衡体制可能是部分原因。我们有某种烦琐的、要求一致同意的立法程序,使少数群体感到安全,并保障了自由。在此种体制下变化也许有时非常慢,但比过快要好。

正如阿克曼教授所指出的,较之议会制,美国的制衡体制确实导致了在美国体制下法律规则中有更多的恒定条款。[80] 换言之,美国体制下的现状更能得到维系,是因为某个新兴的选举联盟欲使其倡导的变革得以立法,相较在议会政体下,其必须赢得更多的选举。在美国体制下一些普通的制定法之所以实际上能得以维系,是因为需要赢得特别多数或不寻常的多数才能废除,例如那些在"新政"或"伟大社会"年代的立法。

阿克曼教授暗示在美国体制下有太多的恒定法,但我将举证这完全缺乏依据。今天美国许多恒定法是公众对分治政府——在两个主要政党之间对白宫与国会的分裂控制——的截然不同之偏好的结果。莫里斯·菲奥里纳(Morris Fiorina)教授认为美国的分治政府在实质上反映了公众对意识形态事务的犹豫不决,其积极的倾向因而只是对现状的小的、渐进的变革。[81] 如果菲奥里纳是对的,那么许多阿克曼所谓的恒定法仅仅反映了某种阿克曼不以为然的公众偏好。阿克曼也许像我一样宁可某一个党掌控众议院、参议院与白宫(是哪个党我们有不同意见),但公众宁愿无为而治,因而结果就是分裂政府。这种有恒定法的现状阿克曼与我都不喜欢(理由不同),但此乃民主的方式得出的某种民主结果。其仅意味着较之议会制民主国家,在美国变革将发生得更慢,因为现状总是更易得以维系。

事实就是,不管是在宪法还是一些难以废止的立法中,恒定条款不仅授权,而且也限权。正如宪政主义一样,恒定法创造了代际立法的机会。

---

〔80〕 Id. ,at 650-53.

〔81〕 Morris Fiorina,2 *Divided Government* (Allyn and Bacon,1996). 阿克曼教授引用了菲奥里纳的著作,参见 Ackerman,113 *Harv. L. Rev.* ,at 645 n. 18(注释 2 中援引),但他并没像我一样从中得到同等程度的安慰。

这一代人约束下一代人,也被上一代人约束,结果是可以做一些之前不能做的事情。没有关于出版自由或财产权保护的可靠的恒定法,谁敢去写一部书或建一家工厂——而这些在20年里可能成为怀有敌意的政府行为之根据。立法中没有可靠的恒定条款以保护加入工会的权利或禁止歧视,我们会有把握拥有我们已有的劳工标准与种族和平吗?正像某种合同义务一样,恒定法使我们放弃某种短期打破现状的自由,以换得在长期以双赢的方式约束我们自身和我们与之讨价还价的那些人的权力。某些形式的恒定法也许太过分(邦联条例),阿克曼也不像西敏寺那伙人,其更乐于接受某些恒定法是好的。但有何证据证明在美国体制下有过多的、像其现在那样发挥作用的恒定法?选民们并不这样认为,此已由他们故意与一再重复强化经由分治政府的宪政分权所证明。

美国以比其他任何G8经济强国施加更多立法壁垒的方式维护了自由与现状,然而较之世界上主要的议会制民主国家,美国有更快的经济增长速度、更大的人均国民生产总值、更低的失业率,以及更年轻、更快速增长的人口,同时其为维护民主世界的自由付出了大部分的军事费用。显然,在美国的经济与社会成就背后有很多因素,不过笔者确实认为宪政结构与文化是部分因素。总统制分权政体比议会制更能维护自由与促进经济增长。自由与增长的信徒也应是总统制与分权制的信徒。

（二）总统制与民主崩溃:拉丁美洲的经验

现在笔者开始反驳阿克曼教授最有力的反对美式总统制的理由,即他暗示当美式总统制输入欠发达国家时,其已被证明特别容易导致民主崩溃。这里破坏性的事实是,每一个拉美总统制在其历史进程中至少遭受了一次民主崩溃。[82]

首先,此令人不安的记录本身并不能确证总统制较之议会政体更易于崩溃。政治学家马修·桑伯格·舒加特(Matthew Soberg Shugart)和约翰·M. 凯里(John M. Carey)回顾了20世纪民主崩溃的历史,发现“在该

〔82〕 Ackerman, 113 *Harv. L. Rev.*, at 646.(注释2中援引)乔瓦尼·萨托利解释道:“今天根据我们所提出的这些标准,三十个某种形式的总统制国家,大都集中在拉丁美洲。除美国是唯一例外,所有的总统制都断断续续……大多数拉美国家(尤其是阿根廷、乌拉圭、巴西、智利)只是在20世纪80年代才恢复总统制民主……但总而言之,总统制国家的记录除美国外都相当凄凉,提示我们去怀疑其政治问题是不是总统制自身的问题。”Giovanni Sartori, Neither Presidentialism nor Parliamentarism, in 1 *The Failure of Presidential Democracy* 106, 107.(注释3中援引)(省略脚注)

世纪已有两波民主崩溃”,一波介于“一战”与“二战”之间,另一波在 20 世纪 60 年代。他们论述道:“被称作第一波民主崩溃的主要是议会制(且没有任何一个真正的总统制)。被称作第二波的主要是总统政体,但并非全部。”[83] 在纯议会制中他们视为已经崩溃的有 8 个欧洲政权:爱沙尼亚(1934 年)、希腊(1936 年)、希腊(1967 年)、意大利(1922 年)、拉脱维亚(1934 年)、立陶宛(1926 年)、葡萄牙(1926 年)与西班牙(1936 年);十三个第三世界的案例:缅甸(1962 年)、斐济(1988 年)、圭亚那(1978 年)、肯尼亚(1969 年)、尼日利亚(1966 年)、巴基斯坦(1954 年)、巴基斯坦(1977 年)、塞拉利昂(1967 年)、新加坡(1972 年)、索马里(1969 年)、苏里南(1982 年)、泰国(1976 年)与土耳其(1980 年)。另外有六个“议会-总统”混合政体也崩溃的案例,包括:奥利地(1933 年)、厄瓜多尔(1962 年)、德国(1933 年)、韩国(1961 年)、秘鲁(1968 年)与斯里兰卡(1982 年)。[84]

总的来说,舒加特和凯里认为总统制较之议会政体并非更易于崩溃。“我们没找到任何支持林茨及其他人相关论断的理由,即所谓总统制内在地更易于产生导致崩溃的危机。”[85] 即便当只考虑第三世界民主崩溃的案例时,舒加特和凯里“发现在欠发达国家刚有超过半数的(52.2%)总统制崩溃了,而议会制则有更高的百分比(59.1%)。”[86] 他们确证的 12 个总统制崩溃的案例除一个外均发生在 1975 年之前,迄今超过了 25 年。[87] 并且,截至 2000 年 8 月,所有 4 个主要的拉美经济强国:巴西、阿根廷、智利及第一次跻身的墨西哥,仿佛坚定地从事某种亲民主(pro-democratic)的进程。确实,自从林茨出版《总统制民主的失败》的 6 年里,这 4 个最强大的拉美国家干得相当不错,就像俄罗斯、东欧、朝鲜与菲律宾等几乎所有的新兴总统制民主国家一样。没有任何证据显示在林茨出书的 6 年后我们即将看到一波总统制民主的崩溃,尽管许多这类国家仍有很长的路要走。

总统制粉丝感兴趣的、最重要的新近发展是以色列转向某种独特的

---

〔83〕 Matthew Soberg Shugart and John M. Carey, *Presidents and Assemblies: Constitutional Design and Electoral Dynamics* 39 (Cambridge U. Press, 1992).

〔84〕 Id., at 40.

〔85〕 Id., at 42.

〔86〕 Id., at 41.

〔87〕 阿根廷(1930 年)、玻利维亚(1964 年)、巴西(1964 年)、智利(1973 年)、哥伦比亚(1953 年)、古巴(1954 年)、危地马拉(1954 年)、韩国(1972 年)、巴拿马(1968 年)、菲律宾(1972 年)、乌拉圭(1973 年)。近来唯独一个总统制崩溃的国家是尼日利亚(1983)。Id., at 40.

宪政体制的决定——艾瑞德·李帕特将之归为总统制[88],巴西全民公决中对该国是否应将政府形式转向议会政体的拒斥,以及在意大利关于直选首相的公开讨论。这些发展符合实际,好几个国家已追随法国的榜样进入了某种总统直选,而没有任何总统制国家抛弃了总统制变为一个议会民主制国家。看上去似乎毫无疑问,世界大多数人并没有充分理由视总统制就是某种有内在风险的政府形式。在过去的25年里,总统制并非清晰地、独有地易于导致新的民主崩溃。[89]

情况正是如此,好几个很穷的拉美国家,尤其是秘鲁、厄瓜多尔与委内瑞拉,与很穷的东欧国家白俄罗斯一样,近来经受了严重的政治分裂,但在拉美的总统制或世界其他部分新兴的总统制都没有明显的、整体地脱离民主的趋势。必须注意,此种情形仅是在过去50年里发生的,伴随着美军在世界大部分地区的驻扎,民主在全球才真正起飞。1945年前在英国之外,西欧与拉丁美洲都面临着维护民主的艰苦斗争,而自1945年以来西欧较之拉丁美洲在这方面得到了我们更多的帮助。因此,在我看来,从拉丁美洲的数据中得出除美国外总统制必然产生"元首"的结论有点鲁莽,就像从英国之外的议会政体得出其必然如法兰西第三、第四共和国那样终结的结论一样鲁莽。坦率地说,总统制可能有某种须提防的、恶化成暴政的危险,正因如此一直保持可随时开火弹劾的状态就非常重要。[90]但由此从拉丁美洲在冷战顶峰时期的经验得出结论说[91],很好地适用于美国与法国的政体类型今天不适合俄罗斯、巴西、以色列与意大利,就属于反应过度了。

也必须要注意的是,正如阿克曼教授所观察到的,在我以这篇文章所辩护的美国总统制与其他冠之以相同名义的总统制形式之间,存在极为重要的差异。我们不能让政治学家的分类体系覆盖这些差异,正如阿克曼教

[88] Lijphart, *Patterns of Democracy*, at 123-24.(注释5中援引)

[89] 好几个在过去25年内未经历新崩溃的拉美国家却仍处于从旧冷战时代的崩溃中恢复的状态,因而处于威权统治之下。

[90] 也许多少有点讽刺的是,两年前总统弹劾最公开的反对者之一布鲁斯·阿克曼,其后又变得关心总统制会恶化成暴政!阿克曼调和其关于弹劾的论断与其对总统暴政的担忧,参见Ackerman, 113 *Harv. L. Rev.*, at 659。(注释2中援引)

[91] 冷战在拉丁美洲有时损害了争取总统制民主的斗争,因为拉美的精英们与美国的一些决策者,都不幸地让其对共产主义的恐惧将其推向支持某些相当丑恶的反民主政体。伴随着十年前冷战的结束,幸亏这一历史时期结束了,与全世界其他地方一样,拉丁美洲要求民主的压力与其曾有过的一样强劲,在理论上其应使得未来远不太可能发生民主崩溃。

授明智地拒绝将德国的设限议会制与相当不同的英国西敏寺议会政体形式混在一起。

相较很多外国宪法创设的总统职位，美国总统制创设了某种至少在五个极为重要的方面弱得多的总统职位。我们有必要思考一下美式总统制与其他形式的总统制之间的这五个基本差异，以强调对我们的总统制之运作可能非常重要的某些独特要素。第一个差异在于，美国总统有别于在法国、俄罗斯及很多其他国家选出的总统，因为其没有正式的宪法授权去从事总统立法(decree lawmaking)〔92〕或诉诸紧急状态。〔93〕尽管美国总统确实发布了很多总统令(Executive Orders)以及在亚伯拉罕·林肯的例子中总统宣布紧急状态，但将美国的实践与其他国家的情形相提并论，不管在程度上还是类型上，那都将是个误解。在美国，重要的立法真正受限于两院制与上文笔者所陈述的烦琐程序，这将我们的总统制与其他冠之以相同名义的总统制区别开来。这也许是应在海外大力宣传我们体制的一项特质，以便总统制之移植不再经由糟糕的翻译过程而发生。

第二个差异在于，美国总统一向要面对很强的立法机构领导人，因为所有阁僚的任命都需要参议院的建议与同意——这很不寻常且使得我们的参议院相对于总统罕见的强大〔94〕，也因为在我们的立法机构选举中不存在比例代表制。正如我们已看到的，比例代表制严重削弱了立法机构，

---

〔92〕 Ackerman，113 *Harv. L. Rev.*，at 647.（注释2中援引）论述总统立法权的主要文本将美国总统制归为较之其他总统制有少得多的总统立法权的类型。John M. Carey and Matthew Soberg Shugart，eds.，*Institutional Design and Executive Decree*，*in Executive Decree Authority* 274，279 (Cambridge U. Press，1998). 美国被列为没有宪政授权的总统立法权的情形，相关的议会授权立法也极少且大都是在外交事务领域。Brian R. Sala，In Search of the Administrative President：Presidential "Decree" Power and Policy Implementation in the United States，in id.，at 254. 对于有争议的情形——在巴西与阿根廷这两个主要的拉美民主国家——总统立法权超出使用范围的有价值的案例研究，参见 Timothy J. Power，The Pen is Mightier than the Congress：Presidential Decree Power in Brazil，in id.，at 197 and Delia Ferreira Rubio and Matteo Goretti，When the President Governs Alone：The Decretazo in Argentina，1989-93，in id.，at 33。凯里与舒加特发现的最大限度利用总统立法权的国家是俄罗斯，在他们的比较图表中予以了说明，参见 Carey and Shugart，eds.，Institutional Design and Executive Decree，in id.，at 274，279。

〔93〕 Carlos Santiago Nino，Hyperpresidentialism and Constitutional Reform in Argentina，in Lijphart and Waisman，*Institutional Design in New Democracies*，at 165.（注释49中援引）

〔94〕 林茨指出，美国要求总统提名需要参议院的建议与同意，在总统制中是"例外而非规律"。Juan J. Linz，Presidential or Parliamentary Democracy：Does It Make a Difference?，in 1 *The Failure of Presidential Democracy* 3，31.（注释3中援引）林茨观察到："在绝大多数总统制下，总统任命其阁僚不需要国会的意见，解雇其内阁成员同样如此"。Id.，at 30.（省略脚注）

且可能导致其太过软弱,以至于不能成功地抗衡总统制创设的强大行政系统。[95]美国的议会领导人也因我们建立的强有力的国会委员会系统及其成员而变得强大。当美国总统及其阁僚冒险来到国会并在国会委员会及小组委员会面前作证时,其在国会山面对的是某种事实上的议会政府,这些委员会及小组委员会资助并审查他们的每一步行动,通过不仅是内阁而且包括许多内阁次级职位的所有任命。毋庸置疑,相较其他总统制民主国家,国会委员会及其成员之强大的准议会制将美国总统及其属下以短得多的皮带束缚起来。在这一点上也许值得注意的是,国会山的国会人员的数目远远超过政治任命的、为总统工作的4000名左右的人员。我们实际上拥有某种国会委员会之准议会制的影子政府,且此点可能也是美国总统制的某种特质,其未在海外充分传播,但对在总统与国会间维系某种真正的权力平衡至关重要。[96]

国会成员获得涉及总统政治任命的4000名左右人员的相关授权,是因为自19世纪80年代以来构成联邦官僚机构的数百万联邦雇员为公务员法所保护,阻止了政党分肥制在美国的存在。在某些有总统制的国家,比如法国,总统分肥制显然是个问题。这也是美国总统制的一项不可忽视的重要特质。[97]

第三个差异在于,我们的宪法不像很多外国宪法那样,对国民提案程序(national initiatives)与全民公决未作任何规定。这就排除了总统可能会加以利用、使国家走向独裁的一个工具,因此又有助于美式总统制的稳定性。

第四个差异在于,美国宪法限制总统在位不得超过两届任期,这一限制不仅在传统上也在正式的宪法上具有坚实的基础。许多但非全部的外

---

〔95〕 参见在注释50—54所提及的文本。

〔96〕 艾瑞德·李帕特解释了国会委员会的重要性,其指出:“总统制不仅意味着(尤其是行政)权力的集中,而且当然也意味着分权;如果立法分支有效地组织起来,尤其是通过专业的、人员充足的委员会结构,分权会意味着总统与立法机构之间某种接近权力平衡的状态,也意味着总统并非全权。这一推论很好地适用于作为例外的美国总统制的情形。佛瑞德·里格斯(Fred W. Riggs)……将美国国会的委员会结构称作‘并行宪政实践’(para-constitutional practices),解释了美国总统制的幸存与成功……”Arend Lijphart, Presidentialism and Majoritarian Democracy: Theoretical Observations, in 1 *The Failure of Presidential Democracy* 91, 101.(注释3中援引)

〔97〕 以斯拉·苏莱曼特别提到法国不像今天的美国,其有某种过度政治化的总统分肥制的严重问题。Ezra N. Suleiman, Presidential and Political Stability in France, in 1 *The Failure of Presidential Democracy* 137, 152-53.(注释3中援引)

国总统制也选择了这样的任期限制[98],这也许已是第四个制衡总统的方式,某些国家应考虑将其加入宪法。很多国家有6年或7年的总统任期,而非美国宪法所指定的更短、更合适的4年任期。这也是一个差异,美式任期制对防止总统制崩溃变成独裁可能非常重要。

此外,美国宪法除保障总统的4年任期之外,也保障参议员与众议员的固定任期。而且,其有效地否认了总统解散国会、提前召集国会选举的任何权力。令人吃惊的是,某些外国总统,包括法国总统与俄罗斯总统,被其国家的宪法授权可以解散立法机构、提前召集选举。美国总统对此种权力的否认,当然是我们宪政传统的一项额外的特质,防范了某种变成凯撒主义的退化。

第五个差异在于,我们具有某种趋于保障由不同政党分别掌控总统与国会的选举体制,掌控国会的政党通常获得多数州的权力。以1980年与1992年总统大选为例,随后的1982年与1994年中期选举,没有掌控白宫的政党既获得了国会多数,又赢得了大部分的州议会。此点相当显著,民主党在20世纪80年代里根政府时期自始至终掌控着大部分州的州长,而在20世纪90年代的克林顿政府时期,共和党多半掌控了大部分州的州长。

该趋势也许并非偶然。大部分州,包括几乎所有最重要的州,现在都是在中期选举年份选举州长。追溯到19世纪,未能控制白宫的政党通常在中期选举里表现良好并获增席位。如果此种模式在州长选举中继续存在,如我所猜想,美国体制也许建立了某种机制确保对立的或分裂的党派控制,一方掌控总统,另一方掌控大部分州的州长。这种发展若被证明是不变的,当然将使得非常难以在美国盘算总统政变,因为将难以领导一场政变对抗隶属另一个党派的多数州长。那么,这也许是美式总统制的第五项特质,相较其他国家的总统制,其不大可能发生民主崩溃。

总之,我并不认为拉美总统制在多于25年前的民主崩溃的经历,足以在今天用于责难美式总统制。美式弱的或以一致同意为导向的总统制,至少像德式设限议会制优于英式西敏寺议会政体一样,优于大吹大擂的拉美总统制。美国人无须羞愧,反而应为其独特的宪政传统感到自豪,也应在充分考虑不同国情的前提下向其他国家的人推销美式总统制的优点。

---

[98] Ackerman, 113 *Harv. L. Rev.*, at 662.(注释2中援引)

三、结论

民主在过去20年已遍及全世界,在人类历史上,今天在拉丁美洲、东欧与亚洲有比以往任何时候更多的、正充分运行的民主国家。民主国家在全球的胜利引发巨大喜悦,但是也重新提出了由来已久的制度设计与比较宪法问题。东欧的新兴民主国家,以及世界各地再次兴起的民主国家,需要帮助和建议,它们也多次从美国法学教授及律师们那里得到了这些帮助与建议。[99]一个必然出现的问题是,某个新兴民主国家是应直接选举其行政长官,还是应由立法机构来选出那个人?布鲁斯·阿克曼回答了该问题,但他的答案是错的。

美式总统制优于阿克曼捍卫的德式设限议会制形式,其较之议会政体更民主、更稳定、更少意识形态化,也更能与经济增长、联邦制及司法审查兼容。然而,总统制在诸多细节上遵照美国模式极为重要,而非偏离成许多拉美民主国家的"超级总统制"(hyper-presidentialism)。[100]这两方面都同等重要。不幸的是,我已有力辩护的总统制还不是许多外国采用的类型。外国的总统制可能采用了某种如此强大的总统模式,以至于其有堕入威权主义的危险,我与阿克曼一样都为此担心。我希望本文通过阐明致使总统制成功或失败的那些特质,将有助于指明避免如此倒退的道路。我们应将其给予世界各地的新兴民主国家的公民,以在这些事务上分享我们从美国超过两个世纪的经历中所取得的知识。

美国总统制的优点在另一个方面对我们也很重要,即其作为路标去评估最高法院业已逐步形成的有关分权的判例法。我之前已捍卫了斯卡利亚大法官在莫里森诉奥尔森案[101]与米斯特雷塔诉合众国案[102]中独自的异议意见,他对分权的洞见对防止我们堕入某种形式的议会政体必不可少。在那些案例中,美国国会委员会操控所谓"独立"管制机构成为常规

---

〔99〕"尤其是自1989年以来,美国法学家已到处成为美式宪法惯例的大啦啦队。然而,当他们抵达现场时,其智力上的杰出并没有得到保证。相反,美国法学家经常遭遇法国与德国宪法学家的有力竞争,他们也是为本国的宪政传统当啦啦队员。"Ackerman,113 *Harv. L. Rev.*,at 636-37.(注释2中援引)(省略脚注)

〔100〕Carlos Santiago Nino, Hyperpresidentialism and Constitutional Reform in Argentina, in Lijphart and Waisman, *Institutional Design in New Democracies* at 161.(注释49中援引)

〔101〕Morrison v. Olson, 487 U.S. 654, 697 (1988).(斯卡利亚的异议意见)

〔102〕Mistretta v. United States, 488 U.S. 361, 413 (1989).(斯卡利亚的异议意见)

而非例外。[103]我希望本文有助于阐明在那场辩论中会有什么危险,而非我们的宪法是否创建了统一的行政系统。在美国,总统制分权政体的优点必须不断地去捍卫,而且要向感兴趣的海外观察员解释。

在为总统制的优点辩护时,我想强调,尽管于我而言在理论上总统制的优势远远超过其劣势,我充分意识到这些政体选择从来不是在理论上作出的。我愿意并乐于承认,可能在很多情形下选择或坚持某种设限的德式议会政体是更明智的道路。设限议会制较之纯粹的英国西敏寺模式是一个巨大的进步,至少只要完全避开比例代表制。类似地,美式总统制较之被称为总统制的很多其他情形要好得多。思考并确证使得特定的总统制或议会制成功或失败的那些事物非常有助益。宪政结构非常重要,就此而言布鲁斯·阿克曼和胡安·林茨当然是对的,即便在我看来他们偏好设限议会制而非总统制分权是错误的。

〔103〕 Steven G. Calabresi, Some Normative Arguments for the Unitary Executive, 48 *Ark. L. Rev.* 23 (1995).

总统制还是议会制

——巴西的政体变迁与民主转型

谭道明*

一、引言

总统制和议会制是目前世界各国最常采用的两种政府组织形式。1990年代，国际学术界曾就总统制与议会制的概念和各自的优缺点展开了广泛争鸣。学者们认为，总统制下的总统，经民选产生，任期固定且独立于国会，议会制下的首相，由议会选任，任期长短取决于议会的持续信任；总统既是国家元首，又是政府首脑，而首相只担任政府首脑，并不是国家元首。[1] 但是，这两种政体形式各有其优缺点。总统制遵循权力分立原则，促进有限政府和行政问责，但也带来了任期刚性和"赢家通吃"政治，产生"双重合法性"难题；议会制体现了权力的混合，可以有效消解行政与立法的僵局，但无法强化民主的问责性。显然，这样的学术论争，更多基于规范层面的考察，是很难达成有效共识的。事实上，总统制和议会制各有其利弊，很难断言哪一种制度类型更好，主要看是否适合某一特定国家的国情。进而言之，一个特定国家所进行的制度选择不会仅仅受到某一种价值判断的推动，而更多是根据其历史传统和现实政治而作出的。更有价值的研究

---

* 宪法学博士，中国社会科学院拉美研究所助理研究员。

〔1〕 胡安·林茨是学者中支持议会制的中坚力量，而捍卫总统制的学者主要有马修·桑伯格·舒加特和约翰·M. 凯里。参见 Juan J. Linz, *Presidential or Parliamentary Democracy: Does It Make a Difference?*, in THE FAILURE OF PRESIDENTIAL DEMOCRACY 3, 87 (Cambridge University Press, 1992) 以及 MATTHEW SOBERG SHUGART & JOHN M. CAREY, PRESIDENTS AND ASSEMBLIES: CONSTITUTIONAL DESIGN AND ELECTORAL DYNAMICS (Cambridge University Press, 1992)。

进路或许是,与其抽象地比较这两种制度类型的优劣,不如考察和探讨特定国家采纳某一种制度类型的缘由。

根据2000年的一项统计,在全世界68个民主国家中,近三分之二的国家实行某种形式的议会制,仅三分之一多一点的国家实行总统制。[2]更重要的是,人们发现,英国是议会制的母国,因而英国的前殖民地大多实行议会制;美国是总统制的样板,因而作为其后院的拉美各国也是清一色的总统制国家。[3] 由此得出的结论是:一国的政体形式,与该国的制度传统密切相关,而不论该传统是自生自发的,还是外来强加的;是来自母国的礼物,还是受到某个临近"巨人"的影响。毫无疑问,对于具有某种牢固制度传统的国家,它在制度选择过程中具有很强的路径依赖性,其他的替代方案几乎很难被接受。然而,在那些制度传统不够牢固或兼具两种制度传统的国家,它们在制宪时刻所面临的制度选择,又受到哪些因素的影响呢?本文以拉美第一大国巴西为研究对象,探讨了该国1985年民主化后尤其是制宪时刻政体选择的决定因素。

受美国宪政发展的影响,拉美的政治版图一直是总统制的天下。然而,这些国家并没有像很多人所认为的那样对总统制情有独钟。事实上,除巴西外,智利曾通过解释1833年宪法,在1891—1925年间实行过三十多年的弱议会制;秘鲁也于1962年尝试过半总统制。[4] 尽管这些努力未能持续,但它表明,拉美人民并不拒绝其他的政体替代方案。尤其是在1980年代初第三波民主浪潮后,拉美再民主化的国家将本国所经历的残暴的军事威权统治部分归咎为总统制,开始检讨制度层面的问题并积极寻求其他可行的替代方案。在阿根廷,激进党人阿方辛于1980年代中期设立民主巩固委员会,后者提出一份半总统制方案,但因庇隆党人随后赢得大选,该

---

〔2〕 参见 PETER H. SMITH, DEMOCRACY IN LATIN AMERICA: POLITICAL CHANGE IN COMPARATIVE PERSPECTIVE 143(Oxford University Press, 2012)。

〔3〕 美国虽然是英国的前殖民地,但它在独立后创造了总统制这一新的政体形式,走上了与英国不同的宪政道路,并对后独立的大多数拉美国家产生了重要影响。关于美国1787年联邦宪法对拉美主要国家宪政传统的影响,可参见 GEORGE ATHAN BILLIAS, AMERICAN CONSTITUTIONALISM HEARD ROUND THE WORLD, 1776-1989: A GLOBAL PERSPECTIVE 105-141(New York University Press, 2010)。

〔4〕 此外,哥斯达黎加1949年宪法、乌拉圭1966年宪法都包含某些议会制因素。关于拉美各国宪法对总统制的改革和议会制成分的吸纳,可参见 Carlos Santiago Nino, *Transition to Democracy, Corporatism and Constitutional Reform in Latin America*, 44 UNIVERSITY OF MIAMI LAW REVIEW129, 155-164(1989)。

方案被束之高阁。[5] 智利也考虑过再次确立议会制,因为它在 1973 年已经领教了总统制的刚性所带来的残酷后果。正如一位学者所言:"倘若智利当时实行的是议会制,阿连德政府可能早已垮台,而民主本可长存不衰。"[6]不过,这两个国家关于议会制的提议只停留在讨论阶段,并未真正付诸修宪行动。与它们不同,巴西 1987—1988 年的制宪国会就政体形式进行了激烈的辩论,1993 年还根据 1988 年宪法的规定进行了公民投票。尽管议会制最终没有被采纳,但该国的尝试对转型国家的政体变迁研究具有相当重要的意义。

本文第二部分探讨了巴西制宪国会代表就政体形式发生的争论,以及议会制最后被放弃的过程。第三部分指出制度传统不是议会制失利的原因,因为巴西同时具有总统制和议会制的传统,但这两种制度传统都不十分牢固。第四部分指出巴西的转型路径是和平、渐进式的,由此对制宪国会的政体变迁产生了决定性的影响。结论部分指出特殊的政治转型路径是巴西政体变迁背后的根本原因。

二、议会制方案的失败

再民主化后,很多巴西人,尤其是一些学者和政治家,开始深刻反思过去 21 年的军事威权经历,希望寻找避免重蹈覆辙的制度方案。在新的制宪时刻面前,他们除了要求恢复联邦制外,还对总统制这种横向权力制衡机制产生了深刻怀疑。这是议会制方案之所以能够在制宪国会内外引发激烈争论的背景因素。然而,真正开启这场大辩论的,却是宪法草案委员会提出的宪法草案——阿方索草案。在决定制宪之初,时任总统萨尔内(José Sarney,1985—1990)任命了一个以杰出法学家、政治家阿方索·阿里诺斯(Afonso Arinos)领衔,由 51 位各界知名人士组成的宪法草案委员会,希望他们能够起草一份宪法草案,以此作为制宪代表们讨论的基础。阿方索委员会向总统提交了一份宪法草案,建议巴西采取类似法国第五共和国那样的半议会制(或半总统制),以彻底清除该国根深蒂固

[5] 关于阿根廷民主巩固委员会 1987 年的宪法改革报告,参见 CONSEJO PARA LA CONSOLIDACIÓN DE LA DEMOCRACIA, REFORMA CONSTITUCIONAL SEGUNDO DICTAMEN DEL CONSEJO PARA LA CONSOLIDACIÓN DE LA DEMOCRACIA (Editorial Universitaria de Buenos Aires,1987)。

[6] See Arturo Valenzuela, Party Politics and the Crisis of Presidentialism in Chile: A Proposal for a Parliamentary Form of Government, in FAILURE OF PRESIDENTIAL DEMOCRACY, at 91-150.

的总统集权传统。[7]尽管这份草案保留了一位掌握重要权力的民选总统,但向议会制的倾斜意味着将有一位总理与总统分享行政权力。这令萨尔内相当不悦,因而选择搁置这一草案,不将其提交制宪国会讨论。但是,阿方索草案开启了制宪国会代表之间一场历时 19 个月的大辩论。

1. *双方阵营及论争*

1987 年 2 月 1 日,由参众两院 559 名议员们组成的制宪国会正式开始了宪法的起草工作,一直到 1988 年 10 月才结束,历时 19 个月,九易其稿。[8]在制宪过程中,制宪国会的代表们因在总统制或议会制方面的不同主张而分裂为两大阵营。议会制阵营主要由两类代表组成。第一类是议会制的坚定支持者。阿方索是此前阿方索草案的主要起草人,在被选为制宪国会最重要的委员会——统合委员会——的主席后,更加不遗余力地倡导议会制方案。除了阿方索这样的学者型代表外,还有一些政治家也支持议会制。其中包括贝尔纳多·卡布拉尔(Bernardo Cabral)、埃吉迪奥·费雷拉·利马(Egido Ferreira Lima)和何塞·福加萨(José Fogaça)。他们三人分别担任攸关政体形式选择的关键职位——体系化委员会、三权组织与政体形式委员会和行政分支小组——的报告起草人。这些制宪代表之所以倡导议会制,是认真反思巴西过往的宪政历程的结果,因而具有坚定的信念,不会轻易改变自己的立场。第二类是反对总统萨尔内的制宪代表。这类代表中,有的是反对萨尔内本人,比如巴西民主运动党的领导人马里奥·科瓦斯(Mario Covas)及其党内的支持者。作为军政府时期唯一合法的反对党,巴西民主运动党(及其前身巴西民主运动)长期反对威权体制,直接推动了巴西的民主转型。然而,本党领导人、候任总统内韦斯在就职前突然去世,原为候任副总统、继任总统的萨尔内是自由阵线党的领导人,曾在军政府时期担任过政府党的主席,这让他们无法接受,甚至认为萨尔内"窃取"了民主果实。为此,他们不但支持采纳议会制以削弱萨尔内的总统权力,还坚决反对授予萨尔内五年任期。这些代表们将萨尔内任

---

〔7〕 See Keith S. Rosenn, *Conflict Resolution and Constitutionalism: The Making of the Brazilian Constitution of* 1988, in FRAMING THE STATE IN TIMES OF TRANSITION : CASES STUDIES IN CONSTITUTION MAKING 443 (the Endowment of the United States Institute of Peace, Laurel E. Miller ed. ,2010).

〔8〕 1988 年宪法是巴西宪法史上制定时间最长的一部宪法。1891 年宪法的制定持续了 3 个月,1934 年宪法是 8 个月,1946 年宪法是 7 个月,1967 年宪法只用了 45 天。See JAVIER MARTINE-LARA, BUILDING DEMOCRACY IN BRAZIL: THE POLITICS OF CONSTITUTIONAL CHANGE, 1985-95, 211 (St. Martin's Press, Inc. ,1996).

期与议会制方案捆绑在一起,使得议会制方案遭遇更大的政治阻力。[9] 还有一部分制宪代表反对的不是萨尔内本人,而是他的经济政策。在萨尔内任期内,包括克鲁扎多计划在内的一系列经济稳定计划都未能有效控制通货膨胀,巴西的经济形势持续恶化,也使得一部分代表希望借助议会制安排尽快摆脱经济危机。同样,总统制阵营也可以被分为两类。一类是萨尔内的坚定支持者。萨尔内所领导的自由阵线党人,不仅支持总统制,而且主张萨尔内本人必须担任总统满五年。另一类是军方势力及其在制宪国会内的代表。

除了少数代表外,议会制阵营更像是一个反对萨尔内的宽泛联盟。他们中的很多人不过是政治上的投机分子,缺乏坚定的议会制信仰,只是为了政治斗争需要才支持议会制方案。他们其实不太关心某种具体的议会制方案的可行性,更多的是希望通过这种制度安排让一位民选总统早点离开政治舞台。相反,总统制的支持者则相对坚定得多。他们拥有行政首脑和军方的支持,因为实行议会制意味着会不可避免地削弱后两者的权力。当然,还有相当数量的代表持比较模糊和游移的立场。他们对议会制或总统制均没有特别的偏好,因而极容易被利益所驱动,也使得萨尔内的成功收买成为可能。

议会制与总统制这两大阵营的辩论贯穿整个制宪始终,争论的核心问题几乎与1990年代初国际学术界的争论如出一辙,即基本上是围绕它们各自在民主性和稳定性方面的优劣而展开的。[10] 在制宪国会的辩论中,议会制阵营处攻势,总统制阵营居守势。就民主性而言,议会制阵营认为,总统制将权力集权于总统而非国会,是内在不民主的;总统制下的总统更易受到强势的利益集团的影响,而议会制政府会更多屈从人民的压力。总统制阵营则指出,在总统制下,政府首脑由人民直接选举产生,实际上更加民主;更重要的是,总统直选是巴西人民在长期反抗威权的斗争中争取到的一项重要民主权利,不容剥夺和削减。就稳定性而言,议会制阵营认为,总统制是巴西走向共和以来频繁出现的制度危机的总根源,也是1964年以来民主崩溃、军政府统治的根本原因;议会制在19世纪帝国时期曾经长期实行过,巴西人民对其稳定性有切身体验。不过,总统制的支持者驳

---

〔9〕 Id. ,at 135.

〔10〕 两大阵营的更详细主张可参见 JAVIER MARTINE-LARA,BUILDING DEMOCRACY IN BRAZIL:THE POLITICS OF CONSTITUTIONAL CHANGE,1985-95,at 137-139。

斥了这种观点。他们认为,总统制或者任何其他的制度安排,都不是社会经济层面深层次不稳定的原因,而只是一种反映;相反,总统制更有利于消除这些社会和经济的不平等,从而为制度带来相应的稳定性。另外,由于巴西缺乏实行议会制的一些前提条件,比如成熟的政党制度、制度化的公共服务以及简单多数的选举制度,使得议会制实际上在巴西没有立足之地。

2. 议会制的不同方案

根据制宪国会事先通过的内部规则,一项提案必须自下而上分别经过四个阶段——所在小组、所属委员会、统合委员会和制宪国会全体大会——的表决通过,方能最终成为宪法内容的一部分。在前三个阶段,议会制提案都顺利通过,并且这些提案中的议会制特征还得到了不断强化。[11] 在行政分支小组,经过45天的审议和辩论,小组的24名成员以绝对多数票通过了福加萨起草的一份弱议会制方案。它建议总统(包括萨尔内在内)任期五年,在提名总理和立法动议方面具有大量权力;总理则类似于内阁的幕僚长,没有什么实质性权力。在收到行政分支小组的这份方案后,三权组织与政体委员会不但予以肯定,起草人利马还在该委员会向提交体系化委员会的最终报告中显著增加了国会权力,削减了总统权力。该报告规定:国会有权修改总统的预算和税收提议,具有更大的监督权和否决权;总统的行政立法权力,特别是“过期生效”机制被废除,以“临时措施”取而代之。然而,上述具有明显议会制倾向的制度安排,在统合委员会遭到了激烈批评。议会制阵营认为它给予总统过多权力,而总统制捍卫者则认为总统被拿走了过多权力。不过,在统合委员会主席阿方索的支持下,起草人卡布拉尔提出了两个新草案,继续强化了议会制特征。卡布拉尔第一草案在确定萨尔内在内的总统均五年任期的同时,规定总理由众议院绝对多数选举产生,并被给予更多的实权。卡布拉尔第二草案则进一步向议会制靠拢,总理获得了更广泛权力,且规定如果在第一轮总统直接选举中未能分出胜负,则由国会从前两名领先者中选举一位担任总统。

到1987年年底,尽管萨尔内多次公开表示反对议会制政府形式,但得到不断强化的议会制方案还是顺利通过了前三个阶段,似乎胜利在望。因为,根据最初确定的内部规则,制宪国会全会首先应以编或章为单位就统

---

〔11〕 Id. ,at 131-133.

合委员会提交的宪法草案进行投票。草案的某一部分一旦被表决通过，只有获得最低280票的支持才能对其进行修改，否则，最初的规定获胜。但是，持续获得280票支持以逐条修改体系化委员会的宪法草案是非常困难的。在此情况下，萨尔内得到了具有军方背景的制宪代表的强力支持，联合了对该宪法草案中社会和经济条款不满的商界力量，组成了“泛中联盟”（Centrao）。他们选择了从程序方面入手，修改了制宪国会的上述内部规则。新修改的规则规定，对于与统合委员会的宪法草案不一致的修正提案，一旦获得制宪代表的绝对多数签名支持，就将获得优先表决权。[12] 由于总统制修正提案获得352个签名，而议会制修正提案获得341个签名，总统制修正提案将优先在全会进行表决。1988年3月22日，总统制提案以344票支持、212票反对获得了通过；两天后，总统（包括萨尔内在内）任期五年的提案也以80票的优势获得了通过。[13] 由此，以萨尔内为首的总统制阵营在政府形式和任期方面均取得了胜利，统合委员会宪法草案中的议会制方案被自动放弃。议会制阵营只好退而求其次，在宪法的临时条款中加入了公民投票的规定，即1993年将举行公民投票来决定最终采取何种政府形式。[14]

尽管如此，1988年宪法中还是限制了总统的权力，甚至保留着某些议会制的痕迹。这主要体现在以下两个方面。第一，宪法废除了军政时期被频繁滥用的总统的“过期生效”行政法令权力，取而代之的是“临时措施”权力。与国会在一定期限内不审议就生效的“过期生效”机制相反，总统发布的临时措施只要在法定期限内未得到国会批准，即自始无效。[15] 后来又通过宪法修正案，禁止总统发布内容相同或类似的临时措施。[16] 第二，国会不仅有权弹劾总统，还有权弹劾其他行政负责人。宪法第50条规定：参众两院或它们的任何一个委员会，有权召集一位部长或其他直属于总统的行政负责人前往国会就相关事务提供信息；缺乏充分正当理由而缺席者，在法定期限内拒绝或不服从者，或者提供错误信息者，均构成渎职

---

〔12〕 Id.，at 115-116.

〔13〕 Id.，at 143，144.

〔14〕 1993年4月21日公民投票的结果如下：总统制的支持率为55.5%，议会制为24.7%。Id.，at 184.

〔15〕 1988年宪法第62条规定，总统只有在紧急和必要时刻，才可以发布临时措施；如其在30日内未得到国会批准，则自始无效。

〔16〕 2001年第32号宪法修正案。

罪,将面临国会的弹劾。

三、两种制度传统

与其他拉美国家不同的是,巴西建国后并没有立即采纳美式总统制,而是承继了宗主国葡萄牙的议会君主制。1889 年走向共和后,议会君主制被抛弃,总统制从此成为该国最主要的政府组织形式,即便如此,巴西共和国也曾在 1960 年初进行过短暂的议会制试验。不幸的是,这一试验非但没有实现巴西政局稳定,反而加速了国内各政治派系的分裂,最终导致军队攫取了国家权力。基于合法性的考量,1964—1985 年间的军政府保留了宪法、国会、政党政治等最低限度的宪政秩序,但宪法层面的总统制因行政的高度集权而几乎名存实亡。

1. 议会制经历

巴西历史上有过两次议会制经历,其中第一次是承继了宗主国的制度传统。从 16 世纪初开始,巴西沦为葡萄牙的殖民地达三百年之久。1807 年,为躲避拿破仑的铁骑,葡萄牙王室迁往巴西的里约热内卢,巴西殖民地获得了与宗主国平等的地位。然而,当 1821 年王室回迁里斯本后,葡萄牙议会命令巴西各省再次直属于宗主国,激起了巴西人的愤慨和反抗。1822 年 9 月 7 日,葡萄牙王室王子、摄政王佩德罗一世宣布巴西独立,建立帝国。两年后,巴西颁布了有史以来的第一部宪法。1824 年帝国宪法规定巴西政制由四权——调和权(Poder Moderador)、立法权、行政权和司法权——组成;其中,调和权专属于国王,超越于其他三权之上,并可监督和节制其他三权。〔17〕 由此可见,最初的巴西帝国宪法将所有权力高度集中于"巴西永远的皇帝和保护者",是一部绝对君主制宪法。然而,在自由派的压力下,1847 年 7 月 20 日,国王佩德罗二世通过第 523 号行政法令设立了一个类似于首相的部长会议主席职位,后者对内阁部长的选任必须得到国会的多数票同意。〔18〕 而且,非经负责某一具体事务的部长联署,任何行政法令都不能生效。通过这一新的制度安排,国王的一部分权力被转移到议会手中,巴西由此被改造成一个实行议会制的立宪君主国。当 19

---

〔17〕 1824 年宪法第 10、98 和 102 条。

〔18〕 Decree n. 523, July 20, 1847, in *Organizações*, p. 99. 转引自 RODERIK J. BARMAN, CITIZEN EMPEROR: PEDRO II AND THE MAKING OF BRAZIL, 1825-91, 120-121 (Standford University Press, 1999)。应当指出,巴西帝国时期的部长会议主席并不能简单地等同于英国的首相,因为他没有英国首相那么大的权力。

世纪初西语美洲国家独立革命如火如荼时，巴西只通过一项行政法令就实现了制度的重大变革。西语美洲各国独立后，尽管移植了美式总统制，但大大小小的考迪罗你方唱罢我登场，非但政局动荡，人民也遭受巨大苦难；而巴西人民却在议会君主制下享有了40多年的相对稳定的政治局面。因此，议会制留给巴西人的最大遗产是它的稳定性。此后，每当面临政局动荡或制度危机的重大历史时刻，人们就会往上回溯本国在拉美各国中所独有的这一制度传统，进而希望它能够成为解决政治危机的一种替代方案。

1960年代初，这种对议会制的眷恋情绪再度出现了。1961年8月，担任总统仅半年多的夸德罗斯（Jãnio Quadros，1961. 1—1961. 8）突然宣布辞职，而根据1946年宪法第79条，副总统古拉特（João Goulart）应当继任总统。古拉特是巴西左翼政党巴西工党的领导人，曾经担任过瓦加斯“新国家”时期的劳工部长。而在1960年代初，东西方冷战正酣，古巴革命刚刚爆发，巴西国内的右翼力量和军方显然无法接受这样一位红色领导人继任总统。这种左右之争导致巴西政治日益极化，内战一触即发。面对如此重大的政治危机，议会制被接纳为化解纷争的一个可行选项。在军方支持下，国会的右翼力量通过了一项宪法修正案，将议会制因素引入了巴西的1946年宪法，旨在制约古拉特的总统权力。[19] 该修正案规定，总统由国会选举产生，部长委员会全体成员集体向国会负责，受制于国会的信任案。尽管古拉特事实上并非国会选举产生的，但该修正案还是削弱了总统的权力，强化了国会对行政的控制。然而，古拉特上台后，继续推行民粹主义，实行限制外资、石油公司国有化和土地改革等一系列激进措施，并保持与苏联、古巴等社会主义国家的友好关系。[20] 更重要的是，仅仅16个月后，古拉特就诉诸公民投票推翻了上述限制其权力的议会制方案，重新“夺回”了总统权力。他的这些做法触怒了国内一些既得利益阶层，激化了本已极化的社会对立情绪，也令美国等西方国家极为不满。1964年4月，在美国的纵容乃至支持下，巴西军队以“革命”的名义，推翻了古拉特

---

〔19〕［英］莱斯利·贝瑟尔主编：《剑桥拉丁美洲史》（第9卷），吴洪英等译，当代中国出版社2013年版，第191页。

〔20〕参见 THOMAS E. SKIDMORE，THE POLITICS OF MILITARY RULE IN BRAZIL，1964-85，3-17（Oxford University Press，1988）。另外，古拉特曾于1961年8月13—23日以巴西副总统身份访华，是中华人民共和国成立以来访华的首位拉美国家领导人。参见朱祥忠：《第一位来访的拉美国家领导人——巴西副总统古拉特访华记》，《党史纵横》2007年第2期，第46—48页。

文官政府。[21]

如果说巴西帝国的议会制是来自前宗主国的“礼物”，那么 1960 年代初的议会制尝试（1961. 8—1963. 1）则完全是巴西政治家和精英阶层主动进行制度选择的结果。然而，这一选择并非基于议会制的某些优点或者他们对该制度的某些信念，而是纯粹为了限制一位不受欢迎的总统的权力。正是由于这种非常机会主义的立场，这次的制度变革没有经过议会的充分辩论，也没有具体设计一种更恰当的模式，一切都不过是权宜之策。在巴西议会制的支持者看来，这次尝试的最大好处是成功避免了一场内战。如果它当时能够明确界定国家元首及其专有权力，如果在夸德罗斯辞职后另行举行总统选举，或者由国会间接选举一位继任者，那么 1964 年的民主崩溃以及此后二十多年的威权统治或许就可以避免。[22]

2. 总统制传统

走向共和以来，除了上面提到的短暂例外之外，巴西的所有宪法都将总统制作为其政体形式。不可否认，总统制为巴西共和国提供了民主的外观，也提供了一个发展中国家为振兴经济和消除贫富分化所需要的适当集权。[23] 由此看来，与其他拉美国家一样，巴西的确具有一定的总统制传统，然而，这一传统并非如人们所认为的那般牢固。因为，在近一个世纪的时间里，巴西的总统制一直没有得到真正的巩固，时常伴随着制度的低效乃至崩溃。更有甚者，它在一些时期还沦为独裁者手中的一个集权工具，致使民主制度名存实亡。这突出体现在瓦加斯（Getúlio Dornelles Vargas，1930—1945）的“新国家”（Estado Novo，1937—1945）和军政府时期（1964. 4—1985. 1）。

1929 年席卷世界的大萧条严重打击了巴西当时的外向型经济，尤其是那些高度依赖外国市场和贷款的咖啡业和初级产品部门。经济危机引

〔21〕 一些学者深信，美国总统约翰逊和当时的美国驻巴西大使都与巴西的这场军事政变有密切关系。参见 PHYLIS R. PARKER，BRAZIL AND THE QUIET INTERVENTION ，1964（University of Texas Press，1979）；JAN KNIPPERS BLACK，UNITED STATES ENETRATION OF BRAZIL（University of Pennsylvania Press，1977）。

〔22〕 Bolivar Lamounier，*Brazil*：*Toward Parliamentarism*?，in THE FAILURE OF PRESIDENTIAL DEMOCRACY，at 196-197.

〔23〕 亨廷顿曾指出，多数美国人喜欢权力分散胜过权力集中，但在经济不够发达的国家，适当的集权对政策的有效协调和实施是必要的。参见 SAMUEL HUNTINGTON，POLITICAL ORDER IN CHANGING SOCIETIES 1-32，93-139（ Yale University Press，1968）。

发了国内民众的不满,进而演化为政治危机。1930 年 10 月 26 日,巴西工党的缔造者瓦加斯竞选总统失败后,在一些军人的帮助下发动政变,推翻了民选总统,攫取了国家政权。作为一位民粹主义领导人,瓦加斯上台后,立即废除了 1891 年宪法;他本人担任临时政府总统,以行政法令治国,直到 1934 年宪法的颁布。[24] 1937 年 11 月 10 日,他再次发动政变,解散国会和各政党,颁布威权主义的 1937 年宪法。通过这部"新国家"宪法,瓦加斯掌控立法权和行政权,削减了司法自主权,原本建立在三权分立基础上的总统制被异化为专制独裁的工具。[25] 此外,他还任命联邦"干预者"(Interventor)到各州担任行政长官,破坏了共和以来的联邦制政府形式。[26] 因此,尽管瓦加斯后来被军事政变所推翻并最终自杀身亡,但他的"新国家"是巴西历史上最为集权的时期之一,使得总统制这一制度安排被广为诟病。

1946 年宪法回归了 1891 年宪法所确立的自由民主传统。然而,自 1950 年代以来,巴西政局不稳,数任民主政府都未能有效解决民主巩固、经济低迷和社会极化等突出问题。1964 年 4 月,军队通过政变推翻了民选的古拉特政府,建立了一个官僚威权主义政权。在其执政的 21 年间,军政府颁布了 1967 年和 1969 年宪法,发布了 17 部制度法(Ato Institucional)和数万件行政法令。1967 年宪法限制了公民权利和政治权利,授予总统颁布行政法令的权力,而 1969 年宪法停止了人身保护令,授权总统宣布紧急状态的权力。制度法是军政府以"革命最高统帅部"名义发布的效力最高的文件,其效力在宪法之上,不仅可以废除或取代宪法的相关条款,也不

[24] 尽管 1934 年宪法仅仅生效了三年时间就被瓦加斯所废除,但它在巴西宪政史上具有非常重要的地位。除了建立宪法审查制度、授予成年女性选举权、保障大量的社会权利外,它还引入了某些议会制因素,不但严格界定了总统权力,还规定各部部长应就其行为向众议院负责。上述规定对 1988 年宪法产生了重要影响。关于 1934 年宪法的相关内容,可参见 KARL LOEWENSTEIN, BRAZIL UNDER VARGAS 21-26 (The Macmillan Company, 1942)。

[25] 1937 年宪法第 73—89 条。有学者甚至质疑 1937 年宪法是否存在。因为,在新国家时期,宪法中唯一有效的部分是关于总统的条款。"他(瓦加斯)不受任何宪法限制。他就是宪法。""他是事实上的终身总统,他的统治和治理没有任何的宪法限制。" 参见 KARL LOEWENSTEIN, BRAZIL UNDER VARGAS, at 49, 53-54。

[26] 1934 年宪法第 176 条独立款规定,如果总统未在宪法颁布之日起 30 日内确认现任州长的任期,那么他可以任命一位干预者取代后者的职位。

受制于司法审查。[27] 此外，巴西的军人总统还通过“到期生效”(decurso de prazo)机制发布大量的行政法令。所谓“到期生效”，是指军人总统可以要求国会两院分别在45日内(国会审议的最长期限为90日)审议其所提交的任何法案，而在总统所认为的紧急情况下，可要求国会两院联席会议在30日内进行审议；在上述期限内，如果国会没有审议或拒绝审议，该法案将自动成为法律。[28] 总之，在整个军政时期，总统制再次沦为将军们集权的工具，权力制衡机制完全失效。

到1985年3月军队还政于民时，巴西历经两次、共计40多年的议会制时期，实行了近一个世纪的总统制。仅从时间上看，总统制似乎更胜一筹。但如果考虑到总统制时期有过15年的瓦加斯独裁和21年的军政时期，那么它并不比议会制表现得更好，甚至就稳定性而言还更为逊色。因此，在政体形式上，巴西不存在一个牢固的制度传统，巴西人民对总统制或议会制并没有明显的偏好。因为，议会制固然与王权捆绑在一起，很难被共和以来的精英阶层和广大民众所接受，但总统制也因瓦加斯独裁和军政府威权统治而声名狼藉。因此，当面临新的制宪时刻时，议会制和总统制都有可能成为制宪代表们的选择。

四、宪政转型路径

1985年1月15日，最大反对党巴西民主运动党的领导人坦克雷多·内维斯(Tancredo Neves)当选总统，结束了军政府21年的统治。尽管内维斯是通过间接选举当选的，可谓是旧制度选出的新总统，但这次选举实现了文武之间政权的和平交接，开启了以文官总统为标志的宪政民主时代。然而，军队还政于民并不是毫无代价的，以内维斯为代表的民主力量向军方作出了大量妥协和让步。这些妥协和让步对巴西随后的制宪和行宪过

---

〔27〕 在这17件制度法中，第二号和第五号制度法最为重要。第二号制度法于1965年10月由布兰科总统发布，将大量议会权力转移给总统，以增加最高法院法官数量的方式削弱法院的独立性，规定总统和副总统由选举团间接选举产生，解散1964年之前合法存在的所有政党。第五号制度法于1968年12月由席尔瓦总统发布，授权总统可以关闭国会，允许联邦政府干预各州和市政府，实行新闻审查，中止政治犯的人身保护令，任意解雇包括法官在内的所有公职人员职务，等等。参见JAVIER MARTINE-LARA，BUILDING DEMOCRACY IN BRAZIL：THE POLITICS OF CONSTITUTIONAL CHANGE，1985-95，at 16-19。

〔28〕 “decurso de prazo”的字面含义是“期限的经过”。参见JAVIER MARTINE-LARA，BUILDING DEMOCRACY IN BRAZIL：THE POLITICS OF CONSTITUTIONAL CHANGE，1985-95，at 16。

程产生了重要影响。因此，只有认真考察该国特殊的民主转型路径，才能更好地理解制宪过程中的政体形式之争，以及制宪代表们最终作出选择的原因所在。

与拉美历史上频繁出现的考迪罗个人独裁政权不同，巴西军政府所建立的是一个制度化的官僚威权体制。[29] 它的最大特点是，权力并不专属于军人总统一人，而是属于将军们与一些文职精英所组成的执政联盟。然而，与世界上所有的威权体制一样，巴西军政府面临的最大难题是军事统治的合法性。不过，统治前期的军政府手中的合法性资源并不匮乏，"革命"和"绩效"这两大资源为其提供了中产阶层以上的大量支持。必须指出的是，军队从不认为自己推翻民选政府是一次政变，而自称是一场"革命"。为了证明其统治的正当性，前三任军人政府，发起反共产、反颠覆和反动乱运动，力图重建法律和秩序。与此同时，受惠于美国政府和货币基金组织的贷款支持，巴西经济出现了20世纪50年代以来最快的增长速度，被国内外誉为"经济奇迹"，在一定程度上也为军政府统治输送了合法性。[30] 然而，无论"革命"还是"绩效"，不但不够牢靠，而且还是不可持续的。果然，在军政府执政刚满十年时，它就再次面临新的合法性难题了。一方面，"反革命"的力量已经被成功镇压，"革命"这一合法性资源行将枯竭。另一方面，1973年爆发的石油危机和随之而来的全球性经济衰退，也对巴西的"经济奇迹"构成了严峻考验。[31]

在此情况下，1974年3月就职的第四任军人总统盖泽尔（Ernesto Geisel，1974.3—1979.3）转而采取"自由化"策略，希望重塑并扩大威权统治的支持基础。盖泽尔所谓的"自由化"，并非要真正引领巴西走向民主化，而是希望通过渐进方式开放政治领域，从而延续军政府的统治。盖泽尔时期实现了除总统职位之外的所有其他公职的直接选举，菲格雷多总统（João Figueiredo，1979.3—1985.3）时期则开放了党禁，在保留一个政府党的同时，允许反对派之间成立更多的政党。应当说，这两届军人政府的

〔29〕 关于巴西以及整个南美的官僚威权体制，可参见 Guillermo O' DONNELL, MODERNIZATION AND BUREAUCRATIC-AUTHORITARIANISM: STUDIES IN SOUTH AMERICAN POLITICS 91 (Institute of International Studies, 1974)。

〔30〕 从1968年到1974年，巴西经济出现了1950年代以来最快的增长速度，国内生产总值年均增长10.9%，通货膨胀率则平均只有17%。参见 THOMAS E. SKIDMORE, THE POLITICS OF MILITARY RULE IN BRAZIL, 1964-85, at 138-139。

〔31〕 巴西1974年的经济增长率是9.5%，但通货膨胀率也增加到了34.5%。Ib., at 180.

"自由化策略"原本是非常成功的:尽管军政府力量有所削弱,但依然有能力控制 1985 年的总统选举;反对党声势日隆,但还是无法通过选举或大众动员的方式推翻军政府。威权与民主之间似乎再次实现了完美的平衡。

然而,威权政权内外出现的"意外事件"打破了这一平衡。1983 年 3 月,巴西民主运动党向国会提出了要求直选 1985 年总统的宪法修正案,随后发起了"现在就直选"(Diretas Já)运动。出乎意料的是,总统直选运动不但得到了其他反对党的广泛支持,还引发了全国范围内的大众运动。因总统直选运动所引发的这场大众运动,无论参与范围还是规模,都是巴西历史上从未有过的,被学者们称为"公民社会的复兴"[32]。这说明,总统直选在巴西具有广泛的民意基础,凡是试图改变总统直选规则的努力都将遭遇巨大阻力。与此同时,军政府和政府党社会民主党(PDS)内部首次无法推出令各方都接受的总统继任人,严重分化了威权力量。[33] 这两大事件,即总统直选运动和总统继任人危机,使得军政府陷入内外交困局面,加速了民主转型时刻的到来。

不过,应当说,此时的军政府远没有崩溃,还有足够的实力与民主阵营进行讨价还价,决定其还政于民的若干条件。军政府之所以如此强势,与其此前主动推进"自由化"进程密切相关。因而,为了换取军队的支持,民主阵营推出的总统候选人内维斯与军方将领达成了一项秘密的转型契约。之所以说它是"秘密"的,是因为无论内维斯还是军方,都没有明确承认这份转型契约的存在。[34] 据学者们推测,这份转型契约主要包括以下内容[35]:首先,不平反。内维斯向军方领导人承诺,他不会把时钟拨回到 1964 年以前。这等于间接承认军队 1964 年"革命"的正当性以及此后长期统治的合法性。其次,不清算。内维斯表示尊重军政府 1979 年颁布的

---

〔32〕 参见 Guillermo O' Donnell & Philippe C. Schmitter, Tentative Conclusions about Uncertain Democracies, in (et. al.), TRANSITIONS FROM AUTHORITARIAN RULE: PROSPECTS FOR DEMOCRACY 48-56 (Guillermo O' Donnell ed., The Johns Hopkins University Press, 1986)。

〔33〕 军政府内部的温和派领导人查韦斯在竞争党内提名失败后,宣布退出政府党社会民主党,联合一大批温和派人士组成了自由阵线党(Partido da Frente Liberal, PFL)。自由阵线党与最大反对党巴西民主运动党结成"民主同盟"(Aliança Democrática),推举坦克雷多·内维斯为总统候选人,并最终击败了社会民主党的保罗·马卢夫,促成了巴西的民主转型。

〔34〕 在 1985 年总统选战中失利的巴西社会民主党的总统候选人马卢夫,确信内维斯与陆军部长沃尔特·皮雷斯(Walter Pires)之间有过这份转型契约。See *O Estado de São Paulo*, Julio 9, 1989.

〔35〕 See THOMAS E. SKIDMORE, THE POLITICS OF MILITARY RULE IN BRAZIL, 1964-85, at 251.

赦免法,不会起诉军政府时期侵犯人权的军官。最后,不改变。他承诺不会减损军队的自治,新宪法不会取消军队的"调和权"、不设立国防部,军方在新政府内阁中占据一定议席等。

简而言之,巴西的民主转型路径具有两个鲜明的特点。首先,这是一次和平转型。反对党或民主阵营没有诉诸武装暴动或其他暴力手段去推翻军政府,而是利用军政时期的宪法、国会、选举和政党制度等最低限度的宪政因素,在选举舞台上与政府党和军队进行博弈,最终改变了整个体制的威权性质,成功实现了民主化和政治转型。其次,它还是一种渐进的转型。1974 年 4 月上台的盖泽尔政府采取"自由化"策略,向反对党渐次开放政治领域。在此后约十年时间,民主阵营从地方到中央、从立法到行政层面,不断赢得选举胜利,逐渐改变了与威权阵营的力量对比。这种和平、渐进的转型路径,最大的好处是实现了巴西制度变革的"软着陆";然而,它也存在非常明显的缺陷,即再民主化后的政府没有与军队这一威权力量进行完全有效的切割。巴西新共和国政府必须遵守和履行内维斯与军方达成的秘密转型契约,由此也继承了军政时期大量的威权体制遗产。新政府赦免了军政府时期侵犯人权的罪行,陆海空三军司令在文官政府担任部长,等等。因此,在巴西宪政转型之初,军队的自主性几乎毫发无损;巴西的武装力量对此后进行的制宪和行宪施加了直接影响。

在这种背景下,1987 年 2 月制宪国会代表正式开始宪法起草工作时,议会制的支持者面临的政治局面是:(1)萨尔内政府中有 6 名现役将军,包括海陆空三部部长、国家情报局局长、武装部队总参谋长、军事委员会负责人,他们毫不犹豫地广泛干涉国防以外的事务。〔36〕 (2)在参议院中,有军政府后期任命、非民选的 23 位"超人"参议员〔37〕,他们直接成为制宪代表。(3)在 559 名制宪代表中,有 217 名代表曾经是军政时期执政党前全国革新联盟的成员,而只有 212 名属于原来的巴西民主运动。〔38〕 面对议会制节节胜利、总统制岌岌可危的严峻形势,军方很自然地选择与萨尔内结盟,动员了在制宪国会中的支持者,又吸纳议会制阵营中的一些机会主义者,

---

〔36〕 [英]莱斯利·贝瑟尔主编:《剑桥拉丁美洲史》(第 6 卷·上),林无畏等译,当代中国出版社 2001 年版,第 305 页。

〔37〕 "超人"参议员是巴西人民对军政后期非民选的 23 名(每州 1 名)联邦参议员的戏称。参见马小平:《巴西 1988 年宪法的出台及其特征》,《拉丁美洲研究》1997 年第 6 期。

〔38〕 [英]莱斯利·贝瑟尔主编:《剑桥拉丁美洲史》(第 9 卷),吴洪英等译,当代中国出版社 2013 年版,第 328 页。

组成了泛中联盟,反击并最终否决了原本很有希望通过的议会制方案。

事实上,巴西新共和国从制宪伊始就笼罩在军队的阴影下。为了确保其对制宪过程的控制,军方高层在与内韦斯所达成的秘密转型契约中,明确要求以国会作为制宪大会,而非特别选举而产生的一个制宪大会。[39]因此,当内韦斯就职前因病去世后,就任总统的萨尔内遵守了与军方的这一约定。1985 年 6 月 28 日,由萨尔内提议通过的第 26 号修正案,授权下一届国会作为制宪国会,以军队为代表的威权力量在制宪过程中具有相当强势的存在。

五、结论

1988 年宪法是巴西走向共和以来生效时间最长的一部宪法,至今依然是巴西政治体制的基石。这部宪法延续了之前数部宪法所规定的总统制,同时对行政-立法关系进行了一定的调整。尽管巴西同时存在总统制和议会制这两种制度传统,但这两种传统都没有深深地嵌入巴西的历史之中。在新的制宪时刻面前,总统制或议会制都有很大的可能性被巴西人民选择为政体形式。1988 年宪法最终未能采纳议会制方案,并非由于巴西缺乏这种制度传统。具体而言,议会制方案在制宪国会中的失败,具有政治、经济和技术三个层面的原因。就政治层面而言,议会制阵营中的很多代表并非真正支持议会制,也不太关切某种议会制方案的可行性。他们中有很多代表纯粹是为了反对萨尔内才支持议会制的,一旦形势有变,就会很快转变立场。就经济层面而言,萨尔内经济稳定计划的失败复杂化了政体形式之争。议会制阵营认为,唯有让萨尔内早点离开政治舞台,方能尽快摆脱巴西所面临的困境,但也有许多代表深信,巴西需要一位强势总统,才能带领当时的巴西走出严重的经济和债务危机。此外,就技术层面而

---

〔39〕 据学者考证,以国会制宪是内维斯与军方高层达成的秘密转型契约的一部分。See DAVID FLEISCHER, *The Constituent Assembly and the Transformation Strategy: Attempts to Shift Political Power from the Presidency to Congress*, in THE POLITICAL ECONOMY OF BRAZIL: PUBLIC POLITICS IN AN ERA OF TRANSITION 210, 221 (Lawrence S. Graham & Robert H. Wilson eds., University of Texas Press, 1990). 此外,巴西后来的总统、当时的参议员卡多佐曾公开确认这一事实。尽管他后来又予以了否认,但其于 1990 年 5 月 21 日确认事实时的录音带被采访他的记者公开发表在《圣保罗报》上。参见 JORGE ZAVERUCHA, THE 1988 CONSTITUTION AND ITS AUTHORITARIAN LEGACY: FORMALIZING DEMOCRACY WHILE GUTTING ITS ESSENCE, paper presented at the meeting of the Latin American Studies Association, 6-7 (Guadalajara, Mexico, April 17-19, 1997)。

言，与总统制存在现成的方案不同，议会制方案存在多种变体，而正在这一问题上，议会制阵营无法有效达成共识。有的代表坚决主张纯粹的议会制，更多的人支持半议会制或半总统制；有的代表在坚持议会制的同时，同意包括现任总统在内的所有总统任期均为五年，但也有代表希望缩短萨尔内的总统任期。这种在议会制具体方案上的分歧，以及议会制方案与总统任期之间的捆绑、纠葛，不但惹怒了萨尔内，也促使原本支持议会制的许多代表转而支持总统制。

然而，如果我们将视野超越制宪国会中的具体纷争，就会发现上述三个层面尚不足以解释巴西再民主化后的这场政体之争。事实上，制宪国会代表们最终作出的制度选择，受制于更深层次的原因，即巴西民主转型的具体路径。显然，军政府后期开启的和平、渐进的转型路径，决定了制宪代表并不能完全自由地进行制度选择。他们的选择受到巴西历史上始终存在的、统治了巴西 21 年的威权“怪兽”——军队——的约束，这决定了任何颠覆性的制度变革方案都不大可能成功。因为，正是在军队和精英阶层的主导下，文武官之间通过秘密转型契约的方式才得以和平、渐进的方式顺利实现民主转型。因此，在民主化后的巴西，军队依然具有非常强势的存在。在制宪时刻，巴西的文官政府尚无法有效控制军队，甚至在制宪国会组成等若干方面还深受军队的掣肘，这种局面直到卡多佐时期设立国防部后才有了根本改观。换言之，在当时的政治舞台上，军队依然是最强有力的否决者。一些制宪代表所提出的议会制方案，在试图削弱总统权力的同时，也必将减损军队的自主性，这是将军们所无法接受的。他们可以通过威胁发起另一场军事政变的方式，向民主力量展示自己的强势存在。此外，作为巴西转型过程中最大的赢家，以候任副总统继任总统的萨尔内面临合法性不足的问题，他坚持总统制和包括其本人在内的五年总统任期的主张，仰赖军方的支持。最后，由于直选总统是巴西民主转型过程中公民权利复兴的象征，普通民众的这一情绪被萨尔内和军队所充分利用，以捍卫宪政民主果实的名义动员了大量支持。因此，如果考虑到巴西特殊的民主转型路径，议会制这一方案的失利就自不待言了。

政治问责制视角下的总统制、内阁制之比较

陈国栋*

无论是总统制还是内阁制，都是代议制之下的国家政权的组织形式，属于政体范畴。这两种体制都是从行政权的产生与组织形式这一角度出发加以界定的，即行政权在整个政权体制中的由来、地位、功能与制衡机制。一般认为，二者的简要区别在于：

总统制是以总统为国家元首兼政府首脑的政权组织形式。总统由选民选举产生，对选民负责；总统既是国家元首，又是政府首脑，实际掌握军事、内政和外交大权；行政权由总统掌握，各部长经议会同意由总统任免，重大决策由总统作出；总统不对议会负责，也无权解散议会；议会除依法对总统提出弹劾定罪外，无权罢免总统；议会行使立法权，法院行使违宪审查权，由此实现对总统职权的制约。

内阁制又称为议会制、内阁制或责任内阁制。议会在国家政治生活中占有主导地位；政府即内阁，由议会选举产生并对议会负责；总统由选举产生，一般不掌握实权，只是名义上的国家元首。[1]

应该说，行政权的由来、地位、功能与制衡机制是紧密相连、无法分割的。但要比较这两种典型的政权组织体制，从上述四个方面展开全面分析与阐述实在是本文力有未逮之事。本文只能尝试从一个侧面，即政治制衡与问责的层面来对这两种行政权的组织与运行机制加以比较分析。

---

* 大连理工大学法律系副教授，法学博士。
本文为辽宁省社会科学规划基金项目“类型化、本土化视角下行政问责制研究”(L14CFX026)成果。

〔1〕 宪法学编写组：《宪法学》，高等教育出版社、人民出版社2011年版，第116页。

一、何谓政治问责

问责的要义就在于问责者给被问责者施加压力,促使被问责者满足其希望。问责制的建构在政权组织体制中至关重要,可以说,关于权力制衡的学说是问责理论最为重要的构成要素之一。美国学者罗姆泽克提出了问责的四种类型:法律性、官僚等级制、政治型与专业技术型问责。[2] 对于总统制与内阁制而言,官僚等级制问责与专业技术性问责都不可用,因为无论是内阁总理还是总统,本身都处于行政官僚体制的最高层,无人可基于官僚等级制逻辑对他们进行问责;无论是内阁总理还是总统,他们都是作为政治家在履行公职而不是作为技术专家履行公职,因此也无人可以基于技术逻辑对他们进行问责。那么,可对他们进行问责的方式,就是政治与法律这两种形式了。而法律问责制对总统也好,对内阁也好,其适用余地并不是很大,因为要尽量保障行政首脑执政的稳定性,法律问责只能在特定条件下基于特定情形才能实施,而且高级行政官员们往往还享有司法豁免权。比如,对于美国总统的犯罪,只能由国会启动弹劾;而对于总理及其内阁部长的犯罪,也只能由议会启动弹劾。

由此而言,从问责的角度来看,总统制与内阁制二者最为不同之处,便是政治问责机制的不同了。

政治问责的要义在于掌握政治资源的问责者对被问责者施加政治压力,迫使其承担责任或是迫使其服从自己的政治要求。其成功与否的关键在于被问责者自身是否具有强大政治资源以抵消问责压力。如果被问责者自信能够获取其他政治资源的支持,他就拥有充分的自由决定是否服从政治问责,拥有充分的自由决定是否满足问责者的政治要求。[3] 反之,他必须服从政治问责,否则他就会因为失去政治支持而下台。在民主社会,理论上人民具有最根本的政治权力,因为一切权力来源于人民,因此,政治

〔2〕 Barbara Romuzek, Melvin J. Dubnick, Accountability in the Public Sector: Lessons from the Challenger Tragedy, *Public Administration Review*, 1987(3), pp. 228-230.

〔3〕 比如在“居屋角短桩事件”中,香港房委会主席王葛鸣无法抵御来自立法会的政治压力而辞职,而房屋署长苗学礼则认为,根据《香港特别行政区基本法》其没有因不信任案而下台的法律义务,所以在特首董建华的支持下,他坚拒辞职。相关案情和始末,参见程洁:《香港宪制发展与行政主导体制》,《法学》2009 年第 1 期;陈少波:《香港豆腐渣居屋——“短桩丑闻”始末》,http://www.people.com.cn/GB/shizheng/18/21/20030124/913589.html,访问日期:2013 年 4 月 5 日。

问责的主体应该是人民。但在实践上,因为自由主义、多元主义及精英政治的发展对人民主权的瓦解,政治资源实际上不再掌握在一般不出场的人民手中,而是掌握于各种利益团体、组织手中。因为两者在政治体制中所处的位置不同、权力不同,总统制与内阁制所面临的政治问责也是不同的。

在总统制之下,一般而言,总统虽然也受到国会的压力,但总统如果不配合国会的政治要求,国会一般对总统是无可奈何的。除非国会弹劾,否则无法通过政治机制促使总统下台。这是因为,在总统制之下,总统由人民直选产生,权力来源于人民,只对人民负责,而不对国会负责,所以他无须接受国会的要求。当然,如果总统的政策需要国会配合,那么他可能需要在某些方面服从国会的问责、满足国会的要求,但这只是基于政治利益的交换。在一般情况下,来自人民的政治问责对总统也不构成多少压力,尤其是总统处于第二任任期的情况下。根据美国宪法规定,第二任的总统不再有任职的机会,因此他此时不仅不需要对国会负责,甚至不需要再获得选民的支持,所以他无须再一味服从人民暂时的需要,而是以自己对于国家利益的理解为前提来决定是否接受问责。这个意义上,总统制更不受政治问责之约束。

而在议会制之下,外界与国会对于内阁的政治问责,相较于总统制来说,则容易成功一些。究其原因在于,内阁在法理上必须要向议会负责,议会拥有法定的政治手段来控制内阁。虽然在两党制国家,总是有一党掌握议会多数因而内阁可以通过党魁制来控制议会以免内阁被问责,但这不能避免少数派议员对内阁成员发动的问责。在内阁制体制中,内阁成员在程序上有着必须接受议员问责的义务。虽然在实体上,他们可能无惧于少数议员的问责,但问责程序本身所带来的种种不快与压力则往往导致他们屈服于问责。〔4〕 而在总统制之下,人民虽然可以通过集会的形式向总统表达意愿,但几万人的集合相对于获得数千万乃至上亿人支持的总统来说,实在过于弱小了。总统的合法性不取决于几万人几十万人,因此,在他自认为可以获得大多数人认可的情况下,他没有向少数人负责的动力。

〔4〕 "居屋角短桩事件"中,香港房委会主席王葛鸣的辞职即是因为如此。也正因为如此,有学者认为,香港特首董建华所推行的问责制虽然加强了特首对下属的问责,但也加强了立法会对行政官员的问责,进而削弱了香港的行政主导制。参见程洁:《香港宪制发展与行政主导体制》,《法学》2009 年第 1 期。

随着社会日渐分化乃至利益团体化，议员向内阁施加政治问责的动力会越来越强，因为议员必须对利益团体负责。没有利益团体的支持，议员无法获得相应利益。因此，利益团体的兴起和利益团体对议员的俘获，往往转化为议员对内阁的问责。同时，因为没有任期制限制，议员会将议员身份作为一种职业来加以经营，他们往往会长期地与某一利益群体或某一特定阶层形成稳定的代表关系，通过问责内阁政府的形式来反映他们的利益。[5] 这就更加催生了议员问责内阁制政府的动力。

也正是因为议员对内阁制政府的政治问责能力比较强劲，所以在美国弹劾制一直被国会用来问责总统——如克林顿时期国会议员就曾以弹劾制来威胁克林顿，但在弹劾制度的发源地英国，"弹劾制……久已废弛不用，且自 1805 年以来，英国议会从无行使弹劾权之事；盖英国法庭的独立，既足以为国务员犯罪的制裁，而自议会内阁制实现以后，英国议会尚可投不信任票以为国务员犯罪或失职的制裁。"从 1805 年以来，英国议会就不再使用弹劾权。[6] 总之，在议会内阁制国家，由于内阁制的逐渐完善，议会可以通过不信任案的形式迫使内阁辞职，以达到监督政府的目的。而且这种方式与弹劾制度有异曲同工之妙，程序更加简便，所以弹劾权极少使用。[7]

二、问责制视角下总统制与内阁制民主性之比较

从政治问责的角度来看，我们大概可以得出这样一个结论，即内阁制的民主性要强于总统制，因为基于政治问责的压力，内阁制更容易回应问责者的政治要求。换言之，因为民主的要素之一在于政府对民众需求的回应性，所以回应能力强的更具有民主性。这也符合人们在比较总统制与议会制时的一般观感。然而，事实可能并非完全如此。

其一，内阁制虽然更具有回应性，但这种回应性并不一定意味着民主。因为在内阁制国家，对内阁的政治问责往往意味着小团体利益的交换而非公共利益的实现。正如罗姆泽克所指出的，"政治问责是一个更为开放和代表性政府的基础，尽管它看起来在政府项目的管理中会促进偏私乃

---

〔5〕 参见王绍光：《民主四讲》，生活·读书·新知三联书店 2008 年版，第 229 页。

〔6〕 王世杰、钱端升：《比较宪法》，商务印书馆 1999 年版，第 252 页。

〔7〕 严泉：《议会弹劾权的运作实践及经验》，《人大研究》2006 年第 8 期。

至腐败。"[8]而英美国家议员与商业公司之间的旋转门则更为形象地告诉了我们国会与利益集团之间的密切关系。[9] 总统制之下这种现象虽然未见得要少一些,但总统阁僚受利益集团的控制要少一些。这是因为,利益团体可以俘获需要选票与选举资金支持的议员,进而推动议员制定符合其利益需要的立法或是推动议员去要求内阁实施符合其利益的政策,但对于总统及其所领导的行政班子而言,这种方法的有效性要低得多。因为总统领导下的行政班子只对总统负责,不对议员负责,而且总统本人也不对议会负责。总统虽然需要巨量政治献金,但是总统有连任限制,而且总统本身权力巨大,他往往通过诸如大使、部长等行政职位的分肥制来安抚其支持者,所以利益集团对他的控制要小一些。

其二,总统制更具有人民主权性质,在民主性方面更深入,而内阁制虽然在民主的广泛性方面更好,但在民主的深入性方面则有所不足。细言之,总统是由人民直接选举出来的,直接对人民负责,不对国会负责,因此在人民和总统之间并没有隔阂。而内阁制之下,内阁是由议会产生的,内阁对议会负责而不是对人民负责,因此,内阁民主性的程度不如总统的民主性。进一步说,在内阁制中,因为议会代表人民行使主权且议员本身不会因为人民的弹劾而下台,所以这种体制中没有真正的人民主权,只有一个抽象的国民主权与一个具体的议会主权,真正的人民并不作为主权者。[10] 而在总统制之下,人民授予权力给总统,总统称为人民主权的代言人,人民主权通过总统而实现。

其三,总统制虽然在一定条件下不如内阁制稳定,但在另一些条件下则有利于保障民主政体。诚如王绍光教授的研究所指出的,内阁制因具有更大的妥协空间比之总统制更能生存以维系民主政体,而不需要政变等非

[8] See Barbara Romuzek, Melvin J. Dubnick, Accountability in the Public Sector: Lessons from the Challenger Tragedy, Public Administration Review, 1987(3). 对此也可以参见王绍光:《民主四讲》,生活·读书·新知三联书店 2008 年版;[美]罗伯特·A. 达尔:《多元主义民主的困境——自治与控制》,周军华译,吉林人民出版社 2006 年版。

[9] 参见德斯蒙:《分肥养"廉":欧美官员腐败模式之鉴》,http://www.publiclaw.cn/article/Details.asp? NewsId=4344&Classid=5&ClassName=异域撷英,访问日期:2013 年 4 月 5 日。

[10] Robina Dexter, *Supremacy of parliament or sovereignty of the people — Just what is the Court of Justice supposed to be threatening*, The Liverpool Law Review Vol. XIII (2) [1991]; Alain Laquièze. *État de Droit and National Sovereignty in France* in The Rule of Law: History, Theory and Criticism, P. Costa and D. Zolo (eds.), 261-291. Springer. 2007.

正常方式。[11] 但有的时候面对危局时,议会制反而不能胜任捍卫民主制的需要,其结果反而是将民主制推向毁灭的深渊。比如前几年比利时曾经出现长达540余天没有政府的局面。[12] 试想一下,如果面对危局时内阁制因为议会内部种种分歧得不到支持而下台或是迟迟不能产生新内阁来解决危局,或者说因为不能回应议会的政治问责而下台,那国家该如何在危局中生存下去？恰恰在这方面总统制更有优点。因为一人制的总统能够避免内部的分裂,在人民授权下,根据总统所固有的强大权力来解决困境。而集体制的议会则会因为内部的分裂而无法解决问题。一个人比一群人更容易被收买,但一个人比一群人中一部分人更不容易被收买,因此一个人的分裂总是不如一群人的分裂来得容易,所以一个人更容易采取一以贯之的态度与措施去面对困境,而不至于因为三心二意的内部掣肘而踟蹰不前。

也正是因为如此,面对危局时,总统制比之内阁制更容易出现符合既存民主体制的人物来解决问题。而内阁制则往往崩溃,转化为其他体制之后才能解决问题。比如,意大利为了解决困局,牺牲了议会内阁制,成就了墨索里尼这样一个独裁者。而尽管新政时期罗斯福权力很大,被认为"德国授予希特勒的权力也不过如此",甚至被比作为另一个墨索里尼,但他依然是代议制之下的总统。而他,也正是基于总统的巨大权力,基于人民的授权,他以新政维系了美国民主制,而不是终结之。[13] 这个时候,即使罗斯福权力很大,但他仍然是民主制总统。如果他失败,美国要么走向法西斯化,要么成为社会主义民主国家,而不是美式自由民主制国家。而正是因为其总统地位,因为人民的支持,他才能成功。因此,在这个意义上,在民主体制下,一个表面上更为集权而代表性更弱的体制,在保全民主制方面,比之那些看起来更具民主性但不能保全民主制的体制,其实更有民主性。也正是因为如此,总统制才被有的学者称为民主的守护者。[14]

---

〔11〕 王绍光:《民主四讲》,生活·读书·新知三联书店2008年版,第184页。

〔12〕《比利时结束541天"无政府"窘境　新内阁今就职》,http://news.xinhuanet.com/world/2011-12/07/c_122386818.htm,访问日期:2013年4月5日。

〔13〕 罗斯福在实施新政时自承:如果他失败,他将是最后一任美国总统。[美]威廉·曼彻斯特:《1932—1972年美国社会实录光荣与梦想》(第1册),广州外国语学院美英问题研究室翻译组译,商务印书馆1978年版,第111页。

〔14〕 [德]卡尔·施密特:《宪法的守护者》,李君韬、苏慧婕译,商务印书馆2008年版。

三、总统制之于民主制的意义

综观世界各国，我们可以发现，凡是大国，或是有雄心的大国，都是采取权力更为集中的体制。印度虽然是地域广阔的大国，虽然目前采取的是内阁制，但是印度本身饱受议会内阁制所导致的决策效率低下之困扰，印度也不乏有识之士发出改革其政权组织形式的呼声，以更快地实现印度的大国梦。为此，阿玛蒂亚·森无奈地自嘲说，发展中国家要面临选择上的两难，民主与发展的两难。其中一个非常功利的原因，就是大国所需要处理的内政外交问题更多更尖锐，容易产生分歧的内阁制实在难以迅速面对。而美国之所以不采取杰斐逊式的更民主的方法，而是采取更集权的共和制，一个重要原因就是因为杰斐逊式方法会导致党争，造成“不安定、不公正和带进国民会议中的混乱状态”，“事实上使平民政府处处腐败”，这为当时的情况所不允许。[15]

但是，采取总统制真的只是因为其在功能上更有利吗？并非如此。在有的学者看来，在民主已经不可阻挡的今天，在社会越来越官僚体制化的今天，只有借助于民意的领袖才能克服政党政治民主所带来的危机，才能避免民主本身被官僚制吞噬。韦伯指出，领袖民主制虽然会造成追随者的丧失灵魂，但比派系竞争的民主还是更为可取一些，因为后者只是由没有使命召唤感、没有领袖必备的内在精神性与卡理斯玛要素的职业政治家所支配的，后者只能产生非政治性的国会。[16] 进言之，如果要在总统制与内阁制之间进行选择的话，政治所需要的公共性、民主本身所必然蕴含的公共性，只能通过总统制才能得到更好的维护。

毋庸置疑，造成这一切的是因为劳动分工的存在。在现代工业时候，劳动分工的相互关联性会越来越强，而建立于相似性上的相互关联性成为起第二位作用的力量[17]，因而，在政治生活中同样要区分“统治者”和“公务员”[18]，这就必然使得人民统而不治。马克斯·韦伯也认为，民主肯定

---

〔15〕 参见[美]汉密尔顿、杰伊、麦迪逊：《联邦党人文集》，程逢如、在汉、舒逊译，商务印书馆 1980 年版，第 45、71 页。

〔16〕 [德]马克斯·韦伯：《学术与政治》，钱永祥等译，广西师范大学出版社 2004 年版，第 249—250 页。

〔17〕 [法]莱昂·狄骥：《宪法学教程》，王利文等译，辽海出版社、春风文艺出版社 1999 年版，第 10 页。

〔18〕 同上书，第 106—107 页。

了人民的权力，但民主不能同时赋予人民行使权力的能力，因此必须有官僚制度。[19] 熊彼特的民主理论延续了这一思想脉络，并将之精细化为程序民主与精英民主理论。他认为，要将“统治”和“决策”作出区分，因为人民在政治中短期的人性往往“超理性”或“无理性”，所以“决策”的权力是人民无法直接或亲自实现的，必须赋予给被选举出来的“政治家”。那么，从事政治活动的政治家也必然具有职业性。[20]

但社会分工并不是全部的原因。正如韦伯在考察美国时所感受到的，美国人“愿愿让我们可以往他们脸上吐口水的人来当官员，而不要让当官的人往我们脸上吐口水，像在你们（德国）那里一样”[21]。换言之，美国人民更愿意选出一个直接对他们负责的官员，而不是通过议员去间接决定官员的产生。这是源于人民对民主的内在需要，唯有如此，他们才能更为深刻直接地感受到民主的存在，感受他们能够对自己的民运具有控制的机会。

同样，政治管理也需要理性，尽管是经验理性。韦伯对此早有论述。他指出，好的政治家需要热情，需要判断力，也需要责任心。[22] 而判断力与责任心都属于实践理性的一部分，很多人正是这一方面存在严重欠缺，因而不适于从事政治。因此，我们不能说总统制就不是更加民主。从因为理性而更可能回应民众需要程度来看，有经验、有责任心的总统比没有责任心、只有私利的分化国会更能回应民众的需要。这可以说是增强了民主的科学维度。而民众在政治上的不成熟与不感兴趣，以及外界因素对于民主的阻扰，使得民众不得不将权力委托给总统，尽管他们通常无法来问责之。从这个角度来说，如果人民对民主还有期望，那么在人民无法充分自己来行使民主的情况下，他们的确更愿意将民主寄托于一个超越党派的总统，而不是议会内阁制。与之相对的是，现代代议制民主几乎完全隔绝人民直接参与政治的机会，相较于总统制，内阁制更容易阻碍民众的民主期望，因此，精英民主与程序民主、多元民主下的人民，恐怕在实际上对于民主的掌控能力更为有限。在现代代议制之下，议员是全体人民的代表人，不是其所当选的选区的代表——选区划分只是选举技术手段，由此所组

---

〔19〕［德］马克斯·韦伯：《经济与社会》（下卷），林荣远译，商务印书馆1997年版，第275—276页。

〔20〕［美］约瑟夫·熊彼特：《资本主义、社会主义与民主》，吴良健译，商务印书馆1999年版，第390页。

〔21〕［德］马克斯·韦伯：《学术与政治》，钱永祥等译，广西师范大学出版社2004年版，第246页。

〔22〕同上书，第252页。

成的议会是人民代表的机关，而不是有选举权的人民所选举产生的国家机关。正因为如此，美浓部达吉曾经深刻指出："议会不是由于国民委任的代表机关，是法定代表的机关，这是议会最重要的本质，若将其否定，便不外乎是否定议会制度的根本。"〔23〕因此，代议制的关键在于人民选出官员后，人民就不再参与政治决策，而留给选出的官员来全盘处理。这种制度的缺点是人民不能直接参与决策，政治精英控制了政治决策过程〔24〕，民主因此存在这根本缺陷。

四、结论

总之，总统制和议会制都是代议制，都不是直接民主制。从这个角度来说，两者的民主性并不完满。从一般的角度来说，内阁制更容易受到政治问责的控制，因而更具有民主性。但在当今这个自由民主、多元民主、精英民主的时代，内阁制的民主性在实质上恐怕不如总统制。总统制相对于议会制的优势在于，较之总统而言，议员更容易受利益集团的俘获，而总统相对而言受控制的程度要弱得多。议会是宪法法定的机关，人民不能取消之，所以面对议员在代表上的无力，人民也同样无能为力。而在总统制之下，人民至少可以通过选举来挑选一个更多基于自己意志而不是利益集团意志作出决策的总统。且总统权力巨大，能够直接执行自己意志，因此选对一个总统意义重大。就像罗斯福所言，美国人民给了我权力，使我可以去做这些改革。〔25〕然而，内阁制的民主性在政治问责的角度下，竟有不如总统制之虞，也不能不让我们更加深思民主的复杂性与艰难性。

---

〔23〕 转引自杨伟东：《权力结构中的行政诉讼》，北京大学出版社 2008 年版，第 30 页。

〔24〕 何包钢：《直接民主理论、直接民主诸形式和全民公决》，载刘军宁等编：《直接民主与间接民主》，生活·读书·新知三联书店 1998 年版，第 22 页。

〔25〕 ［美］威廉·曼彻斯特：《1932—1972 年美国社会实录（光荣与梦想）》（第一册），广州外国语学院美英问题研究室翻译组译，商务印书馆 1979 年版，第 118 页。

总统制和议会制的融合

理查·阿尔伯特*/文　贺亚宜**/译

一、引言

作为两大最典型的政府制度，议会制和总统制一般并且正确地被置于对立位置，它们各有特色。[1] 然而，它们的结构性差异并不必然导致功能性差异。相反，恰恰是让我们得以区分何为总统制、何为议会制的结构性差异，常常隐藏了总统制和议会制在功能上的共性。

总统制和议会制的相似性由有意识的设计、政治实践和无意识的结果共同作用而成。它们突出了宪政设计中耀眼的一面，而这一面尚待传统理论充分探索：有时候议会制运行起来像总统制，有时候总统制运行得像议会制。这些相似性也表明现代宪政设计的更大特点是政治文化经常能克服宪制结构的狭隘性。

---

* RICHARD ALBERT, The Fusion of Presidentialism and Parliamentarism, 57 *American Journal of Comparative Law* 531 (2009). 阿尔伯特，波士顿大学法学院副教授，耶鲁大学法学博士（J. D.）、文学士（B. A.），牛津大学民法学硕士（B. C. L.），哈佛大学法学硕士（LL. M.）。感谢阿克曼（Bruce Ackerman）、艾哈曼得（Farrah Ahmad）、科尼特（Katherine Cornett）、考沙尔（Asha Kaushal）、莱文森（Daryl Levinson）、林茨（Juan Linz）、马里森（Jason Marisam）、佩里（Adam Perry）、斯塔帕提（Vinay Sitapati）、杨（Alison Young）等同人们对本文初稿所提的有益意见，向《美国比较法杂志》的编辑们致以敬意。最后，感谢巴克斯特和阿玛理查德基金会对本项目的慷慨资助。

** 北京大学宪法与行政法专业博士研究生。

〔1〕 See, e. g., Samuel Issacharoff, Fragile Democracies, 120 *Harv. L. Rev.* 1405, 1454 (2007); Adam B. Cox, The Temporal Dimension of Voting Rights, 93 *Va. L. Rev.* 361, 389 n. 88 (2007); Jorge A. Schiavon, The Central-Local Division of Power in the Americas and Renewed Mexican Federalism: Old Institutions, New Political Realities, 4 *Int'l J. Const. L.* 392, 392 (2006); Alice Poole, Convergent American and British Anti-Terror Paradigm; Dissonant Policy Implementation, 11 *Geo. Pub. Pol'y Rev.* 99, 101 (2005-06); Paul W. Kahn, Comparative Constitutionalism in a New Key, 101 *Mich. L. Rev.* 2677, 2693 (2003).

总统制和议会制的政客们已经成功地从他国的同行那里舶来了外国的宪政机制——那种曾经被认为与输入国宪制不相容的机制。宪制之间的相互渗透已经把总统制的和议会制的元素融合成一种统一的宪制，创造出了带总统制特征的议会制和带议会制特征的总统制这样的新模式。在打破传统宪制边界时，现代议会制和总统制给“政治文化是否塑造了宪制”或“宪制是否影响了政治文化”这类持续着的论战提供了新启发。[2]本文的任务就是要开启对这种融合的理论化。我将证明传统的宪法理论过度简化了总统制和议会制之间的差异，而且传统理论所反映的只是过时了的总统制和议会制。在本文第二部分，我将首先挑战“议会制使权力融合而总统制使权力分立”这种传统观点。在第三部分，我将论证议会制常常是如何坚持总统制下的定期选举那种做法的，正如总统制有时也容易受到那些和议会制关联更紧密的固定或无定选举的影响一样。第四部分是对“议会制有效率而总统制无效率”的观点进行批判。在第五部分，我将以我的其他几点看法结束本文。

二、分权

根据宪法学者的观点，分权是为了防止专制。[3]分权理论认为政府的每一支权力都不得越出原先设定的权限，而且必须尊重其他权力分支的辖区。[4] 孟德斯鸠认为应该把立法权、行政权和司法权分给不同部门[5]，美国各州就是按照孟德斯鸠的理论设计了自己的治理章程。例如，美国[6]

---

〔2〕 e. g. ,Gary Jeffrey Jacobsohn, The Permeability of Constitutional Borders, 82 *Tex. L. Rev.* 1763, 1775-76 (2004); Daniel Halberstam & Roderick M. Hills, Jr. , State Autonomy in Germany and the United States, 574 *Annals* 173, 178 (2001); Roger B. Myerson, Economic Analysis of Constitutions: The Strategic Constitution, 67 *U. Chi. L. Rev.* 925, 928-29 (2000).

〔3〕 See, e. g. , Richard W. Murphy, Separation of Powers and the Horizontal Force of Precedent, 78 *Notre Dame L. Rev.* 1075, 1114 (2003); Stanley H. Friedelbaum, State Courts and the Separation of Powers: A Venerable Doctrine in Varied Contexts, 61 *Alb. L. Rev.* 1417, 1421-22 (1998); Rebecca L. Brown, Separated Powers and Ordered Liberty, 139 *U. Pa. L. Rev.* 1513, 1534 (1991); Larry Kramer, The Constitution as Architecture: A Charette, 65 *Ind. L. J.* 283, 286 (1990).

〔4〕 David Rudenstine, Judicially Ordered Social Reform: Neofederalism and Neonationalism and the Debate Over Political Structure, 59 *S. Cal. L. Rev.* 449, 479 (1986).

〔5〕 Charles de Secondat Montesquieu, *The Spirit of the Laws*, Book 11, Ch. 6, 157 (Anne M. Cohler et al. eds. , 1989).

〔6〕 Note that there is no separation of powers clause in the United States Constitution. It is instead inferred from the structure of the Constitution. Donald E. Lively, *Constitutional Law: Cases, History, and Dialogues* 369 (2d ed. 2000).

和法国[7]都在自己的宪法中分割政府权力，且两国在世界史上都最先采用成文宪法[8]。自此以降，分权已被视为民主的一个基本特征[9]，有些学者甚至将其视为民主的必备特征[10]。总统制和分权有时同义使用，仿佛有一个就必须有另一个似的。[11] 传统观点认为总统制分割政府权力[12]，并把公权力分布在以立法机关、司法机关和行政机关为代表的自主政府部门[13]。相反，根据传统智慧，议会制不会以同样的方式分权。[14]

---

〔7〕 Declaration des droits de l'homme et du citoyen (1789) ("Toute societe dans laquelle la garantie des droits n'est pas assuree ni la separation des pouvoirs determinee, n'a point de Constitution.").

〔8〕 A. E. Dick Howard, The Bridge at Jamestown: The Virginia Charter of 1606 and Constitutionalism in the Modern World, 42 *U. Rich. L. Rev.* 9, 30 (2007).

〔9〕 See, e. g., Manuel Medina-Ortega, Comment, A Constitution for an Enlarged Europe, 32 *Ga. J. Int'l & Comp. L.* 393, 400 (2004); Charles McDaniel, Islam and the Global Society: A Religious Approach to Modernity, 2003 *B. Y. U. L. Rev.* 507, 540 (2003); Douglas S. Reed, Popular Constitutionalism: Toward a Theory of State Constitutional Meanings, 30 *Rutgers L. J.* 871, 927 n. 135 (1999).

〔10〕 See, e. g., Emanuel Gross, The Struggle of a Democracy Against the Terror of Suicide Bombers: Ideological and Legal Aspects, 22 *Wis. Int'l L. J.* 597, 655 (2004); Lt. Col. Susan S. Gibson, International Economic Sanctions: The Importance of Government Structures, 13 *Emory Int'l L. Rev.* 161, 213 (1999); Sammy Smooha, The Implications of the Transition to Peace for Israeli Society, 555 *Annals* 26, 33-34 (1998).

〔11〕 See, e. g., Fred W. Riggs, Globalization, Ethnic Diversity, and Nationalism: The Challenge for Democracies, 581 *Annals* 35, 42 (2002).

〔12〕 See, e. g., Steven G. Calabresi, Why Professor Ackerman is Wrong to Prefer the German to the U. S. Constitution, 18 *Const. Comment.* 51, 54-55 (2001); Heinz Klug, Model and Anti-Model: The United States Constitution and the Rise of World Constitutionalism, 2000 *Wis. L. Rev.* 597, 603 (2000); Vijayashri Sripati, Toward Fifty Years of Constitutionalism and Fundamental Rights in India: Looking Back to See Ahead (1950-2000), 14 *Am. U. Int'l L.* Rev. 413, 476 (1998); Kyong Whan Ahn, The Influence of American Constitutionalism on South Korea, 22 S. *Ill. U. L. J.* 71, 99 (1997).

〔13〕 Some nation-states possess more than three branches of government. See, e. g., Constitution of India (1950) (establishing four branches); Constitution of Costa Rica (1949) (creating five branches).

〔14〕 See, e. g., Calvin R. Massey, *American Constitutional Law: Powers and Liberties* 333 (2d ed. 2005); Walter Bagehot, *The English Constitution* 76 (1873); Russell A. Miller, Book Review, Recent Books on International Law, 100 *A. J. I. L.* 980, 985 (2006); Eric Stein, International Integration and Democracy: No Love at First Sight, 95 *A. J. I. L.* 489, 521 (2001); Erin Daly, Idealists, Pragmatists, and Textualists: Judging Electoral Districts in America, Canada, and Australia, 21 *B. C. Int'l & Comp. L. Rev.* 261, 266-67 (1998).

一位学者甚至宣称议会制和分权无法兼容，议会制不能分割政府权力。[15]但是传统的关于议会制和总统制的理论并没意识到总统制有可能会合并政府权力，而议会制有可能会分割政府权力。

(一)议会制中的分权

笔者以"不止一种议会制存在"这一观点开始，考察两种不同的议会制——西敏寺议会制和有限议会制——以展示它们各自在权力合并了的体制里实际上是如何分权的。

1. 西敏寺议会制

第一个模式是英国的西敏寺议会制。和总统制相似，英国的政府权力也被分为传统的三支。和总统制相似，西敏寺议会制也分权，但是它的分权模式却不同于对分权的习惯性理解。为什么它的分权和通常所理解的不同呢？西敏寺议会制的分权并非发生在立法权、行政权和司法权之间，而是发生在国王和议会这两个国家机关之间，其中司法权附于王权之下。[16]

伯克是英国分权理论的早期倡导者。[17] 议会和王权之间的分权是作为《革命和解法》中的一部分而存在的，[18] 1700年的《革命和解法》中以法律形式确立了议会制民主的首要地位。[19] 这种分权的目的是让议会制约国王。[20] 布莱克斯顿在其关于英格兰法的著作中对国王和议会之间的分权有所回应，他认为国王或者以国王名义行使的任何权力都必须事先得到议会批准。[21]

---

〔15〕 Luan-Vu N. Tran, The Canadian Charter of Rights and Freedoms: Justification, Methods, and Limits of a Multicultural Interpretation, 28 *Colum. Human Rights L. Rev.* 33, 46 n. 32 (1996).

〔16〕 David Jenkins, Both Ends Against the Middle: European Integration, Devolution, and the Sites of Sovereignty in the United Kingdom, 16 *Temp. Int'l & Comp. L. J.* 1, 3 (2002).

〔17〕 Carl T. Bogus, Rescuing Burke, 72 *Mo. L. Rev.* 387, 411 (2007).

〔18〕 Philip A. Joseph, Scorecard on our Public Jurisprudence, 3 *New Zealand J. Pub. & Int'l L.* 223, 249 (2005); Carl T. Bogus, The Battle for Separation of Powers in Rhode Island, 56 *Admin. L. Rev.* 77, 89 (2004).

〔19〕 Rett R. Ludwikowski, Politicization and Judicialization of the U. S. Chief Executive's Political and Criminal Responsibility: A Threat to Constitutional Integrity or a Natural Result of the Constitution's Flexibility?, 50 *Am. J. Comp. L.* 405, 407 (2002).

〔20〕 Susanna Frederick Fischer, Playing Poohsticks with the British Constitution? The Blair Government's Proposal to Abolish the Lord Chancellor, 24 *Penn. St. Int'l L. Rev.* 257, 285 (2005).

〔21〕 Christopher A. Chrisman, Article III Goes to War: A Case for a Separate Federal Circuit for Enemy Combatant Habeas Cases, 21 *J. L. & Pol.* 31, 37 (2005).

关于英格兰宪法法的现代著作主要是汤姆金斯的《公法》[22]，该书用三个例子描述了国王和议会之间的分权：(1)议会法案；(2)内阁对议会负责；(3)法院的权威[23]。首先，议会法案在得到女王、下议院和上议院的共同同意后成为法律，其中女王代表王权，上下两院代表议会。这是一个关键的三方契约，因为它是西敏寺议会制下两大至高机构——国王和议会[24]——联合的法律时刻。未经国王和议会同意的议案不得成为法律。国王和议会对议案都有否决权。

其次，内阁大臣们对国王提出建议，对国王效忠，代表国王并以国王的名义行使权力，在这些范围内，内阁代表着国王。[25] 议会通过要求内阁大臣成为议员并且经常出席议会，就国王的决定和行动向议会作出解释来达到监督王权的目的，从而确保王权不会成为违反公意的专制权力或者在无监督的情况下运行。[26]

最后，关于国王和议会分权涉及的司法权。汤姆金斯认为法院和法院的法官们的权威来自王权，因而他们是国王的代理机关。[27] 王权和议会之间的分权得到了议会主权理论的支持，这使议会拥有推翻司法判决的权力。[28] 也即授权议会去制约国王通过法院所行使的司法权力。这三个例子表明：即便一项制度和三权分立的传统模式相去甚远，它也依然分权。这进一步动摇了议会制里无分权这种普遍观念。

2. 有限议会制

第二种类型是有限议会制，该词由布鲁斯 · 阿克曼(Bruce Ackerman)创造，用来指在西敏寺议会制的基础上又有以下革新的制度：(1)制定成文宪法和权利法案；(2)最高法院或者宪法法院应有权推翻立法院通过的法律；(3)无决定性权力的两院制立法机关；(4)上议院的权力小于下议院；(5)独立机构，譬如一个独立的选举委员会或者听证机关。[29] 正如我将以印度宪法为例所展示的那样，有限议会制在议会和法院之间划分权力。他们还让独立机构帮助立法会监督拥有行政权的内阁，这一点和加拿

---

〔22〕 Adam Tomkins, *Public Law* (2003).

〔23〕 Id., at 47-54.

〔24〕 Id., at 48.

〔25〕 Id., at 48-49.

〔26〕 Id., at 50-51.

〔27〕 Id., at 53.

〔28〕 Jeffrey Goldsworthy, *The Sovereignty of Parliament: History and Philosophy* 232-35 (1999).

〔29〕 Bruce Ackerman, The New Separation of Powers, 113 *Harv. L. Rev.* 633, 635-36, 718-20 (2000).

大、南非是一样的。

(1)立法权和司法权分立。印度是一个将立法权和行政权合并却将立法权和司法权分立的议会制国家。印度最高法院经常重申一个观点:“分权对司法独立是必要的。”[30] 值得称赞的是,印度最高法院同时也承认分权使立法权免受司法权的不当干预。[31] 然而,印度最高法院坚持自己不受议会干涉,它坚定地捍卫自己的管辖权,大胆宣称推翻司法判决的议会法律明显违反了分权原则。[32]

有个案例非常具有指导性。在印度联邦共和国,最高法院曾被咨询以下问题:“行政机关是否有合宪的方式审查或者修改准法院的决定?”[33] 该问题的背景非常重要:《电影摄影法》设立了一个对电影的公共效果进行评估的裁判庭,例如,一些特定电影是否有可能引起危害公关安全和福祉的反应。[34] 该法规定,对裁判庭的评估结果不服的可以上诉到上诉裁判庭,但该法也允许行政机关给上诉裁判庭下达指导其如何判决的命令。[35] 该法遭受了质疑,理由是它违反了分权原则。[36]

印度最高法院援引司法独立和分权原则判决《电影摄影法》违宪。“一旦像上诉裁判庭这样的准司法机关作出终极裁决,该裁决就是终极

〔30〕 See, e. g. , People's Union of Civil Liberties (PUCL) & Anor v. Union of India & Anor, [2003]2 LRI 13, Supreme Court of India (Civil Original Jurisdiction), at para. 9; Gauhati High Court & Anor v. Kuladhar Phukan & Anor, [2002]2 LRI 253, C. A. No. 2337, Supreme Court of India (Civil Appellate Jurisdiction), at para. 14; State of Bihar & Anor v. Bal Mukund Sah & ORS, [2000]2 LRI 471, C. A. Nos. 9072 (1996) and 2083 (2000), Supreme Court of India (Civil Appellate Jurisdiction), at para. 57; Registrar (Admn), High Court of Orissa, Cuttack v. Sisir Kanta Satapathy (Deceased) By Lrs & Anor and Other Appeals, [2000]1 LRI 1145, C. A. Nos. 4751-4753, Supreme Court of India (Civil Appellate Jurisdiction), at para. 1.

〔31〕 See, e. g. , Chairman & MD, BPL Ltd. V. SP Gururaja & ORS, [2003]4 LRI 338, C. A. Nos. 2166-67, Supreme Court of India (Civil Appellate Jurisdiction), at para. 32; Guruvayur Devaswom Managing Committee & Anor v. CK Rajan & ORS, [2003]3 LRI 713, C. A. Nos. 2148-51, Supreme Court of India (Civil Appellate Jurisdiction), at para. 74.

〔32〕 See Indira Sawhney v. Union of India & ORS, [2000]1 LRI 390, Supreme Court of India (Civil Appellate Jurisdiction), at para. 25.

〔33〕 Union of India v. KM Shankarappa, [2001]4 LRI 903, C. A. No. 3106, Supreme Court of India (Civil Appellate Jurisdiction).

〔34〕 Id. , at para. 6.

〔35〕 Id. , at paras. 4-5.

〔36〕 Id. , at paras. 2-3.

的,而且对相关行政机关有约束力,"[37]法院还说,"该法允许行政机关审查或者修改上诉裁判庭的判决,这构成了对准司法委员会司法权行使的干涉。"[38]印度最高法院解释道:"重要原则处于危险之中。行政机关必须遵守司法命令"[39]。这是对有限议会制的司法权和立法权分权的有用例证。

(2)维持立法权和行政权之间的界限。有限议会制除了在司法权和立法权之间进行分权外,还降低了立法权和行政权在议会合并的危险。有限议会制赋予独立机构大量的协助立法机构对行政内阁的作为和不作为进行监督的权力。[40]这些机构的独立性要么得到宪法的保护,要么得到法律的保护,这使得独立机构在履行自己被委派的义务时不受行政机关的干涉。[41]立法机关和行政机关的此种分权是有限议会制分权的第二个面相。

例如,印度宪法创立了一个独立选举委员会,该委员会负责管理选举事宜。[42]伊拉克也采取了这种做法,创立了独立高等人权委员会、选举委员会和公共诚信委员会[43],每一个委员会对立法代表理事会负责而不对内阁大臣负责[44]。这些委员会是议会问责政府的工具,独立选举委员会更是立法机关用来确保议会选举公平性的重要工具。[45]这一点在议会制里尤其重要,议会制的行政长官常常有选择举行国家选举的日期的特权。

为了更清楚地阐释这些独立机构的功能,让我们集中对两个辖区做更细致的讨论,我们从南非开始。南非宪法设立了六个独立机构:(1)公共保护人;(2)人权委员会;(3)少数人群文化、宗教和语言权利保护促进委员会;(4)性别平等委员会;(5)审计长;(6)选举委员会。每一个独立机

---

〔37〕 Id. ,at para. 7.

〔38〕 Id.

〔39〕 Id.

〔40〕 House of Commons standing committees have also historically played an important role in this respect. See,e. g. ,Rod B. Byers,Perceptions of Parliamentary Surveillance of the Executive:The Case of Canadian Defence Policy,5 *Canadian J. of Pol. Sci.* 234 (1972).

〔41〕 Christopher S. Elmendorf,Advisory Counterparts to Constitutional Courts,56 *Duke L. J.* 953,978 (2007).

〔42〕 《印度宪法》第324条。

〔43〕 《伊拉克宪法》第99—105条;Mohamed Y. Mattar,Unresolved Questions in the Bill of Rights of the New Iraqi Constitution,30 *Fordham Int'l L. J.* 126,135-36 (2006)。

〔44〕 《伊拉克宪法》第99条。

〔45〕 《南非宪法》第181条第1款。

构都独立于行政机关并且直接对整个议会负责，而不是对政府首脑或者内阁负责。[46]

《南非宪法》要求各州(包括州政府和州议会)保护这些独立机构的独立、尊严和效率[47]，并且不应对这些独立机构的运作有任何形式的干预[48]。这些独立机构中有两个值得特别注意。第一，南非公共保护人有义务调查任何政府部门涉嫌的或可疑的不当行为，调查后就已发现的问题作出报告，并根据调查发现采取救济行动。[49] 第二，审计长可概括性地下命令：审计并且报告国家级和省级政府部门在金融管理方面的问题。[50] 这两个独立机构已经成为立法机关监督行政机关的有用工具[51]。

加拿大也有很多这样的独立机构，它们的首席长官被指定为议会官员。[52] 作为议会官员，他们的权力来自议会法律(而非行政任命)、受议会委派(而不是内阁委派)，并向议会的一院或者两院汇报其工作(而不是向首相或者内阁汇报)。[53] 加拿大有八个独立的议会官员：(1)审计

---

〔46〕《南非宪法》第 181 条第 5 款。

〔47〕《南非宪法》第 181 条第 3 款。

〔48〕《南非宪法》第 181 条第 4 款。

〔49〕《南非宪法》第 182 条第 1 款。

〔50〕《南非宪法》第 188 条第 1 款。

〔51〕See, e. g. , Public Protector RSA, Press Release, Public Protector to Investigate the Deputy Minister of Home Affairs, Sept. 13, 2007, available at http://www. public protector. org/news/media releases/2007/13092007. htm (announcing investigation into allegations of improper conduct by executive official) (last visited Aug. 1, 2008); Public Protector RSA, Press Release, Public Protector Finds that the Minister of Minerals and Energy, Ms. Mlambo-Ngcuka, was not Involved in the Awarding of a Contract by PetroSA to a Company in which her Brother-In-Law, Mr. V. Ngcuka, has an Interest, June 23, 2004, available at http://www. publicprotector. org/news/media releases/23062004. htm (reporting that investigation found no wrongdoing of improper conduct) (last visited Aug. 1, 2008); Auditor-General, Press Release, Auditor-General's Performance Audit Highlights Shortcomings in the Import Inspection Services at the Department of Agriculture, May 31, 2007, available at http://www. agsa. co. za//Press% 20realeses/Current/docs/2007/may/DoA (FormatedFinal). doc (last visited Aug. 1, 2008); Auditor-General, Press Release, Auditor-General Investigation Highlights Misappropriation of Funds Totalling Over R8,7 Million at the National Development Agency, Jan. 17, 2007, available at http://www. agsa. co. za/Press% 20realeses/Current/docs/2007/January/NDARelease. doc (last visited Aug. 1, 2008).

〔52〕Parliament of Canada, Officers and Officials of Parliament, Nov. 15, 2007, available at http://www2. parl. gc. ca/Parlinfo/compilations/OfficersAndOfficials/OfficersOfParliament. aspx? Language = E (last visited Aug. 1, 2008).

〔53〕Id.

长;(2)首席选举官;(3)官方语言委员;(4)隐私委员;(5)信息获取委员;(6)利益和道德冲突委员;(7)议会游说委员;(8)公共诚信委员。[54]

首先看看审计长。审计长由内阁指定,但是法律规定内阁的指定必须取得议会中每一个政党领袖的同意,而且对审计长的提名,议会的两院都要予以确认。[55] 审计长的义务包括报告以下政府部门的事务,从而便于行政机关向议会负责:(1)忠实管理公共资金[56];(2)正当保持公共记录[57];(3)恰当使用公共资金[58];(4)花费时应该考虑环境的可持续性[59]。审计长在加拿大的公共意识领域发挥核心作用,并被视为公共生活中最值得信赖的人之一。[60] 审计长对行政部门的彻底调查常常让议会能充分掌握质询行政机关的证据。[61]

接下来看看加拿大的首席选举官。加拿大下议院任命首席选举官管理国家级别的选举。首席选举官任职直到65岁退休[62],而且由议会根据法定事由免去该职位[63]。根据法律规定,首席选举官既不向总理也不向内阁汇报工作,而是向下议院议长汇报诸如普选[64]、特别选举[65]、选举工作人员[66]和竞选资助[67]等方面的工作。这是一个很重要的选举制度设计,它也许是诸如加拿大这样的有限议会制的必要组成部分。在加拿大,执政党能巧妙策划、设定政治上对自己最有利的选举日期以赢得选战。

这些制度设计以及其他的独立机构是议会制民主里新增的宪法和政治工具,以寻找授予立法机关权威的新方式。虽然责任政府原则让行政权

---

〔54〕 Id.

〔55〕 Auditor General Act, R. S. ,1985, c. A-17, § 3(1).

〔56〕 Id. ,at 7(2)(a).

〔57〕 Id. ,at 7(2)(b).

〔58〕 Id. ,at 7(2)(c).

〔59〕 Id. ,at 7(2)(f).

〔60〕 See, e. g. ,Steven Chase, Straight-Talking Fraser Strikes Fear on the Hill, Globe and Mail (Toronto, Canada), Feb. 12, 2004, at A4.

〔61〕 See, e. g. ,Thomas S. Axworthy, The Responsibility Crisis in Canada, 28 Canadian Parliamentary Review 7 (2005), available at 2005 WLNR 11638664.

〔62〕 《加拿大选举法》第9条第13款第1项。

〔63〕 《加拿大选举法》第9条第13款第1项。

〔64〕 《加拿大选举法》第9条第534款第1项。

〔65〕 《加拿大选举法》第9条第534款第2项。

〔66〕 《加拿大选举法》第9条第535款第2项。

〔67〕 《加拿大选举法》第9条第536款第1项。

控制立法权,但是有限议会制让立法和独立机构做搭档,以中和甚至抵消行政权可能对立法权造成的过大影响。

(二)总统制中的权力合并

正如议会制通过分权而驳斥了传统观点一样,总统制也通过合并权力驳斥了那些传统观点。也许总统制权力合并的最佳例子是美国。笔者将集中谈论这种权力合并:(1)总统的否决权;(2)弹劾权。笔者首先简要介绍一下美国的分权理论。

1. 分权理论

正如纽施塔特所言,1787 年制宪条约创立的不是三权严格分立的政府,它创立的是部门分立但权力共享的政府。[68] 制宪者无意严格执行分权[69],他们反而认为应该允许权力分立的机关存在一定程度的重合[70]。这种实用主义反映了政府在实践中是如何运作的[71],因为要求并执行严格分权并不可行[72]。美国联邦最高法院本身也认识到了宪法并不要求严格分权。[73]

美国宪法的设计者决定将权力做一定程度的合并。[74] 参照一下今天各州的宪法,这些宪法普遍合并政府权力,宪法设计者们认为偏离僵硬的三权分立是可以接受的。[75] 政府工作人员之间没有严格界限。[76] 根

---

〔68〕 Richard E. Neustadt, Presidential Power 33 (1960).

〔69〕 Brown, supra note 3, at 1531-32; William N. Eskridge, Jr., All About Words: Early Understandings of the "Judicial Power" in Statutory Interpretation, 1776-1806, 101 *Colum. L. Rev.* 990, 994-95 (2001).

〔70〕 Martin S. Flaherty, The Most Dangerous Branch, 105 *Yale L. J.* 1725, 1808-10 (1996).

〔71〕 Robert J. Pushaw, Jr., Justiciability and the Separation of Powers: A Neo-Federalist Approach, 81 *Cornell L. Rev.* 393, 427-28 (1996); Allan Ides, Essay, The Jurisprudence of Justice Byron White, 103 *Yale L. J.* 419, 427-28 (1993).

〔72〕 Ellen E. Sward, Legislative Courts, Article III, and the Seventh Amendment, 77 *N. C. L. Rev.* 1037, 1050 (1999); Daniel T. Kobil, The Quality of Mercy Strained: Wresting the Pardoning Power from the King, 69 *Tex. L. Rev.* 569, 590 n. 122 (1991).

〔73〕 See Buckley v. Valeo, 424 U. S. 1, 121 (1976); see also Nixon v. Administrator of General Services, 433 U. S. 425, 443 (1977) (describing as "archaic" the view that the separation of powers requires "three airtight departments of government").

〔74〕 Lloyd N. Cutler, The American Constitutional Tradition of Shared and Separated Powers: Now is the Time for All Good Men ..., 30 *Wm & Mary L. Rev.* 387, 387-88 (1989).

〔75〕 The Federalist No. 47, at 264 (James Madison).

〔76〕 Sidney M. Milkis & Michael Nelson, *The American Presidency: Origins and Development*, 1776-2002, at 37 (2003).

据这种精神,政府机构被赋予交叉性权力,其典型例子就是:全国的立法权和行政权在立法过程中皆扮演了一定的角色。[77] 宪法设计者们大方地承认这种设计是对分权原则的偏离。[78] 它遵循的是“权力部分合并”原则,宪法设计者们更偏向于这种权力部分合并理论而不是绝对分权理论[79],目的是创造麦迪逊所说的“野心制约野心”的政治文化[80]。即便如此,宪法设计者们依然意识到了合并权力的危险:它损害的首先恰恰就是防止集权这一分权目的。[81]。

通过这种方式,美国的分权理论允许权力合并的存在,甚至允许将权力转移出去[82],但美国的分权理论依旧保护了立法机关、行政机关和司法机关各自的独立性[83]。实际上,确保每支权力的独立性是建国者们的首要目标之一。[84] 汉密尔顿写道:虽然每一支权力都应有权制约其他权力[85],但每支权力既要有能力履行其被委派的职能,又不能受到其他权力的不当侵犯[86]。三权因此就各自独立运作,但彼此之间又不是完全没有关联。[87]

2. 总统的立法权

美国宪法中权力合并的例子可在立法领域得以窥知。美国国会行使宪法所赋予的立法权[88],但是行使来自宪法赋予的行政权的总统[89],他

〔77〕 Stphen H. Legomsky, The Making of United States Refugee Policy: Separation of Powers in the Post-Cold War Era, 70 *Wash. L. Rev.* 675, 691-92 (1995).

〔78〕 The Federalist No. 51, at 280 (James Madison).

〔79〕 The Federalist No. 66, at 354 (Alexander Hamilton).

〔80〕 The Federalist No. 51, at 322 (James Madison).

〔81〕 The Federalist No. 47, at 261-62 (James Madison).

〔82〕 Matthew M. Curley, Note, Untying a Judicial Knot: Examining the Constitutional Infirmities of Extrajudicial Service and Executive Review in U. S. Extradition Procedure, 49 *Vand. L. Rev.* 1239, 1272-73 (1996).

〔83〕 The Federalist No. 47, at 263 (James Madison).

〔84〕 See, e. g., The Federalist No. 71, at 383 (Alexander Hamilton); The Federalist No. 51, at 321-22 (James Madison); John Ferejohn, Independent Judges, Dependent Judiciary: Explaining Judicial Independence, 72 *S. Cal. L. Rev.* 353, 362 (1999).

〔85〕 The Federalist No. 66, at 354 (Alexander Hamilton).

〔86〕 The Federalist No. 48, at 268 (James Madison).

〔87〕 Joseph Story, *Commentaries on the Constitution of the United States* 197 (1833).

〔88〕 《美国宪法》第1条第1款。

〔89〕 《美国宪法》第2条第1款第1项。

行使总统否决权时也就在某种程度上行使了立法权[90]。这和学校里教的有所不同,学校里一般告诉我们总统执行国会所通过的法律。[91] 总统否决权却给出了相反情况,即在立法过程中总统拥有核心作用。

总统否决权来自宪法文本。总统否决权并非存在于列举了总统行政权力的宪法第二条中,而是存在于规定立法权的宪法第一条。[92] 相关条文规定议案在成为法律之前必须提交给总统。如果总统不批准议案——到这时候为止议案已经走完了在国会的程序并获得了参众两院的同意——总统可以将议案再退回国会,届时国会将牢记总统所提出的反对意见并对该议案进行重新审议。

很明显,总统否决权之所以出现在宪法第一条,原因是它虽然是一种由行政长官行使的权力,却依然属于立法性权力。[93] 这是美国总统制实际上没有分割所有权力的有益阐释。总统通过否决权将自己对某一特定议案的反对意见输入国会从而参与立法过程。[94] 国会和总统之间的交往创造了一种动态的对话机制,两大权力分支以此实现协作,以确保议案在立法阶段得到通过。总统否决权至少让总统成为国会的立法伙伴[95],甚至有人说总统否决权使总统成为"立法统帅"[96]。

两种否决权——宪法导向的总统否决权和政策导向的总统否决权,存在重要区别。行使宪法导向的总统否决权时,总统履行宪法所授予的忠诚执法的权力,并以目标议案违宪或者违反宪法权利或权力为由阻止议案的通过从而捍卫宪法。在行使政策导向的总统否决权时,总统不是基于特定的宪法原由而是基于法律上的或政策上的缘由。

---

[90] Paul R. Verkuil, Lecture, A Proposal to Resolve Interbranch Disputes on the Practice Field, 40 *Cath. U. L. Rev.* 839, 839 (1991). The White House Office of Legislative Affairs assists the President in his legislative role. See Kenneth E. Collier, *Between the Branches: The White House Office of Legislative Affairs* (1997).

[91] Harold J. Krent, *Presidential Powers* 17 (2005).

[92] Constitution of the United States, art. I, § 7, cl. 2 (capitals in original).

[93] David K. Nichols, *The Myth of the Modern Presidency* 59 (1994).

[94] Saikrishna B. Prakash & Michael D. Ramsey, Foreign Affairs and the Jeffersonian Executive: A Defense, 89 *Minn. L. Rev.* 1591, 1615 (2005); Nick Bravin, Note, Is Morrison v. Olson Still Good Law? The Court's New Appointments Clause Jurisprudence, 98 *Colum. L. Rev.* 1103, 1109 (1998).

[95] Curtis A. Bradley & Eric A. Posner, Presidential Signing Statements and Executive Power, 23 *Const. Commentary* 307, 346 (2006).

[96] See Forrest McDonald, *The American Presidency: An Intellectual History* 348 (1994); Vasan Kesavan & J. Gregory Sidak, The Legislator-in-Chief, 44 *Wm & Mary L. Rev.* 1, 3 (2002).

这是由布拉夫顿翔实流畅又有说服力地作出的实质性区分。[97] 这一区分很重要,因为正如皮博迪(Peabody)所示,现代总统们更多的是把总统否决权用成了一种追求立法偏好的工具,而不是捍卫他们眼中的美国宪政主义的工具[98]——维护美国宪政恰恰是总统就职时所宣誓的。[99] 因而,现代总统利用自己的否决权表达自己的政见[100],而非像最早的总统那样总是用手中的否决权对合宪性作更宽泛的表述[101]。这种做法的实际结果是,即便总统否决权只是行政权的宪法体现,总统对立法的威胁也非常大。总统否决权的有趣的理论结果是在理论上,随着总统实际上形成了他自己的立法权,即便他的立法权是纯粹被动的并且他不能授权立实际的法律,总统否决权也将两院制的立法机关变成了三元制的立法机关。[102]

3. 议会的司法权

美国总统制里权力合并的第二个例子是议会的弹劾权。美国宪法赋予众议院以弹劾权[103],赋予参议院针对被众议院弹劾的个人定罪的权力[104]。总统和其他政府官员可因"叛国、受贿或其他重罪和严重违法行为"而受到弹劾。[105] 之所以说弹劾条款和传统的总统制分权理论相悖,至少有以下两点理由:第一,弹劾使行政机关受制于立法机关的意志,通过这种做法反对每一支权力因分权而享有的独立性。[106] 第二,弹劾权把司法权授予立法机关。

如果分权的目的是确保每一权力能独立行使权力而不受其他权力的侵害,则弹劾权似乎将之置于危险境地。一些建国者也认为弹劾权只会使

---

〔97〕 J. Richard Broughton, Rethinking the Presidential Veto, 42 *Harv. J. on Legis.* 91, 93-94 (2005).

〔98〕 Bruce G. Peabody, Congress, the Court, and the "Service Constitution": Article III Jurisdiction Controls as a Case Study of the Separation of Powers, 2006 *Mich. St. L. Rev.* 269, 324 (2006).

〔99〕 《美国宪法》第 2 条第 1 款第 8 项。

〔100〕 Congressional Quarterly Inc., *Powers of the Presidency* 87 (2d ed. 1997); Terry Eastland, *Energy in the Executive* 70-71 (1992).

〔101〕 Erwin C. Hargrove & Michael Nelson, Presidents, *Politics, and Policy* 46 (1984).

〔102〕 Woodrow Wilson, *Congressional Government* 52 (15th ed. 2002); Larry Alexander & Lawrence B. Solum, Book Review, Popular? Constitutionalism?, 118 *Harv. L. Rev.* 1594, 1611 (2005).

〔103〕 《美国宪法》第 1 条第 2 款第 5 项。

〔104〕 《美国宪法》第 1 条第 3 款第 6 项。

〔105〕 《美国宪法》第 2 条第 4 款。

〔106〕 See, e. g., Jonathan Turley, Congress as Grand Jury: The Role of the House of Representatives in the Impeachment of an American President, 67 *Geo. Wash. L. Rev.* 735, 745 (1999).

行政权屈膝于立法权之下。[107] 根据弹劾理论,国会对"重罪和严重违法行为"有随意解释的特权,这确实损害了总统和其他行政机构的独立,因为它赋予众议院和参议院很大的控制行政行为的权力。[108]

但也许对美国总统制实际上分权并不成功这种观点更有力的论证是弹劾程序把司法权赋予立法机关。特别是,对众议院所弹劾的官员进行审判与定罪的权力是某种由参议院所行使的司法权。对于很多宪法学者而言,这明显属于宪法上权力合并的例子。[109] 其他学者则持相反观点,他们认为弹劾权不是司法权而是立法权[110],因而就不认为弹劾权属于政府权力合并的表现。不论是哪一种观点,弹劾都无法逃脱它使权力合并的指摘,而且在以下两种声明中,总有一个是对的:(1)弹劾是司法权的一种,在此情况下立法机关行使了司法权,损害了传统的总统制分权理论;(2)弹劾是立法权的一种,在此种情况下可以视司法权参与到立法权中去了,因为宪法规定美国联邦首席大法官应在总统受审时主持弹劾案。[111]

---

〔107〕 Laurier W. Beaupre, Note, Birth of a Third Immunity? President Bill Clinton Secures Temporary Immunity from Trial, 36 *B. C. L. Rev.* 725, 748 (1995).

〔108〕 See, e. g., Stephen M. Griffin, Scholars and Public Debates: A Reply to Devins and Farnsworth, 82 *B. U. L. Rev.* 227, 234 (2002); James Randolph Peck, Note, Restoring the Balance of Power: Impeachment and the Twenty-Second Amendment, 8 *Wm. & Mary Bill of Rights J.* 759, 784 (2000); Jonathan Turley, Reflections on Murder, Misdemeanors, and Madison, 28 *Hofstra L. Rev.* 439, 459 (1999); see also Nixon v. United States, 506 U. S. 224, 243 (1993) ("As [the Framers] clearly recognized, the branch of the Federal Government which is possessed of the authority to try impeachments, by having final say over the membership of each branch, holds a potentially unanswerable power over the others.") (White, J., concurring).

〔109〕 See, e. g., Robert J. Pushaw, Jr., Judicial Review and the Political Question Doctrine: Reviving the Federalist "Rebuttable Presumption" Analysis, 80 *N. C. L. Rev.* 1165, 1187 (2002); Jeremy Waldron, Eisgruber's House of Lords, 37 *U. S. F. L. Rev.* 89, 97 (2002); James C. Ho, Misunderstood Precedent: Andrew Jackson and the Real Case Against Censure, 24 *Harv. J. L. & Pub. Pol'y* 283, 292 (2000); Louis Fisher, Unchecked Presidential Wars, 148 *U. Pa. L. Rev.* 1637, 1643 (2000); M. Elizabeth Magill, The Real Separation in Separation of Powers Law, 86 *Va. L. Rev.* 1127, 1132 (2000); Leslie M. Kelleher, Separation of Powers and Delegations of Authority to Cancel Statutes in the Line Item Veto Act and the Rules Enabling Act, 68 *Geo. Wash. L. Rev.* 395, 409-10 (2000); Paul R. Verkuil, The American Constitutional Tradition of Shared and Separated Powers: Separation of Powers, the Rule of Law and the Idea of Independence, 30 *Wm. & Mary L. Rev.* 301, 309-10 (1989); Lynn A. Baker, Note, Unnecessary and Improper: The Judicial Councils Reform and Judicial Conduct and Disability Act of 1980, 94 *Yale L. J.* 1117, 1134 n. 97 (1985).

〔110〕 See, e. g., Jonathan Turley, Senate Trials and Factional Disputes: Impeachment as a Madisonian Device, 49 *Duke L. J.* 1, 145 (1999).

〔111〕 《美国宪法》第 1 条第 3 款第 6 项。

4. 人事合并

上述联邦首席大法官主审弹劾总统案的例子也暗示了美国分权理论的另一面:分权还包括人事分立。[112] 人事分权是宪法规定,其核心是防止一个国家工作人员同时占据立法职位和行政职位。[113] 正如卡拉布雷西(Calabresi)和拉森(Larson)所述,分权理论和实践都要求不仅有机构上的分权,与机构分权同等重要的是职员的分权,这意味着每个个体不能行使来自两个以上权力机构所授予的权力。[114]

但是美国的总统制可能在三方面都和上述观点相冲突。[115] 第一,弹劾程序可能使司法人员和立法人员合二为一。具体来说,如果认为弹劾是立法职能而非司法职能,那么联邦首席大法官在主持对总统的弹劾案时就违反了关于人事分立的宪法规则。第二,总统继位时有争议地将立法人员和行政人员合并,这明显违反了职员分立的要求。美国宪法授权国会建立事关总统缺位时总统职位的继位问题的规则[116],事实上,国会也有这方面

[112] Gary Lawson, Delegation and Original Meaning, 88 *Va. L. Rev.* 327, 341 (2002).

[113] 《美国宪法》第 1 条第 6 款第 2 项。

[114] Steven G. Calabresi & Joan L. Larsen, One Person, One Office: Separation of Powers or Separation of Personnel?, 79 *Cornell L. Rev.* 1045, 1048, 1052 (1994).

[115] 正如总统制并不严格遵循人事分权的传统理论,议会制也违背了传统理论。传统理论认为议会制是人事上融合的,尤其是内阁成员必须同时是议会中的议员。See, e. g., John D. Richard, Federalism in Canada, 44 *Duq. L. Rev.* 5, 7 (2005); Jamie Cameron, Federalism, Treaties and International Human Rights Under the Canadian Constitution, 48 *Wayne L. Rev.* 1, 36 (2002); Ronald L. Watts, States, Provinces, Lander, and Cantons: International Variety Among Subnational Constitutions, 31 *Rutgers L. J.* 941, 953 (2000). 首相从议员中挑选人员组成内阁。See, e. g., Angela L. Beasley, Note, The Ethics in Government Act: The Creation of a Quasi-Parliamentary System, 5 *Widener L. Symp.* J. 275, 288 (2000). 但也并非总是如此,因为议会制经常要在人事方面分权,这和传统的观点恰好相反。例如,加拿大议会制允许总理任命一名非选举产生的人进政府,正如 1995 年在职总理选了一名学者进联邦政府。See E. Kaye Fulton & Mary Janigan, French Power: Newcomers to Battle the Sovereigntists, Maclean's, Feb. 5, 1996, at 17. 议会制政府的首脑必须是议会成员,这种传统观点也是错误的。The conventional wisdom is mistaken on a related point: that the head of a parliamentary government must also be a member of the legislature. See Michael Skold, Note, The Reform Act's Supreme Court: A Missed Opportunity for Judicial Review in the United Kingdom, 39 *Conn. L. Rev.* 2149, 2155 (2007). 我们再举加拿大的例子,非常明显的是,议会制没有要求政府首脑在失去了他在下议院的议席的时候必须辞职。See Emilia Casella, Coops: Leader by Default?, Spectator (Hamilton, Ontario), Oct. 23, 1998, at A8.

[116] 《美国宪法》第 2 条第 1 款第 5 项。

的法律[117]。当副总统不能或不便接任总统时，总统继位法规定众议院议长当总统，此时众议院议长就应该辞去国会职务[118]；当众议院议长不能继位时，下一个总统继位者是参议院临时议长[119]。有些人认为这种总统继位法因为没有区分行政官员和立法官员而导致不同权力机构的人员合并[120]，其结果是对分权的违背，而权力合并却属于议会制的特征[121]。第三，也许美国总统制下权力合并最有说服力的例子具体体现在副总统一职上。一种观点认为副总统典型地违反了分权原则[122]，因为即便副总统是行政系统里的二号人物，宪法指定他当参议院议长当然就使副总统成了立法机构的一部分[123]。这样的职员合并带有致命性后果，因为副总统作为参议院议长有宪法职责，要在总统选举中计票并确认选票。[124] 虽然想象一下都觉得奇怪，美国宪法依然规定在职副总统可以把自己列入总统候选人名单并参与总统竞选。[125] 这在美国历史上当然发生过几次。[126] 美国这三权合并的情形当然有助于反驳已有的"总统制职员严格分立"这一观点。

---

〔117〕 See 3 U. S. C. § 19.

〔118〕 3 U. S. C. § 19(a)(1).

〔119〕 3 U. S. C. § 19(b).

〔120〕 See, e. g., Sarah Helene Duggin & Mary Beth Collins, "Natural Born" in the USA: The Striking Unfairness and Dangerous Ambiguity of the Constitution's Presidential Qualifications Clause and Why We Need to Fix It, 85 *B. U. L. Rev.* 53, 88 n. 190 (2005); Steven G. Calabresi, The Political Question of Presidential Succession, 48 *Stan. L. Rev.* 155, 156 (1995). But see John F. Manning, Not Proved: Some Lingering Questions About Legislative Succession to the Presidency, 48 *Stan. L. Rev.* 141, 153 (1995) (arguing that Congress should be given the benefit of the doubt in constructing the ambiguous language of the Succession Clause).

〔121〕 Akhil Reed Amar & Vikram David Amar, Is the Presidential Succession Law Constitutional?, 48 *Stan. L. Rev.* 113, 121 (1995).

〔122〕 Richard D. Friedman, Some Modest Proposals on the Vice-Presidency, 86 *Mich. L. Rev.* 1703, 1722 (1988).

〔123〕 《美国宪法》第 1 条第 3 款第 4 项。

〔124〕 《美国宪法》第 2 条第 1 款第 3 项。

〔125〕 James C. Ho, Running for the White House from the Hill, 7 *Green Bag* 2d 205, 205 (2004); Gary C. Leedes, The Presidential Election Case: Remembering Safe Harbor Day, 35 *U. Rich. L. Rev.* 237, 253-54 (2001); Jack M. Balkin, Bush v. Gore and the Boundary Between Law and Politics, 100 *Yale L. J.* 1407, 1421 n. 55 (2001).

〔126〕 See, e. g., Bruce Ackerman & David Fontana, Thomas Jefferson Counts Himself Into the Presidency, 90 *Va. L. Rev.* 551, 552 (2004); Christopher Lee, As Gore Presides, Bush Wins, Dallas Morning News, Jan. 7, 2001, at A1.

三、选举设计

学者将议会制和总统制的选举制度视为区分二者的一种方法。一般认为，第一个显著区别是选举时间。据说在总统制下的议会选举和总统选举皆有固定周期。[127] 即便议会的大多数反对总统，总统制也不会让大多数议员轻易利用弹劾来达到罢免总统的目的。[128] 总统制的刻板[129]已经被批评为不民主[130]，因为总统制的定期选举被认为——为了维持固定任期内的平衡——迫使公民继续受一位已经失去有效统治所必需的民主正当性的领导人的统治。[131] 与之相反，人们认为议会制政府首脑有权自由选择选举时间[132]，同时受议会不信任案的制约[133]。传统观点认为定期选举和议会制不兼容。[134]

总统制和议会制在选举方面的第二个显著区别和弹劾有关。人们认

〔127〕 See, e. g., Manuel Jose Garcia-Mansilla, Separation of Powers Crisis: The Case of Argentina, 32 *Ga. J. Int'l & Comp. L.* 307, 359 (2004); Steven L. Winter, When Self-Governance is a Game, 67 *Brooklyn L. Rev.* 1171, 1183-84 (2002); Gabriel L. Negretto & Jose Antonio Aguilar Rivera, Liberalism and Emergency Powers in Latin America: Reflections on Carl Schmitt and the Theory of Constitutional Dictatorship, 21 *Cardozo L. Rev.* 1797, 1804 n. 20 (2000); William C. Banks & Alejandro D. Carrio, Presidential Systems in Stress: Emergency Powers in Argentina and the United States, 15 *Mich. J. Int'l L.* 1, 5 (1993); Juan J. Linz, *The Perils of Presidentialism*, *in Parliamentary Versus Presidential Government* 118, 120 (Arend Lijphart ed., 1992).

〔128〕 See, e. g., Jose Antonio Cheibub et al., Government Coalitions and Legislative Success Under Presidentialism and Parliamentarism, 34 *British J. Pol. Sci.* 565, 567 (2004).

〔129〕 Juan Linz & Arturo Valenzuela, *The Failure of Presidential Democracy* 6 (1994).

〔130〕 See, e. g., Sanford Levinson, How the United States Constitution Contributes to the Democratic Deficit in America, 55 *Drake L. Rev.* 859, 869-70 (2007).

〔131〕 See, e. g., Maxwell O. Chibundu, Political Ideology as a Religion: The Idolatry of Democracy, 6 *R. R. G. C.* 117, 138 n. 51 (2006); Ludwikowski, supra note 19, at 410; Sanford Levinson, Transitions, 108 *Yale L. J.* 2215, 2233 (1999).

〔132〕 See, e. g., Seth Barrett Tillman, Reply, Defending the (Not So) Indefensible, 16 *Cornell J. L. & Pub. Pol'y* 363, 379 n. 56 (2007); Bruce E. Cain, The Internet in the (Dis)Service of Democracy?, 34 *Loy. L. A. L. Rev.* 1005, 1010 (2001); John O. McGinnis & Michael B. Rappaport, Essay, Symmetric Entrenchment: A Constitutional and Normative Theory, 89 *Va. L. Rev.* 385, 438 n. 171 (2003).

〔133〕 See, e. g., Steven G. Calabresi & Christopher S. Yoo, The Unitary Executive During the First Half-Century, 47 *Case W. Res.* 1451, 1473 n. 54 (1997).

〔134〕 See, e. g., Patrick Malcolmson & Richard Myers, *The Canadian Regime* 61 (3d ed. 2005); Arend Lijphart, Reforming the House: Three Moderately Radical Proposals, 31 *Pol. Sci. & Politics* 10, 12 (1998); Robert A. Goldwin, Comment, Original Intent and the Constitution, 47 *Md. L. Rev.* 189, 190 (1987).

为总统制只有弹劾而没有针对在任总统的不信任案。[135] 对在任总统的弹劾案并给其定罪必须获得大多数或超多数议员的支持才能通过，即便总统失去了议会、政党和人民的信任，弹劾案要获得大多数或者超多数议员的同意也并非易事。但是弹劾依然是一种让人闻风丧胆的提案。[136] 相反，人们常常认为议会制虽然没有弹劾制度，但是可以用不信任案撤换能力不足的政府首脑。[137] 对那些失去了议会信任，要为政党承担政治责任或者与人民日益疏远的政府首脑，用议会不信任案撤换他就相对容易一些。

该观点与实际情形相去甚远。议会制不仅可以有固定选举，总统制同样能把不信任案理论和自己的选举制度相融合；而且并非只有总统制才把弹劾作为撤掉政府首脑或者国家元首的工具，议会制也能利用这个程序对政府首脑或国家首脑进行制裁。这一点非常重要，因为它撼动了传统观念中关于议会制和总统制之间的区别。

（一）议会制的固定任期

议会制国家的选举制并不局限于无定期选举制，在无定期选举制下议员们对下一次选举时间无法确定。恰恰相反，议会制比我们过去所想的要灵活得多。笔者将介绍并论述议会制里的一些创新性设计，这些新设计把议会制和固定选期相结合，并表明议会制国家已经借鉴了总统制里的弹劾制度。但让我们首先考虑议会制理论如何能容忍这些总统制的舶来品。

1. 议会制的实践

议会制的基础是责任政府。这是指由首相和内阁大臣们组成的政府对由选举产生的下议院负责，而且必须获得下议院的信任。[138] 责任政府制授予议会以解散政府的权力。[139] 在实践中，这一规则使政府须得到平民院定期所投的赞同票。[140] 责任政府理论因而要求议会拥有表达自己对

---

〔135〕 See, e. g., Jody C. Baumgartner, Introduction: Comparative Presidential Impeachment, in *Checking Executive Power: Presidential Impeachment in Comparative Perspective* 1, 3 (Jody C. Baumgartner & Naoko Kada eds., 2003).

〔136〕 John O. McGinnis & Michael B. Rappaport, Our Supermajoritarian Constitution, 80 *Tex. L. Rev.* 703, 752-53 (2002).

〔137〕 See, e. g., Frank O. Bowman, III & Stephen L. Sepinuck, "High Crimes and Misdemeanors": Defining the Constitutional Limits on Presidential Impeachment, 72 *S. Cal. L. Rev.* 1517, 1533-34 (1999).

〔138〕 Sir William Ivor Jennings, *Cabinet Government* 13-17 (3d ed. 1959).

〔139〕 Colin Turpin, *British Government and the Constitution* 447 (5th ed. 2002) (citing Dorothy Pickles, *Democracy* 148 (1970)).

〔140〕 Id.

政府不信任意见的权力。

当政府在议会投票中没有得到平民院在议会表决中的信任,以下之一必将发生:(1)失去了平民院信任的部门的部长必须辞职;(2)政府必须请求解散平民院并召开新选举。[141] 议会能通过这一制度撤回它对政府的信任,这叫做不信任案。[142]

即便政府首脑作出请求解散议会的决定[143],不信任案也通常被认为是在正常议会任期终结之前发动选举的唯一机制[144]。它表明政府首脑无法再指挥议会中的大多数。[145] 这迫使举行能重新组成议会和政府的新大选。[146] 根据惯例,议会制国家政府首脑(如英国的首相)获得了议会信任后,从当选之日起五年内有权择定下一次大选的时间,选定之后要求国家元首颁发大选令状。[147] 这使议会制在选举方面具有选期固定的总统制所欠缺的出色的灵活性。[148]

鉴于责任政府制此宪法规则的明显魅力,我们就能理解为何有些学者认为固定选期和议会制不相容。而事实上,固定选期和议会制是相容的。议会制在尊重责任政府原则并保持它选举日期方面特有的灵活性的

---

[141] Jason L. Pierce, A Sketch of Australian Constitutional History, 10 *Green Bag* 2d 327, 338 (2007); L. Kinvin Wroth, Notes for a Comparative Study of the Origins of Federalism in the United States and Canada, 15 *Ariz. J. Int'l & Comp. L.* 93, 113 (1998); Susanna Frederick Fischer, Rethinking Sullivan: New Approaches in Australia, New Zealand, and England, 34 *Geo. Wash. Int'l L. Rev.* 101, 128 (2002); James A. Thomson, American and Australian Constitutions: Continuing Adventures in Comparative Constitutional Law, 30 *J. Marshall L. Rev.* 627, 656-57 (1997).

[142] John D. Huber & Nolan McCarty, Cabinet Decision Rules and Political Uncertainty in Parliamentary Bargaining, 95 *Am. Pol. Sci. Rev.* 345, 346 (2001). There also exists such a thing as a vote of confidence in parliamentary systems. See Andrew Heard, Just What is a Vote of Confidence? The Curious Case of May 10, 2005, 20 *Canadian J. of Pol. Sci.* 395 (2007).

[143] Richard Rose, *Presidents and Prime Ministers* 8 (Richard Rose & Ezra A. Suleiman eds., 1980).

[144] See, e. g., Kenneth Anderson, Review Essay, Goodbye to All That? A Requiem for Neoconservatism, 22 *Am. U. Int'l L. Rev.* 277, 311 (2007).

[145] Sanford Levinson, Bush v. Gore and the French Revolution: A Tentative List of Some Early Lessons, 65 *Law & Contemp. Probs.* 7, 37 (2002).

[146] Cindy Skach, The "Newest" Separation of Powers: Semipresidentialism, 5 *Int'l J. Const. L.* 93, 95-96 (2007). 对议员来说要对政府投不信任票,这是一个令人发怵的事,因为不信任案一般都要导致新大选,这就使得保持在议会的席位这一主要目标难以实现了。Ann Seidman & Robert B. Seidman, Beyond Contested Elections: The Processes of Bill Creation and the Fulfillment of Democracy's Promises to the Third World, 34 *Harv. J. on Legis.* 1, 21 (1997).

[147] Robert Blackburn, *The Electoral System in Britain* 18 (1995).

[148] Juan J. Linz, Democracy's Time Constraints, 19 *Int'l Pol. Sci. Rev.* 19, 23-24 (1998).

同时,能够且已经像总统制那样将固定选期吸收进来。

议会制只需要通过法律将议会选举期限固定并将对政府的信任权抓在下议院手中,就能立于议会制和总统制的边界之上。例如,议会制民主国家会通过一部要求政府每四年定期举行一次选举的法律,并且要求政府在四年任期内获得平民院的信任。

如果在四年任期结束之前政府就失去了平民院的信任,首相为了举行选举就应该请求解散议会。背离固定选举日期的结果是:被迫举行的选举将使未来选举的日历根据新的四年一轮的选举而得到重置,新一轮的选举将追溯到因议会投不信任票而举行大选那一刻。

2. 议会制的创新

例如,罗马尼亚坚持四年一次大选,同时又规定了以下可能性:政府在任期内如果得到议会的不信任案就应该举行新大选。[149] 瑞典每四年举行一次国家议会选举,但也规定了出现不信任案后应举行选举。[150] 芬兰[151]和爱沙尼亚共和国[152]在这方面和瑞典的规定类似[153]。西班牙宪法规定应该每四年举行一次选举,这种选期也要受制于议会的不信任案。但是西班牙有点不同,它规定必须至少满一年才能举行下次选举。[154] 采取固定选期制度的议会制国家只有五个。另外两个指导性例子是德国和加拿大。

德国政府首脑,亦即德国总理,必须由德国联邦众议院的大多数选出。[155] 德国联邦众议院即德国议会的下议院,每届任期四年。[156] 议会大选的日程会受到一种叫"建设性不信任案"的特殊措施的干扰,它要求德国下议院用不信任案撤换总理的时候必须选出一个新总理,且该新总理

[149] 《罗马尼亚宪法》第 63 条第 1 款、第 110 条第 2 款。

[150] 《瑞典宪法》第 3 章第 3、4 条,第 6 章第 5 条。

[151] 《瑞典宪法》第 3 章第 24 条第 1 款、第 5 章第 64 条第 2 款、第 3 章第 26 条第 1 款。

[152] 《爱沙尼亚共和国宪法》第 6 章第 60、97 条。很明显,爱沙尼亚共和国要求就同一事而通过的两个不信任案之间必须间隔三个月以上。参见:《爱沙尼亚共和国宪法》第 6 章第 97 条。爱沙尼亚也设计了以下两种情况下必须举行的选举:(1)公民投票失败;(2)政府的预算案在特定时间内无法获得议会的通过。参见:《爱沙尼亚共和国宪法》第 7 章第 105 条、第 8 章第 119 条。

[153] 《西班牙宪法》第 3 章第 1 节第 68 条第 4 款、第 4 章第 68 条第 4 款、第 5 章第 115 条第 1 款。

[154] 《西班牙宪法》第 4 章第 115 条第 3 款。

[155] 《德国宪法》第 6 章第 68 条第 2 款。

[156] 《德国宪法》第 3 章第 39 条第 1 款;Donald P. Kommers, The Basic Law: A Fifty Year Assessment, 53 *SMU L. Rev.* 477, 480 (2000)。

必须得到下议院大多数议员的明确支持和认可。[157] 如果建设性不信任案没有得到下议院大多数议员的支持，权威被削弱了的总理就可以请求解散下议院，而且在下议院本届四年期满之前举行新一轮选举。[158] 正如科默斯(Kommers)所说，只有当很多不连续发生的事件以特定的顺序发生时，提前大选才是可能的：(1)总理必须发起动议，请求下议院就他自身的领导力进行信任案投票；(2)下议院必须对总理投反对票；(3)不被信任的总理必须随后请求解散议会；(4)新大选必须在60日之内举行。[159] 德国的这一创新被很多其他国家效仿[160]，包括匈牙利[161]、立陶宛[162]和波兰[163]。建设性不信任案恰恰和林德塞斯(Lindseth)所说的相反，林德塞斯认为建设性不信任案是议会制里非常典型的设计。[164] 另一个议会制国家是加拿大，却也采取了定期选举的做法。2007年5月，加拿大和其他现代的议会制国家一样，也规定要提前确定选举日期。加拿大议会对《加拿大选举法》作了一系列修改，并以新法规定平民院的任期为四年。[165] 然而，这一新法保留了首相在议会四年任期届满之前就请求将之解散的权力。[166]

当加拿大政府大力倡导这部法律时，这部新法在加拿大引起了强烈

---

〔157〕《德国宪法》第6章第67条第1款。

〔158〕《德国宪法》第6章68条第1款。

〔159〕Donald P. Kommers, The Federal Constitutional Court: Guardian of German Democracy, 603 *Annals* 111, 113 (2006).

〔160〕Inga Markovits, Exporting Law Reform-But Will it Travel?, 37 *Cornell Int'l L. J.* 95, 98 (2004); Jon Elster, Constitutionalism in Eastern Europe: An Introduction, 58 *U. Chi. L. Rev.* 447, 462-63 (1991).

〔161〕Jon Elster, Essay, Forces and Mechanisms in the Constitution-Making Process, 45 *Duke L. J.* 364, 380 (1995).

〔162〕Kathryn A. Perales, It Works Fine in Europe, So Why Not Here? Comparative Law and Constitutional Federalism, 23 *Vt. L. Rev.* 885, 887 (1999).

〔163〕Eli M. Salzberger & Stefan Voigt, Economic Analysis of Constitutional Law: On Constitutional Processes and the Delegation of Power, with Special Emphasis on Israel and Central and Eastern Europe, 3 *Theoretical Inq. L.* 207, 224 (2002); Hanna Suchocka, Checks and Balances Under the New Constitution of Poland, *St. Louis-Warsaw Trans'l L. J.* 45, 58-59 (1998).

〔164〕Peter L. Lindseth, The Paradox of Parliamentary Supremacy: Delegation, Democracy, and Dictatorship in Germany and France, 1920s-1950s, 113 *Yale L. J.* 1341, 1390-91 (2004).

〔165〕2007年《加拿大选举法修正案》第10条第56款第1项第2目。

〔166〕2007年《加拿大选举法修正案》第10条第56款第1项第1目。

反响。[167] 加拿大立国宪章规定大选在上一次选举之后的五年之内举行，这一点和英国议会的传统做法一致，所以基于这样的宪法要求，有人对加拿大新选举规定的合宪性有所忧虑。[168] 但是，正如加拿大以及其他议会制民主国家所示，议会制既能完全尊重责任政府原则，与此同时，还可以举行定期选举。

除了加拿大联邦政府，英属哥伦比亚省——也是议会制——也采取定期选举制度。[169] 安大略省[170]、纽芬兰和拉布拉多省[171]现在都采取定期选举制度。魁北克省曾经倡导了包括定期选举在内的很多宪法改革，而魁北克省今天也依然是议会制政府。[172]

议会制选举方法似乎在议会制国家里都有支持者。例如，最近选出的澳大利亚总理就表达了他对四年定期选举制的支持，定期选举对英国的政客们和政治观察员[173]也变得越来越有吸引力[174]。这个例子表明了传统上人们所认为的定期选举和议会制不兼容这种观点的局限性。

---

〔167〕 See, e. g., Editorial, Fixed Election Dates Make a Lot of Sense, Globe and Mail (Toronto, Canada), May 31, 2006, at A18 (supporting the move to fixed terms); Murray Martin, Letter to the Editor, Don't Put the Fix In, Globe and Mail (Toronto, Canada), May 31, 2006, at A18 (arguing that fixed terms do not address concerns with the Canadian regime); Jeffrey Simpson, Mr. Harper is Right: Let's Go for Fixed Terms, Globe and Mail (Toronto, Canada), May 20, 2006, at A17 (favoring fixed terms); Reginald Stackhouse, To Make a Minority Govern, Globe and Mail (Toronto, Canada), May 19, 2005, at A19 (arguing in favor of fixed terms).

〔168〕 1867年《加拿大宪法》第50条，1982年《加拿大宪法》第4条第1款。

〔169〕 加拿大2001年《宪法修正案》第36条。

〔170〕 加拿大1990年《选举法》第E6条第9款第2项。

〔171〕 加拿大1990年《议会法》，第H10条第3款。

〔172〕 Guy Tremblay, La reforme des institutions democratiques au Quebec: commentaires en marge du rapport du Comite directeur, 44 *Cahiers de Droit* 207, 215-16 (2003).

〔173〕 Rudd Would Seek Four-Year Fixed Terms, Live News (Australia), Nov. 20, 2007, available at http://www.livenews.com.au/Articles/2007/11/20/Rudd would seek fouryear fixed terms (last visited Aug. 1, 2008).

〔174〕 See, e. g., Louise Gray, "Young Turks" in the Frame Over Labour's Election Fiasco, Scotsman (Edinburgh, Scotland), Oct. 8, 2007, available at 2007 WLNR 19691718; Call for Fixed Terms, Daily Mail (UK), Oct. 8, 2007, available at 2007 WLNR 19725058; Bid to Stop PM From Deciding on Voting Day, Aberdeen Press & J. (UK), Oct. 8, 2007, available at 2007 WLNR 19736418; Harry Reid, Stop this Nonsense and Fix the Term of a Parliament, Herald (Glasgow, Scotland), Sept. 27, 2007, available at 2007 WLNR 18945929; see also Fixed-Term Parliament Bill (proposed in Session 2000-20001), available at http://www.parliament.the-stationery-office.co.uk/pa/cm200001/cmbills/054/2001054.htm (last visited Aug. 1, 2008).

3. 议会制的弹劾

除了定期选举,议会制国家还引进了总统制下的弹劾程序。这否定了关于议会制的通常定义,因为议会制被认为只能依赖不信任案去撤换或者制裁政府首脑。根据这种传统观点,议会制不使用弹劾程序。议会可以不再信任政府首脑,从而终止该政府首脑的统治并开始新的大选。[175]

但是这套逻辑忽略了不信任和弹劾之间的重要区别。遭受不信任案的政府首脑通常会请求解散议会,这将导致新的大选。如果不受议会信任的政府首脑在其政党内部依然拥有支持率,即便他失去了议会的信任,也依然可能继续领导他的政党参加新选举。这样,不受议会信任的政府首脑就有可能依靠选民意志而再次被推到他之前的作为政府首脑的位置上。我们可以看出这就是不信任案和弹劾的区别。不信任案允许不受议会信任的政府首脑依然活跃于政治舞台。弹劾则普遍禁止被弹劾了的政治人物再担任或者竞选公职,而且被弹劾的政府首脑要受到有权法院的民事或者刑事制裁。[176]

一些现代议会制国家抓住了这一关键差别,它们规定拿政府首脑的弹劾程序补充不信任案制度。例如,泰国针对总理也已经采取了德国式的不信任案制度。[177] 此外,泰国宪法还授予参议将有各种不当行为的总理予以撤销的权力。[178] 总理被撤职后,他在五年内不得担任公职,而且要接受进一步的司法审判。[179] 与此类似,黎巴嫩宪法允许议会提出针对总理的不信任案。[180] 但是黎巴嫩议会还有弹劾总理的权力。[181] 如果议会里的绝大多数请求弹劾总理,总理必须辞职并且可能会面临民事或者刑事指控。[182]

因此,议会制里的弹劾在理论上和实践中都可能存在。实际上,弹

---

〔175〕 See, e. g., Laurence H. Tribe, Defining "High Crimes and Misdemeanors": Basic Principles, 67 *Geo. Wash. L. Rev.* 712, 713 (1999).

〔176〕 《菲律宾宪法》第11条第3款第7项,《韩国宪法》第3章第65条第4款,《巴拉圭宪法》第1章第6条第225款第2项。

〔177〕 《泰国宪法》第6章第5节第185条。

〔178〕 《泰国宪法》第10章第3节第303条。

〔179〕 《泰国宪法》第10章第3节第307条。

〔180〕 《黎巴嫩宪法》第3章第3条第68款、第3章第3节第69条第1款第f项、第2章第37条。

〔181〕 《黎巴嫩宪法》第3章第5节第70条第1款。

〔182〕 《黎巴嫩宪法》第3章第3节第72款。

劾并非议会制里的新发现，它起源于英格兰。[183] 西敏寺平民院早在14世纪便使用弹劾权[184]，一直到下议院确保自己有权通过不信任案将首相革职为止[185]，这就是责任政府原则的核心[186]。英格兰的弹劾既是政治程序，也是刑事程序。[187] 例如议会用它来指控滥用公共资金[188]的大臣们[189]。弹劾过去也被用来控诉譬如法官或者国王属下的官员这类人，他们的职位使得以司法程序控诉他们变得复杂起来。[190] 因此，弹劾就常常包括革职和刑罚。[191] 一些现代议会制国家里依然有弹劾机制——这和关于议会制的传统观点相左。

(二)总统制的强制选举

有些议会制国家和总统制国家会背离关于选举程序的传统设计。和固有观点相反，总统制也不总是定期选举。例如，有些总统制国家总统在宪法所规定的固定任期结束之前有权解散议会。与之类似，总统制也设计了一种有趣的方式以产生不信任案结果：罢免式普选。我将评论总统制里的这两大制度创新，并且从总统解散议会这种本属于议会制政府首脑的权

---

[183] W. Hamilton Bryson, Judicial Independence in Virginia, 38 *U. Rich. L. Rev.* 705, 713 (2004).

[184] Craig S. Lerner, Review, Impeachment, Attainder, and a True Constitutional Crisis: Lessons from the Strafford Trial, 69 *U. Chi. L. Rev.* 2057, 2070 (2002).

[185] Richard K. Neumann, Jr., The Revival of Impeachment as a Partisan Political Weapon, 34 *Hastings Const. L. Q.* 161, 222 (2007); Brian C. Kalt, The Constitutional Case for the Impeachability of Former Federal Officials: An Analysis of the Law, History, and Practice of Late Impeachment, 6 *Tex. Rev. L. & Pol.* 13, 23-24 (2001); Cass R. Sunstein, Impeaching the President, 147 *U. Pa. L. Rev.* 279, 291 (1998).

[186] Julie R. O'Sullivan, The Interaction Between Impeachment and the Independent Counsel Statute, 86 *Geo. L. J.* 2193, 2198-99 (1998).

[187] Michael D. Ramsey, Textualism and War Powers, 69 *U. Chi. L. Rev.* 1543, 1563-64 (2002); Jack N. Rakove, Statement on the Background and History of Impeachment, 67 *Geo. Wash. L. Rev.* 682, 684 (1999); Michael J. Gerhardt, Chancellor Kent and the Search for the Elements of Impeachable Offenses, 74 *Chi. -Kent. L. Rev.* 91, 110 (1998).

[188] Gary L. McDowell, "High Crimes and Misdemeanors": Recovering the Intentions of the Founders, 67 *Geo. Wash. L. Rev.* 626, 635 (1999); Michael J. Gerhardt, The Lessons of Impeachment History, 67 *Geo. Wash. L. Rev.* 603, 605 (1999); Mark R. Slusar, Comment, The Confusion Defined: Questions and Problems in the Aftermath of the Clinton Impeachment, 49 *Case W. Res.* 869, 875 (1999).

[189] Kath Stith, Congress' Power of the Purse, 97 *Yale L. J.* 1343, 1353-54 n. 48 (1988).

[190] Michael J. Broyde & Robert A. Schapiro, Impeachment and Accountability: The Case of the First Lady, 15 *Const. Commentary* 479, 485 (1998).

[191] Eric M. Freedman, On Protecting Accountability, 27 *Hofstra L. Rev.* 677, 700 (1999).

力开始，阐明各种宪法可能性。

1. 解散议会

总统制有时候授权总统解散议会，提前召开选举。这创造了更灵活的选举过程，传统上人们认为总统制国家的选举制刻板僵硬，实际情况与传统观点出入颇大，总统制国家的选举制度更像议会制里头各色万能的选举制度。例如，秘鲁宪法授权总统解散议会的权力[192]，正如斯洛伐克共和国[193]、卡萨克斯坦[194]和蒙古国等其他国家的宪法一样[195]。

总统解散议会的权力也许是半总统制国家所共有的。这些制度从1958年法国宪法开始[196]，半总统制通常会有一个直选出来的总统和一个政治生涯以议会信任为基础的总理[197]。总统一般被授权处理外事和国防事务[198]，总理则管理内政事务。行政系统里总统和总理并存的结果是，半总统制常常指双元行政首脑制。[199] 这种共存有可能导致行政主体权责不清和冲突。[200] 实际上，主席所属的政党如果并不占议会多数席位时，总

[192] 《秘鲁共和国宪法》第 4 章第 6 节第 131 条；Maria McFarland Sanchez-Moreno, Note, When a "Constitution" is a Constitution: Focus on Peru, 33 *N. Y. U. J. Int' l L. & Pol.* 561, 614-15 (2001)。

[193] 《斯洛伐克共和国宪法》第 6 章第 1 节第 102 条 e 款；Eric Stein, Out of the Ashes of Federation, Two New Constitutions, 45 *Am. J. Comp. L.* 45, 51 (1997).

[194] 《哈萨克斯坦共和国宪法》第 4 章第 63 条；Yyliya Mitrofanskaya & Daulet Bideldinov, Modernizing Environmental Protection in Kazakhstan, 12 *Geo. Int' l Envtl. L. Rev.* 177, 190 (1999)。

[195] 《蒙古宪法》第 3 章第 1 节第 22 条；see also Tom Ginsburg & Gombosuren Ganzorig, When Courts and Politics Collide: Mongolia' s Constitutional Crisis, 14 *Colum. J. Asian L.* 309 (2001) (describing the Mongolian Constitution and recent amendment efforts)。

[196] Luis Lopez Guerra, The Application of the Spanish Model in the Constitutional Transitions in Central and Eastern Europe, 19 *Cardozo L. Rev.* 1937, 1946 (1998).

[197] Lee Kendall Metcalf, Presidential Power in the Russian Constitution, 6 *J. Transnat' l L. & Pol' y* 125, 125 (1996).

[198] Samuel H. Barnes, The Contribution of Democracy to Rebuilding Postconflict Societies, 95 *A. J. I. L.* 86, 95 (2001).

[199] Jenny S. Martinez, Essay, Inherent Executive Power: A Comparative Perspective, 115 *Yale L. J.* 2480, 2509 (2006); Tay-sheng Wang, The Legal Development of Taiwan in the 20th Century: Toward a Liberal and Democratic Country, 11 *Pac. Rim L. Pol' y* 531, 542 (2002); Ian Richard Brown, Note, Clinging to Democracy: Assessing the Russian Legislative-Executive Relationship Under Boris Yeltsin' s Constitution, 33 *Vand. J. Transnat' l L.* 645, 661 (2000); Jack van Doren & Thomas Magstadt, Essay, Czech Constitutional Democracy: Focus on the Czech Dual Executive Power and the Future Senate, 20 *Fordham Int' l L. J.* 347, 351 (1996); Peter Kresak, The Government Structure in the New Slovak Republic, 4 *Tulsa J. Comp. & Int' l L.* 1, 8 n. 29 (1996).

[200] Bernard Susser, Essay, Toward a Constitution for Israel, 37 *St. Louis L. J.* 939, 942 (1993).

理就会代表反对党,如此则冲突加剧[201]。鉴于这种潜在的宪法冲突,半总统制下的总统常常被赋予打破平局的权力——比如解散议会的权力——这些权力让他能打开分裂政府的死结。[202]

首先来看看法国的模式。总统是选举出来的,每届任期五年[203],在与议会官员、总理协商的前提下总统有权解散议会[204]。解散议会后必须在四十天之内举行新的大选。[205] 这样的大选之后,总统至少在一年之内不得解散新选出的议会。[206]

其次来看看俄罗斯的模式。和法国总统一样,俄罗斯总统也能解散议会(即杜马)。[207] 俄罗斯总统可能会做以下两件事:第一,如果杜马连续三次拒绝总统所提名的候选人当政府首脑,总统必须解散杜马,召集新的大选。[208] 第二,如果在三个月之内两度通过了对政府的不信任案,总统要么接受政府的总辞并任命新的政府首脑,要么解散杜马。[209] 宪法赋予总统一周内在上述两种方案中择其一的权力。[210]

再次来看看克罗地亚的模式。克罗地亚的半总统制和法国以及俄罗斯的模式都不太一样。解散议会的情形有两种。第一,议会的大多数选择解散议会[211]并且在四年议会任期届满之前召集选举[212]。第二,总统能发起解散议会的动议[213],但是总统只能基于总理的建议,而且只能在两种情形下解散议会:其一,议会通过了不信任案;其二,议会不批准政府预算

[201] Eugene D. Mazo, Constitutional Roulette: The Russian Parliament's Battles with the President Over Appointing a Prime Minister, 41 *Stan. J. Int'l L.* 123, 135-36 (2005); Carlo Dapelo, The Trends Towards Federalism in Italy, 15 *St. Thomas L. Rev.* 345, 348 (2002).

[202] Thomas Weishing Huang, The President Refuses to Cohabit: Semi-Presidentialism in Taiwan, 15 *Pac. Rim L. & Pol'y* 375, 378-79 (2006); Lucio Pegoraro & Angelo Rinella, Le gouvernement au Parlement selon le modele semi-presidentiel: l'experience francaise et les propositions de la Commission parlementaire pour les reformes constitutionnelles en Italie, 34 *R. J. T.* 275, 277 (2000).

[203] 《法国宪法》第 2 章第 6 条。

[204] 《法国宪法》第 2 章第 12 条。

[205] 《法国宪法》第 2 章第 12 条。

[206] 《法国宪法》第 2 章第 12 条。

[207] 《俄罗斯联邦宪法》第 1 章第 4 节第 84 条第 b 款。

[208] 《俄罗斯联邦宪法》第 1 章第 4 节第 111 条第 4 款。

[209] 《俄罗斯联邦宪法》第 1 章第 4 节第 117 条第 3 款。

[210] 《俄罗斯联邦宪法》第 1 章第 6 节第 117 条第 4 款。

[211] 《克罗地亚共和国宪法》第 4 章第 1 节第 77 条第 1 款。

[212] 《克罗地亚共和国宪法》第 4 章第 1 节第 72 条第 1 款。

[213] 《克罗地亚共和国宪法》第 4 章第 1 节第 72 条第 2 款。

案[214]，此外总统召开新大选的期限是六十天[215]。

最后来看看巴基斯坦的模式。巴基斯坦要求总统根据议会制政府的建议行动[216]，所以，如果总理建议总统解散议会，总统就必须解散议会[217]。但是根据宪法，在五年的议会任期届满前，总统有任意解散议会的权力。[218] 议会一遭解散，总统就有权根据自己的意愿选择新大选的日期，当然总统所选择的日期必须是在议会解散后的九十天之内[219]，且必须任命一个临时政府[220]。在议会通过了针对总理的不信任案或者总统认为确有必要时，总统可以解散议会。[221] 根据巴基斯坦宪法，这两种任意解散议会的理由，前者在半总统制国家并非罕见。后者却不常见，而且促使一名学者把这种自由裁量权强调成在民主上存在问题的。[222] 除了巴基斯坦，还有法国、俄罗斯和克罗地亚等国家的宪法，也都表明"总统制总是采取定期选举制度"这一观点存在不足。

2. 投票罢免

美国宪法学者们常常倡导一种能调和固定的四年一届的总统任期制和具有分裂型的弹劾制的制度，如不信任案制度。[223] 国会可以用不信任案表达对政府的不满——这是美国当前宪法所不允许的。[224] 雷乌斯(Reuss)认为不信任案很有前景，因为它有四个重要特征：(1)速度方面。发起和完成不信任案不需要很长时间。(2)范围方面。不信任案是对总统任职期间的能力做进一步评估，这使不信任案比针对"重大犯罪和严重违法行为"的弹劾制适用面宽很多。(3)超然于政党政治。不信任案能尽量不受政党政治利益的摆布。(4)保持平衡，因为它和美国宪法的基石

[214] 《克罗地亚共和国宪法》第4章第2节第103条第1款。

[215] 《克罗地亚共和国宪法》第4章第1节第73条。

[216] 《巴基斯坦宪法》第3章第1节第48条第1款。

[217] 《巴基斯坦宪法》第3章第2节第58条第1款。

[218] 《巴基斯坦宪法》第3章第2节第52条。

[219] 《巴基斯坦宪法》第3章第1节第48条第5款第a项。

[220] 《巴基斯坦宪法》第3章第1节第48条第5款第b项。

[221] 《巴基斯坦宪法》第3章第1节第58条第2款。

[222] See Osama Siddique, The Jurisprudence of Dissolutions: Presidential Power to Dissolve Assemblies Under the Pakistani Constitution and its Discontents, 23 *Ariz. J. Int'l & Comp. L.* 615 (2006).

[223] See, e.g., Sanford Levinson, *Our Undemocratic Constitution* 114-21 (2006).

[224] Paul W. Kahn, Approaches to the Cultural Study of Law: Freedom, Autonomy, and the Cultural Study of Law, 13 *Yale J. L. & Human.* 141, 153 (2001).

（即制衡）一致。[225] 持相反观点的人反对把不信任案制度移植到美国总统制中。[226]

对不信任案制度的拥趸而言，斯洛伐克共和国的总统制宪法对美国将不信任案植入自己的总统制一事也许是个模板。斯洛伐克宪制实施不信任案的方式非常有趣，它不是把议会制不信任案制度直接并入自己的半总统制里，而是让总统在任期结束之前有被罢免的可能性。[227] 公投也取得和不信任案一样的结果——免职，但它是在不同的平台（投票主体是全国选民而非议会）、以不同的名义（该程序被称为“免职”而非“不信任票”）运行。除了罢免总统的程序，斯洛伐克宪法还规定了弹劾总统的程序。[228]

委内瑞拉的情形也一样。在委内瑞拉，公民投票[229]可以将任职了至少一半的总统罢免[230]。然而，罢免不是制裁委内瑞拉总统的唯一工具。他也还要受制于弹劾机制。[231] 弹劾判决由最高法院作出，委内瑞拉宪法授权最高法院就是否存在令人信服的弹劾理由作出判决。[232]

罢免总统的公投制度取得的效果类似于议会制的不信任案：如果罢免案成功，它将把政府首脑从其领导职位上移除。和不信任投票一样，罢免公投是政府首脑在其任期结束之前暂时或者终生被免职的方式。虽然不信任案和弹劾总统在这些方面相同，但它们在以下方面还是存在差异：不信任案通常是出于政治目的，而弹劾则是为了对有嫌疑的刑事犯罪行为或者违宪行为作出回应。

---

[225] Henry S. Reuss, An Introduction to the Vote of No Confidence, 43 *Geo. Wash. L. Rev.* 333, 334 (1975).

[226] See, e. g., Louis W. Koenig, Recipe for the Presidency's Destruction, 43 *Geo. Wash. L. Rev.* 376, 377 (1975) (arguing that no confidence vote would weaken presidency); John H. Reese, No Confidence Removal of the President: The Wrong Solution to a Constitutional Problem, 43 *Geo. Wash. L. Rev.* 416, 435 (1975) (advocating amendments to Impeachment Clause instead of adopting no confidence vote); Allan P. Sindler, Good Intentions, Bad Policy: A Vote of No Confidence on the Proposal to Empower Congress to Vote No Confidence in the President, 43 *Geo. Wash. L. Rev.* 437, 458 (1975) (suggesting that should strengthen Congress instead of weakening presidency).

[227] 《斯洛伐克共和国宪法》第6章第1节第106条第1、2款。

[228] 《斯洛伐克共和国宪法》第6章第1节第107条。

[229] 《委内瑞拉玻利瓦尔共和国宪法》第5篇第2章第1节第233条。

[230] 《委内瑞拉玻利瓦尔共和国宪法》第3篇第4章第2节第72条、第5篇第2章第1节第228条。

[231] 《委内瑞拉玻利瓦尔共和国宪法》第5篇第2章第1节第233条。

[232] 《委内瑞拉玻利瓦尔共和国宪法》第5篇第2章第2节第266条。

因此,总统制也动摇了"不信任案和总统制不兼容"这种观点。议会制已经成功地将弹劾制度和责任政府原则结合起来了,总统制也已经用类似于议会制里的不信任案那样的程序来弥补弹劾制度了。

四、立法效率

政府行政效率是政府首脑能让其政策成功且快速走完立法程序的能力指标。[233] 根据这种理论,我们可以把政府效率视为立法机关和行政机关配合的巧妙程度的直接反映。[234]

传统观点认为总统制不如议会制效率高。这种观点将总统制政府惯于产生最高行政机关和最高立法机关分别由不同政党控制的分立政府。[235] 在分立政府的统治下,总统制政府比议会制政府更难实现其政府首脑的立法计划,因为在立法过程中总统制有更多的否决门和否决参与者。[236] 因而人们批评总统制无效率[237],并且拿效率换取其他民

---

[233] Lloyd N. Culter, Address, Party Government Under the American Constitution, 134 *U. Pa. L. Rev.* 25,32 (1985).

[234] See John C. Reitz, Political Economy as a Major Architectural Principle of Public Law, 75 *Tul. L. Rev.* 1121,1145 (2001). 效率也能指能力。但是,只有当政府权力被分配到了最有能力尽职的机构时,分权才能以能力的形式服务于效率。See, e. g., Jerome A. Barron et al., *Constitutional Law: Principles and Policy* 289-90 (2006); Daan Braveman et al., *Constitutional Law: Structure and Rights in our Federal System* 74-75 (5th ed. 2005); John H. Garvey & T. Alexander Aleinikoff, *Modern Constitutional Theory* 335 (1999); Richard A. Posner, The Constitution as an Economic Document, 56 *Geo. Wash. L. Rev.* 4,12 (1987).

[235] See, e. g., Sidney M. Milkis, *The President and the Parties* 294 (1993); Dean McSweeney & John Zvesper, *American Political Parties* 68-69 (1991); Michael J. Malbin, Political Parties Across the Separation of Powers, in *American Political Parties and Constitutional Politics* 75, 84-85 (Peter W. Schramm & Bradford P. Wilson eds., 1993); James L. Sundquist, Party Decay and the Capacity to Govern, in *The Future of American Political Parties: The Challenge of Governance* 42, 52-54 (Joel. L. Fleishman ed., 1982).

[236] Kathleen M. Sullivan & Gerald Gunther, *Constitutional Law* 244 (16th ed. 2007); Martin H. Redish & Elizabeth J. Cisar, "If Angels Were to Govern": The Need for Pragmatic Formalism in Separation of Powers Theory, 41 *Duke L. J.* 449, 465-67 (1991).

[237] See, e. g., Charles A. Shanor, *American Constitutional Law: Structure and Reconstruction* 113 (2006); Louis Fisher, *American Constitutional Law* 161 (6th ed. 2005); Theodore J. Lowi & Joseph Romance, *A Republic of Parties?: Debating the Two-Party System* 43 (1998); James P. Pfiffner, *The Modern Presidency* 166-71 (1994); Thomas E. Mann, President Clinton and the Democratic Congress: Promise and Performance, in *Back to Gridlock? Governance in the Clinton Years* 9, 13 (James L. Sundquist ed., 1995).

主目标[238]。民主的目标之一是要使未得到广泛政治力量支持的政治建议难以获得通过。[239] 其他两个目标[240]是培养一个能产生更好更深思熟虑的公共政策的审议过程和防止政府权力被滥用[241]。

根据这种观点,总统制在各个权力之间造成冲突。[242] 因而和议会制相比,它更容易陷入僵局而无法迅速果断地采取行动[243]。这有助于解释为什么有人主张美国应采取议会制[244],从而避免分权所带来的无效率[245]。这种改革让总统拥有议会制首相所拥有的控制立法过程的立法权和控制政党成员的行政权[246]。

相反,议会制的政策制定不会陷入僵局被认为是一大优点[247],这也是议会制被认为优于总统制的理由[248]。议会制的效率有几大来源,包括政党纪律严苛、行政机关和立法机关融合[249]、对立法过程进行行政性控制[250]。

---

〔238〕 See, e. g., Daniel A. Farber et al., *Constitutional Law: Themes for the Constitution's Third Century* 1054 (3d ed. 2003); Jessica Korn, *The Power of Separation* 14 (1996); Frederick R. Anderson, Revisiting the Constitutional Status of the Administrative Agencies, 36 *Am. U. L. Rev.* 277, 293 (1987).

〔239〕 F. Scott Boyd, Legislative Checks on Rulemaking: Under Florida's New APA, 24 *Fla. St. U. L. Rev.* 309, 316 (1997).

〔240〕 See Arthur M. Schlesinger, Jr., The Constitution and Presidential Leadership, 47 *Md. L. Rev.* 54, 61-62 (1987).

〔241〕 See, e. g., Meyers v. United States, 272 U. S. 52, 293 (1926) (Brandeis, J., dissenting).

〔242〕 Jeffrey K. Tulis, Constitutional Abdication: The Senate, the President, and Appointments to the Supreme Court, 47 *Case W. Res.* 1331, 1334 (1997); Louis Fisher, The Allocation of Powers: The Framers' Intent, in *Separation of Powers in the American Political System* 19, 19 (Barbara B. Knight ed., 1989).

〔243〕 See, e. g., Yen-Tu Su, Beyond Nightmare and Hope: Engineering Electoral Proportionality in Presidential Democracies, 30 *J. Legis.* 205, 231 (2004); Keith E. Whittington, Yet Another Constitutional Crisis, 43 *Wm & Mary L. Rev.* 2093, 2103-04 (2002).

〔244〕 See David Golove, Comment, Exception and Emergency Powers, 21 *Cardozo L. Rev.* 1895, 1897 (2000).

〔245〕 See, e. g., James L. Sundquist, *Constitutional Reform and Effective Government* 14 (1986).

〔246〕 See Peter M. Shane, Presidents, Pardons, and Prosecutors: Legal Accountability and the Separation of Powers, 11 *Yale L. & Pol'y Rev.* 361, 361 (1993).

〔247〕 See Tom Farer, Consolidating Democracy in Latin America: Law, Legal Institutions and Constitutional Structure, 10 *Am. U. J. Int'l L. & Pol'y* 1295, 1326 (1995).

〔248〕 See James J. Brudney, The National Labor Relations Board in Comparative Context, 26 *Comp. Lab. L. & Pol'y J.* 221, 253-54 (2005).

〔249〕 See Matthew S. R. Palmer, Using Constitutional Realism to Identify the Complete Constitution: Lessons from an Unwritten Constitution, 54 *Am. J. Comp. L.* 587, 602 (2006).

〔250〕 Ruth Sullivan, The Challenges of Interpreting Multilingual, Multijural Legislation, 29 *Brooklyn J. Int'l L.* 985, 995 (2004).

因此,行政机关在立法时有事实上的垄断权,这提高了通过议案的效率[251]。

基于议会制的立法权和行政权融合这一点,议会制被认为有对抗政治分裂的综合控制力。[252] 控制方式就是给合作性统治提供条件,因为行政权和立法权不是截然分开的,它们必须互相依存才能实现政治生存。[253] 人们因此认为,议会制国家的立法者有支持执政党工作的动机。[254] 议会制政府也拥有一套打破立法僵局的有效机制,那就是不信任案。[255] 议会制理论家们往往认为分权阻碍了政府效率。[256]

(一)议会制的低效率

但是如果细看就会发现,传统观点对议会制的实际运行所做的描述很不全面。说议会制有时是高效立法的典范,这是准确的。但也必须承认,议会制的立法实践有时也对传统观点有所背离,否则这种说法就忽视了议会制少数党政府和联合政府的重要变化。这些方面的变化使议会制看起来有点像,而且运作起来也确实像总统制。我将探讨比例代表制里的联合政府和简单多数选举制下的少数党政府。

少数党政府和联合政府的产生和产生这种政府的选举制度有必然联系,并且它们产生少数党政府和联合政府是选举制度的功能之一。[257] 简单多数制常常会导致大众选举中的胜出党所得的票数和它在立法会所得的议席不相称。[258] 简单多数选举制度里赢者不需要在选举获得大多数

〔251〕 Elisabeth Zoller, The Treaty Establishing a Constitution for Europe and the Democracy Legitimacy of the European Union, 12 *Ind. J. Global Legal Stud.* 391, 401 (2005).

〔252〕 See Paul R. Verkuil, A Proposal to Resolve Interbranch Disputes on the Practice Field, 40 *Cath. U. L. Rev.* 839, 840 (1991).

〔253〕 See Mark Freeman, Constitutional Frameworks and Fragile Democracies: Choosing Between Parliamentarianism, Presidentialism and Semi-Presidentialism, 12 *Pace Int'l L. Rev.* 253, 257 (2000).

〔254〕 Noah Sachs, Planning the Funeral at the Birth: Extended Producer Responsibility in the European Union and the United States, 30 *Harv. Envtl. L. Rev.* 51, 86-87 (2006).

〔255〕 John C. Reitz, Political Economy and Separation of Powers, 15 *Transnat'l L. & Contemp.* Probs. 579, 609 (2006).

〔256〕 Bruce G. Peabody & John D. Nugent, Toward a Unifying Theory of the Separation of Powers, 53 *Am. U. L. Rev.* 1, 25 (2003).

〔257〕 Michael Laver & Norman Schofield, *Multiparty Government: The Politics of Coalition in Europe* 204 (2d ed. 1998).

〔258〕 See, e. g., Michael D. McDonald & Ian Budge, *Elections, Parties, Democracy: Conferring the Median Mandate* 9 (2005); Dominique Leydet, Pluralism and the Crisis of Parliamentary Democracy, 10 *Can. J. L. & Juris.* 49, 55 (1997).

选票,总体上获得最多票数即可胜出。[259] 相反,比例代表制试图根据大选中每一个政党所获得选票的比例来分配议席。[260] 比例代表制也备受批评。也许最讽刺的是议会的支离破碎以及它在立法过程中也可能出现僵局。[261] 比例代表制导致政党众多、存在民众基础并不广泛的政党,而且一般还会导致不稳定。[262]

1. 少数党政府

在少数党政府这种制度安排下,执政党并不掌控议会中的大多数议席,它只能控制这些议席中的简单多数。简单多数选举制一般会产生少数党政府。少数党政府和总统制下的分立政府很类似,当政府首脑和议会被不同的政党控制时就会出现这种情况。[263] 一旦要全面和无妥协地通过执政党的立法计划,少数党政府和分立政府通常都变得无效率。[264] 两种政府以类似的方式分散权力,并同时给执政党和反对党参政的可能性[265]。

少数党政府一旦成立就容易被反对党击垮,治理环境也因而变得不稳定。[266] 少数党政府的执政党随时都易受不信任案的影响[267],政府首脑也只能做短期投入[268]。少数党政府的进一步后果是政党必须持续为

---

〔259〕 Douglas J. Amy, *Real Choices/New Voices: The Case for Proportional Representation Elections in the United States* 1-9 (1993).

〔260〕 Martin Harrop & William L. Miller, *Election and Voters: A Comparative Introduction* 46-47 (1987).

〔261〕 Sanford Levinson, "Imposed Constitutionalism": Some Reflections, 37 *Conn. L. Rev.* 921, 929-30 (2005).

〔262〕 Susan Rose-Ackerman, Political Corruption and Democracy, 14 *Conn. J. Int'l L.* 363, 375 (1999); Peter H. Schuck, The Thickest Thicket: Partisan Gerrymandering and Judicial Regulation of Politics, 87 *Colum. L. Rev.* 1325, 1363 (1987).

〔263〕 See Robert Elgie, What is Divided Government?, in *Divided Government in Comparative Perspective* 1, 6 (Robert Elgie ed., 2001); James A. Thurber, Representation, Accountability, and Efficiency in Divided Party Control of Government, 24 *Pol. Sci. & Politics* 653, 653 (1991).

〔264〕 See Paul Christopher Manuel & Anne Marie Cammisa, *Checks and Balances? How a Parliamentary System Could Change American Politics* 146-47 (1999).

〔265〕 G. Bingham Powell, Jr., *Elections as Instruments of Democracy: Majoritarian and Proportional Visions* 120-21 (2000).

〔266〕 Erik Damgaard, Parliament and Government, in *Beyond Westminster and Congress: The Nordic Experience* 265, 273 (Peter Esaiasson & Knut Heidar eds. 2000).

〔267〕 See, e.g., Bruce Campion-Smith, Rivals Practise Before Election Kickoff, Toronto Star (Canada), Nov. 28, 2005, at A1, available at 2005 WLNR 19119418; Les Whittington, High-Wire Act Continues for Minority Government, Toronto Star (Canada), June 13, 2005, at A6, available at 2005 WLNR 9340259; Tim Naumetz & Allan Woods, Budget Bill Could Topple Government, Winnipeg Free Press (Canada), Apr. 1, 2005, at A16, available at 2005 WLNR 8348286.

〔268〕 See, e.g., Joe Friesen, Harper Plays Down Talk of Election, Globe and Mail (Toronto, Canada), Oct. 6, 2007, at A4, available at 2007 WLNR 19597883.

选战做准备。[269] 这种不稳定性甚至越出议会而深入政府部门了。[270]

我们可以从加拿大议会制的少数党政府这一案例中获得一些启发。2004 年加拿大联邦选举产生了自 1979 年以来的第一个少数党政府。执政党在普选当中获得了 37% 的选票，这些选票在议会中换成了 135 个议席（议会总议席为 308 个）；而第二大党在普选中的得票率是 30%，赢得了议会中的 99 个席位。[271] 但是这一少数党政府只存续了 18 个月，而且这 18 个月之内政治持续动荡，直到它被另一个少数党政府所取代。[272]

其他的加拿大少数党政府也一样不稳定。1972—1974 年的少数党政府在运行时要不停地控制危机，担心着自己那些并不稳定的支持力量随时坍塌并将加拿大再次推到大选面前。[273] 1962—1963 年的少数党政府和 1979—1980 年的少数党政府一样地位不稳，都无法对国家进行有效治理[274]，前者甚至引起了《纽约时报》和《华盛顿邮报》的关注，这两家报纸都警告：加拿大一旦选举出的是少数党政府就可能出现经济危机[275]。

然而，加拿大的少数党政府有些时候很多元且有社会效益。例如，不论从何种合理的角度看，20 世纪 60 年代皮尔森领导的少数党政府都是成功的。[276] 这个政府通过了"加拿大退休计划"和"加拿大学生贷款项目"，使移民政策现代化，创造了以枫叶为主要特征的加拿大国旗，更新了双语制度，建立了国民医疗体系——一切都发生在少数党政府的不稳定的政

---

[269] See, e. g., Susan Delacourt & Bob Benzie, Harper's Team Gears Up for Election, Toronto Star (Canada), Sept. 25, 2007, at A1, available at 2007 WLNR 18765843; Jane Taber, Dion Team Scrambling to Find a Campaign Plane, Inside Reveals, Globe and Mail (Toronto, Canada), Apr. 5, 2007, at A4, available at 2007 WLNR 6509144; Andrew Dreschel, Valeri is Out. What About Di Ianni?, Hamilton Spectator (Canada), Jan. 31, 2007, at A15, available at 2007 WLNR 1825413; John Slykhuis, "Stay on Your Toes" For Next Vote: MP Loan, Georgina Advocate (Canada), July 1, 2004, at 1, available at 2004 WLNR 6232928.

[270] See, e. g., Allan Woods, Elections Agency Bends Under "Strain"; Agency Bears Burden of Several By-Elections, Uncertainty Posed by Minority Governments, Toronto Star (Toronto, Canada), Nov. 6, 2007, at A19, available at 2007 WLNR 21877948.

[271] See Inter-Parliamentary Union, Canada, 38 Chronicle of Parliamentary Elections 37, 41 (2005).

[272] See Inter-Parliamentary Union, Canada, 40 Chronicle of Parliamentary Elections 30, 32-33 (2007).

[273] Lawrence LeDuc, Political Behaviour and the Issue of Majority Government in Two Federal Elections, 10 *Canadian J. of Pol. Sci.* 311, 312 (1977).

[274] Tom Kent, Making Minority Government Work: The Politics of Purpose, Policy Options, Sept. 2004, at 15.

[275] Dennis H. Wrong, Canadian Politics in the Sixties, 78 *Pol. Sci. Q.* 1, 4 (1963).

[276] Desmond Morton, Remembering the Fun of Minority Government?, Policy Options, Sept. 2004, at 33.

治中。[277] 在这一方面,富斯(Forsey)说少数党政府应该被视为契机而非问题或者威胁,或许他是对的。[278] 这有可能是真的,但也只有当执政党愿意为了政治稳定这一更大利益而妥协时,富斯所言才为真。[279]

2. 联合政府

在比例代表制下,选举不可能产生一个多数派政府,相反,它一般会产生少数党政府[280]或者联合政府[281]。当已经在选举中取得了过半数议席的少数党和其他一个或者几个少数党联合,组成一个多数党或者较少出现的少数联合党时,议会制就会产生联合政府。[282] 老练地讲,联合政府反映的是"单个政党自然而然的因而也是终极的权力诉求和为了执政而组

[277] John English, Pearson--Amiable But Ambitious, He Governed in Chaos and Confusion, Yet Left a Legacy of Unequalled Achievement, Policy Options, June-July 2003, at 63, 67-68.

[278] Eugene Forsey, The Problem of "Minority" Government in Canada, 30 *Canadian J. of Econ. & Pol. Sci.* 1, 11 (1964).

[279] Barry Kay, Majority Parliament Nowhere in Sight, Kitchener Record (Canada), May 4, 2005, at A15, available at 2005 WLNR 6965964. Minority governments have been relatively durable in Ireland. See Peter Mair, Ireland: From Predominance to Moderate Pluralism, and Back Again, in Understanding Party System Change in Western Europe 129, 132-33 (Peter Mair & Gordon Smith eds., 1990).

[280] Vernon Bogdanor, *What is Proportional Representation?* 127-28 (1984).

[281] 新西兰是比例代表制。自从1996年采取了成员混合的比例代表制,新西兰就只有联合政府或者少数党政府了,而且从此还没有一次是被一个单独的多数党统治。See Bureau of Intelligence and Research Electronic Affairs Public Office, U. S. Department of State, Background Note on New Zealand, U. S. Fed. News, May 1, 2007, available at 2007 WLNR 9080573. 而且,比例代表制的议会制国家最近的选举已经产生了这种现象。比如,在2001年的保加利亚议会选举中,全国运动锡米恩第二党没有赢得大多数选票,因此和土耳其权利自由运动党组成联合政府。See Inter-Parliamentary Union, Turkey, 35 Chronicle of Parliamentary Elections 35, 37 (2002). 四年之后,保加利亚2005年的议会选举,联合政府是由保加利亚党、全国运动锡米恩第二党以及土耳其权利自由运动党共同组成的。See Inter-Parliamentary Union, Turkey, 39 Chronicle of Parliamentary Elections 45, 48 (2006). 在2001年,挪威没有一个政党能获得大多数选票。联合执政的是由基督教人民党、保守党、自由党以及其他保守主义的党组成的。See Inter-Parliamentary Union, Norway, 35 Chronicle of Parliamentary Elections 106, 108 (2002). 类似的,2005年丹麦选举结果是自由党、保守人民党、丹麦人民党共同组成联合政府。See Inter-Parliamentary Union, Denmark, 39 Chronicle of Parliamentary Elections 79, 82 (2006). 但是一个政党也许在比例代表选举制度下有可能取得大多数选票。See, e. g., Inter-Parliamentary Union, Turkey, 36 Chronicle of Parliamentary Elections 200, 202 (2003) (reporting that the Justice and Development Party garnered a majority of seats under Turkey's proportional representation electoral system in the 2002 parliamentary elections).

[282] Kaare Strom & Benjamin Nyblade, Coalition Theory and Government Formation, in *The Oxford Handbook of Comparative Politics* 782-83, 786 (Carles Boix & Susan C. Stokes eds., 2007). The first leading study of coalition government is William H. Riker, The Theory of Political Coalitions (1962).

成权宜的或许本质上过渡的政党联合之间生动持续的互动"[283]。

联合政府的一个结果是政党纪律变得比平时更重要,因为联合执政的成员们的否决票威胁着联合的稳固性。[284] 联合执政的另一个(也许有点奇怪的)结果是,边缘性的小党而不是全国性或者主流的大党有时候能被授予更大的影响力。任何一个较大党都没有在选举中得到多数选票时,那么决定较小党的影响力的关键性因素,就是看较小党是否愿意成为较大党的联合力量。这取决于较小党在两个或者更多的政治理念和意识形态有差异的较大党之间如何选择。此外,还要看在选举中较大党是否得到了关键性的多数议席,只要得到了关键性多数议席,两个较大党中的任何一个都能成为多数党。[285]

但是两种截然相反的情况也许都对。例如,小党或边缘党可能会认为自己坚守在反对派阵营比加入执政联合力量更能代表它们的选民利益。[286] 类似的,比例代表制中最大的政党也可能有最大的影响力。例如,一个经常未能赢得大多数议席的大党在获得了足以掌控局面的过半数议席后,其所处的位置就很令人艳羡了。一些小的联合党派愿意和这个大党妥协以获取共同执政的机会,这个大党就充当了这些相互竞争的小党之间的调停人角色,正如保加利亚与荷兰在20世纪的很多时候所经历的那样。[287]

在构建并维护联合政府中的各种步骤和风险会共同作用、降低联合政府的立法效率,因为联合政府不得不将精力、资源投入多数党政府所不会关注的程序中去。联合政府面临着包括创造联盟、管理内阁大臣职位的分配、与联合政党及其压力集团或利益集团协商、处理跨联盟和政党内部的不和、支撑立法联合等几大挑战。[288]

---

[283] Iqbal Narain, Coalitional Politics and the Indian Political System—The Crisis of Compatibility, in *The Coalition Government* 124, 126 (Saral K. Chatterji ed., 1974) (internal citations omitted).

[284] Vernon Bogdanor, *Conclusion*, *in Coalition Government in Western Europe* 263, 271 (Vernon Bogdanor ed., 1983).

[285] Gordon Smith, In Search of Small Parties: Problems of Definition, Classification and Significance, in *Small Parties in Western Europe: Comparative and National Perspectives* 23, 30 (Ferdinand Muller-Rommel & Geoffrey Pridham eds., 1991).

[286] Christian Tuschhoff, The Compounding Effect: The Impact of Federalism on the Concept of Representation, in *Compounded Representation in West European Federations* 16, 22 (Joanne B. Brzinski et al. eds., 1999).

[287] Renaat Hoop, Social Policy in Belgium and the Netherlands: Third Way or Not?, in *Social Democratic Party Policies in Contemporary Europe* 66, 67 (Giuliano Bonoli & Martin Powell eds., 2004).

[288] Jonathan Boston & Andrew Ladley, Efficient Secrets: The Craft of Coalition Management, 4 *N. Z. J. Pub. & Int'l L.* 55, 59-87 (2006).

也许联合政府运行中最复杂的部分是建立联合的初始平台。选举后就要认真着手联合政府的组建事宜了[289],这是一个要持续好几个月的漫长过程[290],因为需要这么长的时间进行密集的谈判[291]。这些谈判会有很高的成本,包括谈判成本(建立联合政府的时间以及解决所有次要联合事务的时间)、政策成本(在开发执政项目时的妥协和让步)、办公成本(开销或者内阁大臣职位的分配)。[292] 这些不断累积的花费效果显著。有时候组建和维持联合政府的花费可能高昂到迫使占大多数席位的政党的领袖们放弃联合政府转而以少数党政府的形式执政。在2002年瑞士议会选举之后就发生这种情形,时任首相拒绝组建联合政府的原因是:一个本来有希望成为联合搭档的少数党反对瑞士加入欧盟,而加入欧盟又是首相的主要政策之一。[293]

政党之间的交易结果通常是签订一份正式协议,协议中规定联合伙伴们都是签约方,而且要列出优先政策、行为规则以及部长和其他职位的分配等问题。[294] 联合中的一个特别有指导性的例证是爱尔兰。2003年5月,爱尔兰的进步党和独立党组成联合政府的条件是首相一职开始由独立党成员担任;到2004年9月,该首相必须辞职,让进步党成员来接任首相。[295]

这不是对清除了组建联合政府的障碍后运转联合政府时的那些无效率作轻描淡写。恰恰相反,在立法中联合政府往往变得更加脆弱,因为联合政府内部成员们发现它们能达成的有效妥协越来越少,它们各有偏好却又无法达到自己的目标,这些最终只会动摇联合政府、弱化联合政府的连

---

[289] Pippa Norris, *Electoral Engineering: Voting Regimes and Political Behavior* 70 (2004).

[290] Arco Timmermans, Cabinet Ministers and Policy-Making in Belgium: The Impact of Coalitional Constraints, in *Cabinet Ministers and Parliamentary Government* 106, 106-07 (Michael Laver & Kenneth A. Shepsle eds., 1994); see, e. g., Inter-Parliamentary Union, Israel, 40 Chronicle of Parliamentary Elections 124, 127 (2007) (one month to negotiate coalition after 2006 Israeli parliamentary election); Inter-Parliamentary Union, Netherlands, 40 Chronicle of Parliamentary Elections 173, 175-76 (2007) (three months to negotiate coalition after 2006 Dutch parliamentary election); Inter-Parliamentary Union, Germany, 39 Chronicle of Parliamentary Elections 102, 106 (2006) (two months to negotiate coalition after 2005 German parliamentary election).

[291] Olafur R. Grimsson, Iceland: A Multilevel Coalition System, in *Government Coalitions in Western Democracies* 142, 157-84 (Eric C. Browne & John Dreijmanis eds., 1982).

[292] Carol Mershon, *The Costs of Coalition* 100-24 (2002).

[293] See Inter-Parliamentary Union, Sweden, 36 Chronicle of Parliamentary Elections 182, 184 (2003).

[294] Gregory S. Mahler, *Politics and Government in Israel: The Maturation of a Modern State* 158-59 (2004).

[295] See Inter-Parliamentary Union, Iceland, 37 Chronicle of Parliamentary Elections 74, 76 (2004).

贯性。[296] 更进一步说,联合政府立法的无效率会给政府在政治意识形态领域花费大量成本。组成联合政府的政党为了使议案在议会通过就必须过滤掉党派偏见;并且,如果议案未得到联合执政大多数成员的支持,它也不大可能在议会中得到更多支持。[297]

实际上,恰恰是组建可持续性联合政府的重重困难,让以色列采取了新型"总理议会制",这套新制度让总理不再受批评家所称的建立和维持联合政府的负担的束缚了。[298] 很多文章都分析了在以色列组建并且维持联合政府的挑战。[299] 因为德国联邦和州的官员们在选举之后互商进入议会事宜,德国就成为联合政府的另一个有趣的例子。尤其是在贯彻社会政策时,德国的州扮演了非常杰出的角色,即便州级政党领袖在联邦众议院并不持有议席,最终也不会加入政府,但实际事务依然需联邦和州的政党领袖共同商讨。[300]

在意大利,一些人主张采取措施,把已经常态化的脆弱联合政府变成

---

〔296〕 Timothy M. Hennessey & Jeanne Martin, Exchange Theory and Parliamentary Instability, in Legislatures in *Comparative Perspective* 182, 196 (Allan Kornberg ed., 1973).

〔297〕 Wilfried Dewachter, Changes in a Particratie: The Belgian Party System from 1944 to 1986, in *Party Systems in Denmark, Austria, Switzerland, the Netherlands, and Belgium* 285, 351 (Hans Daalder ed., 1987).

〔298〕 Avraham Brichta, The New Premier-Parliamentary System in Israel, 555 Annals 180, 182, 190 (1998). 以色列1996年采取的新制度既借鉴了总统制又借鉴了议会制,所创造出的结构有以下特征:(1)政府首脑是由普选产生的,这点很像总统制里的总统,不像议会制里的首相;(2)总统任命最高政府的组成人员,这点和总统制、议会制都像;(3) 和议会制的首相一样、和总统制的总统不同的是,以色列总统要避免新的选举就必须获得议会的信任。Id. at 188-89. Israel has since abandoned this new electoral model. See Yoav Dotan, The Spillover Effect of Bills of Rights: A Comparative Assessment of the Impact of Bills of Rights in Canada and Israel, 53 *Am. J. Comp. L.* 293, 299 n. 23 (2005). See, e. g., Gregory M. Luebbert, *Comparative Democracy: Policymaking and Governing Coalitions in Europe and Israel* (1986); Douglas M. Stinnett, International Uncertainty, Foreign Policy Flexibility, and Surplus Majority Coalitions in Israel, 51 *J. of Conflict Resolution* 470 (2007); Itai Sened, A Model of Coalition Formation: Theory and Evidence, 58 *J. of Politics* 350 (1996); Judith Bara, Party Policy and Coalition Bargaining in Israel, in *Party Policy and Government Coalitions* 346 (Michael J. Laver & Ian Budge eds., 1992).

〔299〕 See, e. g., Gregory M. Luebbert, *Comparative Democracy: Policymaking and Governing Coalitions in Europe and Israel* (1986); Douglas M. Stinnett, International Uncertainty, Foreign Policy Flexibility, and Surplus Majority Coalitions in Israel, 51 *J. of Conflict Resolution* 470 (2007); Itai Sened, A Model of Coalition Formation: Theory and Evidence, 58 *J. of Politics* 350 (1996); Judith Bara, Party Policy and Coalition Bargaining in Israel, in *Party Policy and Government Coalitions* 346 (Michael J. Laver & Ian Budge eds., 1992).

〔300〕 Thomas Saalfeld, The German Bundestag: Influence and Accountability in a Complex Environment, in *Parliaments and Governments in Western Europe* 44, 55-57 (Philip Norton ed., 1998).

更稳定的法国式半总统制。[301] 在意大利建立联合政府时复杂的是，事关政治生存的政策常常变得次要了。[302] 最后一个例子是葡萄牙。葡萄牙的议会制联合政府短暂又不稳定，葡萄牙议会也难以存续宪法所规定的四年时间，常常在短时间内就被解散。[303]

因此，联合政府脆弱又无常，这点非常明显。[304] 对 1918 年到 1974 年之间的议会制民主比较研究后所得的结论是：多数党政府的平均寿命是 55 个月，而联合政府的平均寿命只有 26 个月，还不如多数党政府寿命的一半长。[305] 这一差异有几个相关原因：(1)联合政府的部长们也许来自不同政党，他们有不同的选民基础、不同的利益，进而可能处于相互冲突的立场；(2)政府部长们为了各自利益而损害联合政府的稳定性；(3)联合政府及其政党领袖们的艰巨任务是管理摇摇欲动的联盟，而存在获得权力的可

---

〔301〕 Laura Nader & Mariane Ferme, Book Review, Transplants, Innovation, and Legal Tradition in the Horn of Africa, 45 *Am. J. Comp. L.* 209, 216 (1997).

〔302〕 Alfio Mastropaolo & Martin Slater, Party Policy and Coalition Bargaining in Italy, 1948-87: Is There Order Behind the Chaos?, in *Party Policy and Government Coalitions*, supra note 299, at 312, 335.

〔303〕 Ken Gladdish, Portugal: An Open Verdict, in *Securing Democracy: Political Parties and Democratic Consolidation in Southern Europe* 104, 115 (Geoffrey Pridham ed., 1990). But see Inter-Parliamentary Union, Portugal, 39 Chronicle of Parliamentary Elections 193, 196 (2006) (reporting that the Socialist Party won an outright majority of parliamentary seats in the 2005 elections).

〔304〕 See, e. g., Ron Gould et al., *Strengthening Democracy: A Parliamentary Perspective* 123-24 (1995); Adam M. Smith, Understanding Foreign Law in Domestic Jurisprudence: The Indian Case, 24 *Berkeley J. Int'l L.* 218, 236 (2006); Barak Cohen, Empowering Constitutionalism with Text from an Israeli Perspective, 18 *Am. U. Int'l L. Rev.* 585, 632 (2003); Kent Benedict Gravelle, Islamic Law in Sudan: A Comparative Analysis, 5 *ILSA J. Int'l & Comp. L.* 1, 4 (1998); Paul J. Magnarela, The Legal, Political and Cultural Structures of Human Rights Protections and Abuses in Turkey, 3 *D. C. L. J. Int'l L. & Prac.* 439, 444 (1994); Irwin P. Stotzky, Essay, The Fragile Bloom of Democracy, 44 *U. Miami L. Rev.* 105, 121 (1989). But see Giovanni Sartori, *Comparative Constitutional Engineering* 113 (1194) (arguing that stability is not a function of time but rather the capacity to govern); Andrew Reeve & Alan Ware, *Electoral Systems: A Comparative and Theoretical Introduction* 122 (1992) (stating that some coalition governments in proportional representation systems are stable). 但是我们注意到一些议会领袖会通过要求联合政府的参与方同意在特定的一段时间内支持联合政府，以此来降低联合政府的动荡性，正如 2002 年新西兰议会选举之后所采取的方法。当时新西兰的劳动党邀请联合未来党一起组建联合政府，但条件是联合未来党支持联合政府的时间必须达到 3 年。See Inter-Parliamentary Union, New Zealand, 36 Chronicle of Parliamentary Elections 152, 154 (2003). 同样重要的是，要注意到一些比例代表选举制度明确是为了排除联合政府的可能性。例如，依据希腊比例代表选举制，总得票率最高的政党会得到一些额外的议席，这些额外议席能让这个政党在统治的时候在议会中拥有绝对多数议席——即便它在实际大选中的得票率远远低于 50%。See Inter-Parliametary Union, Greece, 34 Chronicle of Parliamentary Elections 58, 60 (2001)。(泛希腊社会主义运动党在 2000 年的议会大选中得到了 43.79% 的选票，但是在议会 300 个议席中所占席位达到 158 个，这种过半数的比例超出了它在大选中的得票率)

〔305〕 Lawrence C. Dodd, *Coalitions in Parliamentary Government* 10-11 (1976).

能性则是建立联盟的基础。[306] 这些以及其他的理由共同作用产生了一个并没有展示出效率的政府,而议会制大多数党政府是有效率的。议会制联合政府恰恰相反,它表现出通常可归因于总统制的那种立法无效率。

(二)总统制的效率

美国的建国者们采取了分权原则,试图避免他们所担心的议会制的那些危险。[307] 但是美国的分权模式并非不受议会制的那种低效率的影响。我们在美国不同历史时期都能发现其立法效率带有议会制特征。在议会制国家,如果政府首脑在议会中得到大多数议员支持,总统会发现贯彻其立法计划的障碍就少,议会制立法效率方面的这一特征在总统制的"统一政府"之下也出现了。统一政府是指总统一职和议会两院均由同一个政党把控。[308]

在统一政府时期,政府可以自由推行自己的立法计划[309],因为议会对它的制衡不大可能和分立政府时的那样强[310]。既然出自同一个政党,政府首脑和议会大多数议员在政治意识形态、政治利益和重点问题上趋于一致的可能性就更大[311],和体制权威、体制权限冲突的可能性则更低[312]。统一政府损害了总统制里各部门相互监督制衡的架构,因为它常常会弱化立法权对行政权的监督[313],并会更迫切地批准行政机关的请求[314]。

---

〔306〕 Naunihal Singh, *A System of Governance: Parliamentary or Presidential* 70-71 (1998).

〔307〕 Louis J. Sirico, Jr., The Trial of Charles I: A Sesquitricentennial Reflection, 16 *Const. Commentary* 51, 58 (1999).

〔308〕 James C. Ho, Ensuring the Continuity of Government in Times of Crisis: An Analysis of the Ongoing Debate in Congress, 53 *Cath. U. L. Rev.* 1049, 1071 (2004).

〔309〕 Nathaniel Persily & Bruce E. Cain, The Legal Status of Political Parties: A Reassessment of Competing Paradigms, 100 *Colum. L. Rev.* 775, 795 (2000).

〔310〕 Eric A. Posner & Adrian Vermuele, The Credible Executive, 74 *U. Chi. L. Rev.* 865, 887-88 (2007). But see Charles O. Jones, *Separate But Equal Branches: Congress and the Presidency* 12-13 (2d ed. 1999) (illustrating that divided government does not always foretell an adversarial relationship).

〔311〕 Paul J. Quirk & Bruce Nesmith, Divided Government and Policy Making: Negotiating the Laws, in *The Presidency and the Political System* 565, 580 (Michael Nelson ed., 5th ed. 1998).

〔312〕 Steven A. Shull, *Presidential-Congressional Relations: Policy and Time Approaches* 15 (1997); Steven M. Pyser, Recess Appointments to the Federal Judiciary: An Unconstitutional Transformation of Senate Advice and Consent, 8 *U. Pa. J. Const. L.* 61, 107 (2006).

〔313〕 David A. O'Neil, The Political Safeguards of Executive Privilege, 60 *Vand. L. Rev.* 1079, 1125 (2007); Jack M. Balkin & Sanford Levinson, The Processes of Constitutional Change: From Partisan Entrenchment to the National Surveillance State, 75 *Fordham L. Rev.* 489, 520 n. 113 (2006); Adam M. Samaha, Undue Process, 59 *Stan. L. Rev.* 601, 657 (2006).

〔314〕 Trevor W. Morrison, Suspension and the Extrajudicial Constitution, 107 *Colum. L. Rev.* 1533, 1594 n. 292 (2007).

这种情形很像议会制里自由执政的多数党政府。统一政府的立法障碍减少了,立法效率更高了[315],这也对"美国宪法限制总统强力推行自己的立法项目"这种传统观点造成损害[316]。因此,这引起了一些类似于首相治理时遇到的情况:权力在行政机关里集中而非在行政机关和立法机关之间分散。这一点恰好与传统的关于总统制权力的论述相反。[317] 因此,统一政府时期总统能通过很多分立政府时期的总统无法实现的立法。[318]

统一政府一个不出意外的结果是总统否决权的行使频率大大下降。[319] 另一个结果是委托给行政机关的权力非常大,例如在20世纪30年代的统一政府时期,行政权就非常宽泛,而到了20世纪70年代的分立政府时期,

[315] See, e. g., John J. Coleman, Unified Government, Divided Government, and Party Responsiveness, 93 *Am. Pol. Sci. Rev.* 821, 832 (1999).

[316] See George C. Edwards III, Director or Facilitator?: Presidential Policy Control of Congress, in *The Managerial Presidency* 285, 285 (James P. Pfiffner ed., 2d ed. 1999).

[317] See, e. g., Richard Rose, The Job at the Top: The Presidency in Comparative Perspective, in *The Presidency and Public Policy Making* 3, 6 (George C. Edwards III et al. eds., 1985).

[318] James A. Thurber, An Introduction to Presidential-Congressional Rivalry, in *Rivals for Power: Presidential-Congressional Relations* 1, 10-12 (James A. Thurber ed., 2d ed. 2002); James A. Thurber, Conclusions about Congressional-Presidential Rivalries, in *Rivals for Power: Presidential-Congressional Relations*, supra. 克林顿政府头两年是统一政府,《国会季刊》开始跟踪法案通过率这一数据以来,克林顿政府在那两年的法案通过率名列第三。See James W. Davis, *The American Presidency* 327 (2d ed. 1995). 在一份关于1953年到1984年期间政府和议会关系的研究中,在统一政府时期,参议院和众议院的到会率分别是76.3%和74.7%;而在分立政府时期,对应的数据分别是53.7%和54.1%。Jon R. Bond & Richard Fleischer, *The President in the Legislative Arena* 74-75 (1990). But see David R. Mayhew, *Divided We Govern: Party Control, Lawmaking, and Investigations*, 1946-2002, at 3 (2d ed. 2005) (claiming that unified government is no more productive than divided government); Michael Foley & John E. Owens, *Congress and the Presidency: Institutional Politics in a Separated System* 412-13 (1996) (defending the virtues of divided government); Charles O. Jones, *The Presidency in a Separated System* 195-201, 287-88 (1994) (contending that divided governments are not consigned to deadlock); Roberta Q. Herzberg, Unity Versus Division: The Effect of Divided Government on Policy Development, in *Divided Government: Change, Uncertainty, and the Constitutional Order* 173, 174 (Peter F. Galderisi et al. eds., 1996) (arguing that divided government is only one of several factors in explaining the success or failure of policy); Michael J. Malbin, Was Divided Government Really Such a Big Problem?, in *Separation of Powers and Good Government* 219, 220-21 (Bradford P. Wilson & Peter W. Schramm eds., 1994) (stating that divided governments do not necessarily lead to stalemate). 有趣是的,有一位学者认为当不同政党把控了国会两院时,和不同政党掌控总统以及国会相比,前者更有可能陷入立法僵局。See Jen Reith Schroedel, *Congress, the President, and Policymaking* 133-34 (1994).

[319] Daryl J. Levinson, Empire-Building Government in Constitutional Law, 118 *Harv. L. Rev.* 915, 953 (2005).

行政权就没那么大了。[320] 与之相关的是历史上统一政府时期总统对行政机构的控制权要大于分立政府时期。[321]

然而,统一政府的另一个重要历史意义是联邦上诉法院的规模得以扩张。研究揭示出在63个统一政府时期,议会扩大联邦上诉法院规模的次数达到21次,而在25个分立政府时期这种扩大只有4次。[322] 与之相关,统一政府时期对最高法院法官的45次任命中只有2次被参议院拒绝。相反,分立政府时期总共15次的这类任命却有3次被参议院拒绝。[323] 这两大背道而驰的现象背后也许有一个简单的原因:在统一政府时期,反对派弱势一些,则国会采取的做法可能更大胆、更冒进;而在分立政府时期,国会面临的阻碍更大一些。[324] 因此,统一政府明显会提高总统对政治和立法的控制力。[325]

列文森(Levinson)和皮尔迪斯(Pildes)在关于分权理论的重要文章中指出,要中和统一政府并让议会中的少数党拥有一些立法手段,以抗衡强大的统一政府并让同时掌控总统席位和议会大多数席位的政党负责。其实,在统一政府时期,尤其是当真正的或者想象的宪法危机来临时,不能指望多数党政府负责。[326] 多数党提议设立一套少数党的立法反对权,例如审议权和调查权等制度工具,以帮助少数党让多数党负责。也可以通过赋予少数党否决权来实现这个目标,例如要求取得超级多数议员的支持才能通过法案,让行政机关在行使职责时能独立于自己所属的政党、免受政治

---

[320] Peter H. Schuck, Delegation and Democracy: Comments on David Schoenbrod, 20 *Cardozo L. Rev.* 775,784 n. 28 (1999).

[321] Kevin M. Stack, The President's Statutory Powers to Administer the Laws, 106 *Colum. L. Rev.* 263, 290 (2006).

[322] Emerson H. Tiller & Frank B. Cross, Colloquy, A Modest Proposal for Improving American Justice, 99 *Colum. L. Rev.* 215,219-20 (1999).

[323] Kevin J. McMahon, Presidents, Political Regimes, and Contentious Supreme Court Nominations: A Historical Institutional Model, 32 *Law & Soc. Inquiry* 919,922 (2007); see also Keith E. Whittington, Presidents, Senates, and Failed Supreme Court Nominations, 2006 *Sup. Ct. Rev.* 401, 411-33 (illustrating different success rates for Supreme Court nominations under divided and unified government).

[324] John M. de Figueiredo & Emerson H. Tiller, Congressional Control of the Courts: A Theoretical and Empirical Analysis of Expansion of the Federal Judiciary, 39 *J. Law & Econ.* 435, 451-52 (1996).

[325] Tracey E. George, Judicial Independence and the Ambiguity of Article III Protections, 64 *Ohio St. L. J.* 221,239 (2003).

[326] Daryl J. Levinson & Richard H. Pildes, Separation of Parties, Not Powers, 119 *Harv. L. Rev.* 2311, 2352 (2006).

操控。[327] 想想马克·塔施奈(Mark Tushnet)所称的"单行棘轮",我们就能理解上述建议对总统制的更多益处了。塔施奈用"单行棘轮"来形容撤销或者修改统一政府下的法律是何其艰难:"统一政府做到的,分立性政府无法做到。"[328]

然而,重要的是认识到统一政府也不总是和议会制中的多数派政府一样。只需要看看美国最近一届统一政府即可,在这届政府,共和党不仅获得了总统席位,而且在参众两院都控制了多数席位。即便如此,各种障碍和迟延依旧让立法的速度很慢。[329] 总统制的统一政府只有防止了"拉布"才能避免立法中的固有障碍。但即便在这种时候,正如一个学者所说的,美国历史上超级多数派政府也很少见。[330] 统一政府的变革还面临诸如政府官员和政治利益、政治压力集团等议会之外的阻力。[331] 统一政府依然是个很吸引人的结构,在该结构中执政党追求立法目标的过程中受到的阻力会少一些,议会制里的多数党政府在这些方面和统一政府相似。

五、结论

相较总统制与议会制各具特色的结构特征所可能暗示的差异,二者展示了更多功能上的类似。这一观察强调了既存宪法理论的局限性,清晰地指出了关于总统制与议会制的传统宪法概念不仅有局限,甚至还常常出错。该结论的直接含义很重要:总统制和议会制之间的界限并非过去所认为的那样分明。更大的暗示令人着迷:因为宪政国家的政治文化变得标准

〔327〕 Id. ,at 2370-78.

〔328〕 Mark Tushnet,Alarmism Versus Moderation in Responding to the Rehnquist Court,78 *Ind. L. J.* 47,64 (2003).

〔329〕 Michael J. Gerhardt, Essay, The New Religion, 40 *Creighton L. Rev.* 399, 405 (2007); Elliot E. Slotnick, Appellate Judicial Selection During the Bush Administration: Business as Usual or a Nuclear Winter?, 48 *Ariz. L. Rev.* 225, 235 (2006); David S. Law & Lawrence B. Solum, Positive Political Theory and the Law: Judicial Selection, Appointments Gridlock, and the Nuclear Option, 15 *J. Contemp. Legal Issues* 51, 89 (2006); Sheldon Goldman, Judicial Confirmation Wars: Ideology and the Battle for the Federal Courts, 29 *U. Rich. L. Rev.* 871, 898 (2005); see also Mark Silverstein & William Haltom, You Can't Always Get What You Want: Reflections on the Ginsburg and Breyer Nominations, 12 *J. L. & Politics* 459, 472 (1996) (discussing hindrances posed by unified government during the Clinton Administration).

〔330〕 David Law, Appointing Federal Judges: The President, the Senate, and the Prisoner's Dilemma, 26 *Cardozo L. Rev.* 479, 512 (2005).

〔331〕 Mark Tushnet, The Supreme Court 1998 Term--Foreword: The New Constitutional Order and the Chastening of Constitutional Aspiration, 113 *Harv. L. Rev.* 29, 74 (1999).

化,较之其宪政结构内是否已吸收了基本的民主机制,一国采取总统制还是议会制可能变得没那么重要了。

现代治国技艺表明总统制与议会制的漫画式描绘极少被各国宪章全盘尊奉。为了实现特定政治与文化语境中固定的目标,各国常常将本土的创意引入传统的总统制与议会制模式。这些创新表明总统制与议会制善于接纳现代改良,并展示了这两种体制向世界上已经民主及正在民主化的公民们提供宪政发展可能的丰富性。

完善我国人大制度的几点思考

郭道晖 *

一、我国人大制度的简略回顾——从建立到破坏再到恢复的艰难历程

回顾1954年第一次全国人民代表大会召开前，我曾以清华大学党委宣传部负责人的身份，被派去主持海淀区清华大学选区的人民代表选举。当时选举很热烈，要求百分之百投票，也就是说一个也不能少。我们选举办公室也负责落实一个一个选民，包括生病的、出差的，创设条件保证每个人都能投票。在投票前期我还在校报上发表一篇短评:《投社会主义一票》。当时人们的热情很高，投票结果果然达到百分之百。此前我还主持收集清华师生员工对宪法草案的意见。当时在全国有一亿五千万人参加宪法草案的讨论，收集的意见达十万多条，反映了新中国的公民们参与政治的热情。同一年通过了第一部宪法，即"五四宪法"。这些都在人民群众中引起了强烈的反响。

全国人大成立之初，也通过了几部法律。人们充满期待，以为从此国家有望走上民主宪政的轨道。可惜刚过去一年，即1955年，就发生了批胡风的违宪事件。到了1957年"反右"以后，一系列的政治运动，无不是违反宪法、侵犯人权的行为。包括实行"政社合一"的人民公社制度这样一个改变国家基层政权体制的问题，也都不是通过人大审议通过，而是单由执政党中央一个决定就举国运动起来改制。1966年到1975年近十年停开全国人大会议。1975年虽恢复召开四届全国人大一次会议，其代表却是秘密指定的，会议秘密举行，连开会地点也保密。人大通过的"继续革命"和

---

* 中国法学会教授。

“全面专政”的1975年宪法，则同民主宪政精神背道而驰。“文革”期间，虽然有宪法文本上的人大制度，却名存实亡。踢开宪法和人大闹“革命”的无法无天的毁宪运动，造成了史无前例的大灾难。

这是我国自清末以来的百年宪政运动的又一次重大挫折，也说明宪法和人大制度本身存在先天缺陷：没有建立有效的权力制约和违宪审查制度。

令人高兴的是，改革开放以来，人大恢复了活力，并且有了比较大的发展和进步。1982年六届全国人大二次会议通过了新制订的宪法。我个人也有幸在1979年从清华大学调到全国人大刚成立的法制委员会办公室，搞立法和法治研究工作，参与了一些人大的活动（包括1982宪法的制订）。八年于兹，亲身观察和体验了人大制度运行的得失。

人大制度的启动，也是一个艰难的过程。那时候人大代表大都缺乏法律常识，不知道作为代表有哪些权利，人大有哪些权力。听了总理的政府工作报告后，大家讨论时，只是像平日听首长报告后，习惯性地说报告使自己受了很大的教育，很大的鼓舞，回去要好好学习；却不知道应当行使代表的权利和人大的权力，去审议其中存在什么问题。在审议刑事诉讼法草案中关于第一审程序、第二审程序的时候，有些代表就奇怪地问：“怎么第一是‘审程序’，第二还是‘审程序’，这不是重复吗？”问民事诉讼法中的“法人”是什么，是不是“法人就是守法的人？”当时人民代表的法律知识是很差的。外人讥笑中国人大是“橡皮图章”，除了因为权力意识差外，还因为法律意识差，难以提出意见。

应当说，改革开放30多年来，人大制度有所改进，人大代表的法律意识、权利意识也有了很大的进步。人大在立法上取得较大的成就，制定了四百多部法律，中国法律体系的框架已初步形成，国家完全无法可依的状态已经基本结束。国外对人大的评价也有了新的说法——“这块橡皮图章变硬了”，这是值得庆幸的事。

毋庸讳言，人大制度和人大运行特别是宪法实施中的问题还不少。我认为，千头万绪，归根结底，还在于对人大制度的根本性质，其权力位阶，其与人民、选民、执政党、政府之间的关系等，还研究得不是很清楚和到位。下面仅就其理念与制度略举数端，以求共识和改革。

二、理顺人大与人民、选民的关系——人大是最高国家权力机关，不是国家最高权力主体

(一)谁是国家最高权力主体

宪法第2条第1款规定:“中华人民共和国的一切权力属于人民。”第2款规定:“人民行使国家权力的机关是全国人民代表大会和地方各级人民代表大会。”宪法第57条又规定:“中华人民共和国全国人民代表大会是最高国家权力机关。”这三款都涉及权力,其中,“最高国家权力机关”是否就等同于“国家最高权力机关”? 一些人大代表和党政干部是并不了然的。

首先要区分,这两种表述是有差别的:“最高国家权力机关”只是表明全国人大相对于其他所有国家机构而言,是拥有“最高国家权力”的机构,地方人大和各级政府机关(包括行政、司法、军事机关)虽然也拥有各自不同和不等的国家权力,但都得服从全国人大这个“最高国家权力”机关。

而所谓“国家最高权力”命题中的“国家”,则不仅是指“国家机关”,而是涵盖国家机关和全社会;其权力不限于人大和政府行使的国家权力,同时包括各社会主体——普通公民、人民大众、社会组织、各政党特别是执政党的权力,即人民或全民的权力。

这就涉及在人大之上,谁拥有“国家最高权力”,或谁是国家最高权力主体?

依我国现行宪法,全国人大是“最高国家权力”机关,这只是相对于其他国家机关而言;全国人大并非“国家最高权力”机关。拥有国家最高权力者是人民,即所谓“主权在民”。人大也是由人民(选民)选举产生的,宪法规定人大要对人民负责,受人民监督。可见,“人民”是人大这个“最高国家权力”机关的“更高”权力主体。

“中华人民共和国一切权力属于人民”的命题中,这个属于人民的“一切权力”是从“人民主权”意义上说的。它才是“国家最高权力”,是高于全国人大,也高于执政党和其他任何国家机构与社会组织与个人的“权力”。

这种“最高性”的体现,是全国人大(以及担任国家领导人的执政党党员)由人民(全民)直接或间接选举产生,要对人民负责,受人民监督。全国人大制定的法律和通过的决定,都不得违反人民的意志,侵犯人权和公民权利,否则就是违宪的、无效的,也就是说,人大是全民权力的派生组织,全体人民是国家权力的原始主体和最高主体。

不过,"人民"是个抽象的整体概念,在我国,县级以上的人大都是间接选举产生的,不易看出人民权力对人大的直接作用。在凡属真正实行"主权在民"的政制的民主国家,其国家的最高权力并非议会或总统,当然更不是某个政党,而是人民或全体选民。他们通过手中的选票和实行"全民公决"的投票,掌握着决定总统、议会议员或内阁成员人选的命运,并掌握修改宪法和重大法案以及涉及全民的重大事项的最高权力或最终决定权。这种全民直选权(包括罢免权)、全民公决权(包括修宪权、立法终定权和其他涉及全国、全民的重大事项的决定权),就每个公民而言,是他的基本权利;就全民集中投票公决而言,则已是转化为具有直接强制力的人民权力(而不是人大的权力)。因为经全民公决得出的结果,是具有最大权威和强制力的,任何国家机关(包括议会或人大、总统、内阁)和个人(包括执政党领导人)都必须服从全民公决的决定。在美国,宪法修正案要得到 3/4 多数的州议会的批准才能生效。欧盟宪法草案在法国全民公决时遭到否决,以致未能在欧盟生效。可见人民或选民的集体权力,才是国家的最高权力,高于其总统与议会拥有的国家权力。

这种人民权力或全民权力,属于什么性质呢?从宪制视角考察,似应属于国家权力范畴,因为它是在国家宪法确认的人民主权和公民权利范围之内所拥有的权力。但是,这种人民权力或全民权力,已不同于议会和政府这类国家机关的国家权力,而是体现国家主权("一切权力属于人民")、来自社会的人民权力、"全民权力",或全社会的权力,也就可以说是社会权力,而且是整个国家与全社会的最高权力。明乎此,人大就不致脱离人民、越权于人民权力之上,就能兢兢业业、时刻记着要为人民服务,对人民负责,受人民监督。

(二)人民的选择权是体现人民的最高权力和人大对人民负责的根基

我国人大制度规定,县以上都实行由下级人大间接选举上一级的人大代表并间接产生其政府组成人员,而这种选举的候选人又大都是由执政党内定的(虽然有些地方也经过与民主党派和群众团体的协商)。2012 年有的地方出现公民自发提出的"独立候选人",则多被抹杀甚至打压。近年来也从差额选举退到等额选举,选民没有选择的自由。总之,流于形式的选举既不民主,也不直接,难以体现人民的最高权力。至于全民公决这类直接民主就更谈不上了。

真正的选举,不只是投票,最重要的是选择。选民应当有选择自己中意的代表的"选择自由"(当然这是在"少数服从多数"的民主原则前提下),这种选择权是公民的基本权利。人大代表候选人也只有经过选民的选择,当选后才能获得其“代表权”,即获得人民的授权,有权利能力(资格)代表人民行使其在人大的权利与权力。

从选民的选择权到人大代表的代表权(权利),再到人大的集体决定权(权力),是人民与人大的宪法契约关系链。这个链条断裂或程序不民主、不规范,就会使人大制度的人民性、民主性异化为名实不符的虚假摆设。因此,人大选举的民主化改革,是关系人大制度的合法性基础的问题。忽视或压制选举的民主,会动摇人大制度的根基。

(三)人大代表要对选民负责、受选民监督

人大代表既然是由选民选择产生的,就有对选民负责、受选民监督的义务。而迄今极少这样做。人大代表很少向他的选区的选民述职,报告他在当选人大代表的任内为人民和本选区选民做了些什么。一些访民(也是选民)要找代表反映情况,请求帮助,往往找不着或被拒绝。这是人大代表普遍的失职。其根源固然在于他当上代表,实际上并非选民选举,而是执政党指派,只对党负责,无须对选民负责;也基于我国人大制度迄今并未对此作出制度安排,人大代表也没有这种责任意识。

有一种理论认为,人大代表不应只代表其选区的选民利益,而应代表人民——全民的利益。这虽然有可取的道理,但完全不顾选民、不受选民监督,也有悖法理。理论上,选民对人大代表还应有“再选权”,即视代表的表现而决定在下次选举中是否再选你当代表,这在民主国家是制约民选议员和政府官员(总统等国家首脑)的重要机制。因而议员和官员都不得不十分尊重选民的意志和利益,注重与选民的联系,为选民服务,以赢得下次选举的选票。

在我国,人大制度在设置上并没有特意为人大代表安排联系选民、直接服务人民的制度条件,甚至还有意无意地力图隔绝代表与人民的联系。近年有的地方正在试行设立代表个人的工作室,以利于加强代表与选民的日常联系。可是 2011 年修订的代表法第十二条规定:“代表在闭会期间的活动以集体活动为主,以代表小组活动为基本形式。”即只限于由人大有关工作机构和代表小组去组织代表的活动,可能是为了便于掌控。实际上隐含以集体活动来限制代表个人联系选民的活动空间,这不能说是尊重代表职责和选民权利的规定。

(四)人大所代表的“人民”是全体国民,包括公民个人和群体

顾名思义,人民代表大会是代表人民的意志和利益的。人民是个整

体的概念，在今天，宪法上的人民，并不是与“敌人”这个概念相对应，而是涵盖着全体国民。它所代表的利益也不仅是人民的整体利益、集体利益，还包括不同群体和个体的特殊利益。

因为我们习惯讲国家利益、集体利益至上，而忽视个体的利益，忽视特殊群体的利益。人权入宪以后，我们强调以人为本，强调保护私有财产，宪法里面“人民”这个概念就要落实到人权的主体——个人，而不只是抽象的人民。大至改变某项国家体制、社会制度，修建某项重大工程（如水坝、化工厂）以及某项巨大拨款（如动用所谓“举国体制”的“优越性”举办规模巨大的奥运会、世博会）等影响国计民生的决定和立法，小至城市的拆迁、公民的产权、工资收入、土地使用权的转让等涉及千家万户个体利益的重大问题，都应该经人大审议并且作出立法的保障，这才是依宪执政，以民为本，以人为本，也才体现了全国人大掌握最高国家权力的职能。

以人为本不能只以某一阶级为本、以党为本、以领袖为本，或以国家权力为本、以官为本。以人为本的“人”，也不能限于某一群体的人，更不能以特殊利益集团或权贵资产者集团为本。“以人为本”在宪政体制上的体现应是“以民为本” 。而所谓“民”，不应只限于我们过去按“划清敌我界限”或“两类矛盾”的政治原则与概念下的“人民”，也不应限于所谓“最大多数人”，或所谓“团结95%以上的人”，而应当是以“全民为本”，即以100%的国民和公民为本。也就是说，只要是人，包括外国人，都要尊重和保障其人权，不得非法侵犯。不能把另5%划为异类，打入另册。须知，这5%在我国就相当于3000万人（以20世纪50年代全国人口6亿计）或6500万人（以现在的13亿计）。置数千万人的人权和宪法权利于不顾的境地，这是何等可怕的历史过错！

这里需要指出，要以全民为本，还基于人大和政府是由全民直接或间接选举产生的，就应当对全民负责，而不只是对95%的人负责。即使是对所谓“阶级敌人”、死刑犯，作为执政者也要依法保障其应有的人权和未被剥夺的法定权利（如人格权、诉讼权及其他未被法院裁决予以剥夺的民事权利），否则就会自毁法治。即使是战争中的“敌人”（如敌方士兵、俘虏）也不容使用灭绝人性的手段（如用化学、生物武器或原子弹）去屠杀、虐待他们。那种所谓“凡是敌人拥护的，我们就要反对”的形而上的武断，那种“以我划线”，按自己的标准去“团结一切可以团结（而不是应当团结）的人”，都是同“以人为本”精神和代表全民的人大制度相悖的。

三、把握人大权力的高度和限度——人大权力既要到位又不越权

(一)人大是实行民主选举基础上的权力集中制,不是“议行合一”

全国人大作为最高国家权力机关,立法、行政、司法以及军事等国家权力最终都属于人大。所以我国人大制度是在民主选举的基础上实行权力集中制。但是我们的宪法又规定,人大行使立法权,国务院、地方各级政府、法院、检察院分别行使行政权、检察权、审判权等。宪法一方面确认人民行使权力的机关是人民代表大会,另一方面又讲政府、司法机关是行使行政权、检查权、审判权的主体,这样就出现了多个行使权力的主体,可谓“一权多主”,逻辑上就有点矛盾了。这个问题应当这么来理解:

第一,国家主权属于全民(立法权就属于主权范畴),由全国人大来行使,别的任何机构(包括执政党)、国家机关都不能行使人民主权。

第二,人大同时是经人民授权(信托)而成为立法权、行政权、司法权的所有者。这是人民通过选举,委托人大来代表人民行使权力。人大受人民的信托,可以以人大自己的名义成为人民权力的所有者。但是行使权是分工的:立法权由人大自己行使,其他的权力分别由行政机关和司法机关来行使。人大不能直接去行使行政权力或者干预司法权力,这就是人大行使权力的一个限度。

这样理解,就可以避免一种误解:既然人大是最高国家权力机关,一切权力归人大,其权力就是无限的,它就可以行使一切国家权力。这是不对的。有的论者认为我国人大制度是“议行合一”也是不符合事实的。人大可以作出决定和立法,但人大并不能也不应去包办代替行政和司法机关行使行政权和检察权、审判权。所谓“议行合一”,是指经委员会议决后由同一主体(各委员)去执行。巴黎公社是如此,中华人民共和国成立初期的“中央人民政府委员会”也是如此。建立人大制度后,就不再如此了。

(二)人大权力的限度——不能越权

我国人大的权力虽然是高于政府和司法机关的,但不是高于一切的,不是绝对的权力。有人认为,既然人大是最高国家权力机关,全国人大的权力就是至高无上的,一切国家权力归人大,人大就可以行使一切权力。这是误解。人大只是直接行使立法权,但不能直接去包办行政权力或者干预司法权力,这就是人大行使权力的一个限度。我认为人大的权力至少要受三方面的限制:

一是不能超越人民主权,它是代表人民行使主权的,但你不能违反宪

法,人大的任何立法都不能违反以人为本、人权至上的原则、立法为民的原则。它只能按照人民的意志来行使人民的主权,这是宪法的基本原则和最高原则。

二是不能侵犯基本人权和公民的基本权利。人大的任何立法假如侵犯了基本人权和公民的基本权利,那就是违宪,是侵权,是无效的。如1957年全国人大批准的国务院劳教法规,就是严重侵犯人权的行政法规。近年国务院和有些地方性的法规,如制定拆迁条例,规定法院没有作出裁决前就可实施强制拆迁,这是越权侵权行为。

三是不能包办代替"一府两院"的职权。有些地方人大虚置宪法已规定的一些监督的方式(调查、询问、质询,以及审议政府和两院工作报告,等等)不用,却热衷于搞个案监督,或者到政府与司法机关要求官员述职、人大代表评议。须知,人大是集体行使权力的机构,人大代表到政府机关、司法机关去调查、视察,是分内的权利;但他们不是人大的钦差大臣,不能去直接行使权力,向政府发号施令。你想要处理这些机关的弊政的话,你必须回到人大先提交提案,经过人大审议,集体投票,通过决定,才具有法律效力和强制力,责成该机关执行。

至于对司法机关,更不能去干预其独立行使检察权和审判权。现行宪法第126条规定,法院依法独立审判,"不受任何行政机关,社会团体和个人的干涉",这种列举式的规定,很不周全。一方面,它没有排除人大和执政党的干涉。虽然人大对司法机关可以监督,但是人大应该主要是监督它们是不是能够无障碍地独立行使审判权、检察权。人大的职责在于协助它们排除多方面的干扰,创造条件保证它们能够独立行使检察权、审判权,却不能包办代替它们判案纠错。

另一方面,笼统地、绝对化地排除社会主体(公民、民间社会团体特别是媒体)对司法的监督(也可说是"干涉"),也有悖人民参与管理和监督国家政治和司法事务权利的宪法原则。参与就意味着有所"干涉"。

1954年宪法第78条规定"人民法院独立进行审判,只服从法律",并没有列举不受社会团体和个人的干涉。1979年通过的法院组织法第4条也沿用这样的规定。这样具有实质性的、概括性的规定,简明合理,避免了执政党和其他社会势力干涉司法的空间,而且同马克思强调的"法官的唯一上司是法律"的原则是一致的。

(三)宪法确认的人大权力还没有完全到位

人大者,非有大楼之谓也,而是有大权之谓也。作为全国与地方的最高国家权力机关,在防止人大越权的同时,更大的现实问题是人大权力还没有完全到位,有些本来属于人大应有的职权还没有得到尊重和履行。诸如宪法的解释权,对宪法实施的监督权、违宪审查权,对与宪法法律相抵触的行政法规、地方性法规的撤销权,对国务院、中央军委和法院、检察院工作的监督,以及监督政府民主执政、科学执政,建立法治政府和廉洁政府的问题,等等。有的地方人大常受党政机关的侵权,甚至"大权旁落"。譬如涉及公民的基本权利义务的事项,依宪法和立法法必须是由全国人大以法律定之,而迄今多是由国务院以行政法规和规章,甚至地方政府的"红头文件"定之。依法治国的主体是人民(通过人大),现在依法治省、治市、治县的决策与方案,往往只是由政府来策划、操办,而不经人大审议。它们首先本应是被治、被监督的客体,却反客为主,这就很难企望它们自我去依法治权、治官。

十八大报告强调要"加强对政府全口径预算决算的审查和监督"。这不仅是每年人大开会时审议批准政府关于年度预算决算的报告,还应当包括执政党和政府的重大决策举措,举办影响国计民生的重大的社会工程(如举国动员搞政治运动)或者建设工程(诸如兴建三峡大坝,举办奥运会、世博会),以及政府的办公经费预算,都应该经过人大的审议批准。在西方,议会被称为"钱袋议会",是控制政府用钱的。如果政府预算或临时性的重大拨款不被议会批准,就相当于议会对政府投了不信任票,要么政府发不出工资而只好瘫痪,要么政府承担政治责任,全体辞职。

反观我国,有些地方政府为了搞形象工程、政绩工程,没有经过人大的批准,就把扶贫的款项挪用去盖富丽堂皇的政府大楼。一个区乡政府盖的政府大楼可以同美国的国会山、我国的天安门媲美。有的地方为实现所谓"城市化",甚至不惜拆毁历史名城和名人故居,拿纳税人的钱去毁坏历史文物,破坏生态环境,造成了难以挽回的损失。据报载,内蒙古搞了一个占地五千平方公里的开发区,搞了十年,经济效益极少,而生态环境遭到严重的破坏。这项大工程就是没有经过人大审批,而只是通过区党委和区政府两个办公厅批准就照办!

我建议,全国人大要制定一个法律,规定政府超过多少限额的拨款,举办有关国计民生的重大工程(包括物质建设工程和社会工程),都应该通过人大的审议,最后表决,应该以此作为政府举行重大举措的一个法定程序,作为人大的一项职责。否则就应该视为违宪,要追究领导人的政治责任或者法律责任。

由人大来控制政府的财政,涉及审计问题。迄今国家审计署设在国务院,就很难公开公正地审查国务院自身及其所属部委的财政问题,也不可能审查人大自身的财政问题。所以不少学者建议审计署设在人大,主要做财政审计。至于财务审计,还是由行政机关去做。

四、理顺党权与国权、民权的关系——人大高于一切政党

(一)执政党的领导权不能取代人大的决定权

在我国,由于奉行一党制和"党领导一切"的政治体制,与本文前述的"全体人民是国家最高权力主体,全国人大是最高国家权力机关"的认定不同,人们已习惯性地认为,执政党是国家最高权力者。——这于历史上、事实上当然有根据,但法理上却是错误的。

不少党政领导干部对党的地位与作用的认识,还沿袭革命时期的旧观念旧制度,没有实现由革命党到宪政党的转变,没有从长期以来实行的以党治国向依宪治国转变。在有些地方和有些干部中,还存在党委和书记凌驾一切、指挥一切、调动一切(包括凌驾于人大之上指挥人大)的习惯思维与习惯动作和对既得权力的依恋。

对党与人大关系在思想认识和观念上的误差,实质上是混淆了党的领导权与国家权力的关系,把党的决策权(政党对国是、对国家大政方针政策的建议权利)等同于或凌驾于人大的决定权(国家权力)。本来,按党的十三大报告的界定,执政党的领导是指方针、政策、路线的政治领导,主要是政治号召力、说服力和政治影响力。这种领导权的性质属于政党的政治权威和权力,而不直接是国家权力。党的领导权不是凌驾于人民主权、国家政权和作为最高国家权力机关的全国人大之上或与之并列的权力。执政党既不是最高国家权力机关,更不能说是国家最高权力机关。在国家事务中,人大的权力是至上的,人大高于一切政党。这一点,列宁早已说过:"苏维埃高于一切政党"[1],"必须划清党的机关和苏维埃机关的界限"[2]。党一方面要在政治上指导人大的工作,另一方面又要遵守人大通过的法律与决定,亦即党的意志既要体现人民意志,又要服从人民的意志。二者有冲突而又不能说服人民群众与人大时,也应以人大或绝大多数人民群众的意志为依归。

---

〔1〕《列宁全集》(第26卷),人民出版社1998年版,第467页。

〔2〕《斯大林全集》(第6卷),人民出版社1985年版,第224—225页。

在"文化大革命"极"左"路线影响下产生的1975年宪法，曾在第16条中规定全国人民代表大会是"在中国共产党领导下的最高国家权力机关"，这就无异于把党视为高于人大的国家权力机关。1978年宪法和1982年宪法都删去了"在中国共产党领导下"的定语，从而在宪法文本上改变了党政不分，把党权置于人大权力之上的偏颇。但在实践上并没有多大改变。党的十六大报告在强调要改革和完善党的领导方式和执政方式时，特别提到要规范党委与人大的关系，但迄今也并未制定政党法或其他有关决定予以规范。地方党委在遇到人大通过的决定或选出的政府成员同党委原定方案不一致时，往往不经法定程序擅自变更人大的决定，批评人大向党闹独立性，"以法抗党"等（早些年就曾发生某市人大选出了非市委内定的市长，市委就予以否定，强制重选）。这显然是把党委（甚至只是党委中的个别领导人）置于人大权力之上，以党权压政权、民权，以党压法，这是错误的。

（二）人大能不能监督执政党

对执政党的监督主要靠人民的监督，这一方面是人民群众（公民和社会组织）的直接监督，另一方面主要是通过人民权力机关——人大对党组织和执政的党员官员的监督。前者属于公民权利监督，后者属于国家权力监督。后者如果严格施行，比之公民和社会组织更具强制力，能取得实效。而人大能否监督执政党，也是是否实施宪政的一个标志。

我国人大能监督作为领导党和执政党的共产党吗？这在实行政党政治的法治国家是不成问题的。议会制国家，一般由在议会中占多数议席的党执政，即"组阁"。议会可运用质询、弹劾、不信任投票等程序，制约乃至推翻执政党的政府，即"倒阁"。总统制下的议会，也可以弹劾乃至审讯当选为总统的执政党领袖，迫其辞职下台。如美国国会迫使总统尼克松辞职，对克林顿也曾拟予弹劾。

在我国，由于实行人治和"以党治国"，人大不能监督执政党。社会各界千呼万唤的全国和地方人大常委会监督法，从1986年酝酿开始，历经几届人大更替，20年的研讨、审议，并罕见地经过"四读"，才于2006年8月的十届全国人大常委会第二十三次会议上获得通过。其经历的主要障碍无非是邓小平批评过的"党权高于一切"的旧习惯思维在顽强地起作用。以为党既是"领导人大"的，而且党的领导权也不是人大赋予的，岂能受人大监督？让人大去否定党的政策、决定，岂不有损党的绝对权威，削弱党的领导？

其实，从法理上说，只要不是专制皇帝或独裁者，任何权力者、领导者都无例外地要受监督与制约。十八大新当选总书记的习近平同志提出要“把权力关进制度的笼子里”,这是切中要害的箴言。作为执政党(体现于其执政的党员官员),是由人民(人大)选举产生的,理应对人民和人大负责,受人大监督。作为领导党,要取得人民的衷心拥戴,也要自觉地接受人民的监督。

2004年党中央曾制定了一个《党内监督条例》,监督力度较大,但实际效果不明显。现今要克服党内严重的腐败现象,单靠党内监督和社会监督,缺乏国家权力的支持和人民的参与,难有成效。因此,有必要启动和强化人大监督的机制,遏制权力腐败,改善党的领导,这只会加强而不会削弱党的领导地位。

执政党受人大监督的方式,迄今主要是对当选为政府的党员官员向人大负责,每年向人大会议作工作报告,接受审议;接受询问或质询;接受调查、评议;承担政治责任,提请辞职,乃至接受罢免;等等。这些表面上虽是针对从政的党员官员个人,实质上如同议会制国家一样,是对执政党的监督。因为,在我国,政府组成人员大都是执政党的领导干部。如果更进一步,还应当对有违宪行为的某个党组织进行违宪审查,依照宪法第5条第4、5款的规定,“任何组织(当然包括执政党组织——引者注)或者个人都不得有超越宪法和法律的特权”,“……各政党……一切违反宪法和法律的行为,必须予以追究”。

五、人大内部制度的改革——改进人大代表的结构,调整人大立法的重心

以上主要是论述如何正确认识和摆正人大与有关外部的关系。就人大制度自身而言,也有不少问题有待调整。

(一)人大代表的结构与会议形式问题

迄今从全国到地方的人大组成,其代表结构并不合理。据统计,代表的成分,党员和官员占80%以上。即使是以基层工农名义当代表,也多是地方乡镇干部,极少一线的普通工农群众代表。这就使代表大会成了官代会、党代会。基层人民的声音很难在人大听到。代表大会的职责是监督官员、监督政府。这个结构不改变,我们的代表大会就是官员自己监督自己,这是有违“自己不能做自己的法官”这个民主法治的基本原则的。党的十八大报告已注意到此,要求“提高基层人大代表特别是一线工人、农民、知识分子代表比例,降低党政干部代表比例”。这是符合人大制度的本义

的,应当切实实行。延安时代边区的参议会实行“三三制”,共产党员只占三分之一,可以借鉴。

此外,人大代表太多,全国人大接近3000人,怎么议事?还有代表议事的方式也有欠缺:一是没有全体代表会议进行大会发言讨论,以便交流;二是按各省分团来组织讨论,作为代表团团长的省长、省委书记往那儿一坐,那些受他领导、管辖的本省的代表谁敢批评这个省的工作和官员?代表们对外省的情况和他们提出了哪些意见也不了解,怎么来审议、投票决定属于全国的、全局性的大事?虽然有各组简报可沟通,但毕竟受限制。据我在人大工作期间所知,有些被认为“敏感”“尖锐”的批评意见是不登一般会议简报的,而另载于内部快报,只供“中央领导”参阅。这些都限制了人大代表的知情权和意见交流权,应予以改进。

(二)人大立法重心的适当调整问题

在前一阶段我们国家总的指导思想是实现“从以阶级斗争为纲到以经济建设为中心”的历史转变。在人大立法上,经济立法是重于一切的,这是必要的,起了很大的作用。但其缺陷是多数立法只是政府管理法、政府权力保障法。人大做的是为经济发展和为政府治理保驾护航的工作,人大似乎变成了贯彻行政管理措施的一个附属行政的机构;而忽视了立法的首要价值目标在于为社会人的人权和公民权提供立法的保障,人大对有关公民的政治权利、社会保障权、个体私权利方面的立法不多。这种偏于单向度的立法现象,是同我国经济改革单轨运行而政治体制改革滞后这样的状况是相呼应的。

我建议,今后全国人大的立法应该调整它的重心和思路,除了继续完善经济立法以外,更应该在立法上统筹兼顾各个方面、各个群体和个体的权益,特别是弱势群体的权益;对有关于公民的生命、财产、平等、自由等基本人权和公民的政治权利的立法,以及社会保障、环境与生态平衡等方面的立法,应当给予高度的重视。

一个更重大的问题是,公民有纸上的宪法权利却缺乏人大的立法保障。由于我国宪法是不可诉的宪法,不能把宪法直接司法化,法院没有法律依据,不能直接适用宪法的某一个条文来审判。比如宪法第35条所列举的公民有集会、游行示威自由,有言论、出版、结社自由,除了集会游行示威有一项法律以外,其他都没有法律,只有法规或者规章甚至红头文件,而这些东西不是依据法律制定的,在立法权限和程序上是越权立法,是违宪,也违反立法法的。因为宪法和立法法规定,公民的基本权利必须由全国人大的法律来制定,法规、规章只能在先有了法律以后,才能根据法律来制定相关的行政法规和规章。而国务院及某些部委却超前制定了很多法规、规章,比如《宗教事务条例》、《出版管理条例》、《社会团体登记管理条例》、互联网的一些规定等,这都是没有法律依据的。法律是以保障公民自由为主,而现在的法规、规章则以控制和限制自由为主。

总的来讲,宪法上确认的公民权利没有立法,权利就得不到有效的法律保障,那些权利就变为"乌托邦条款",不能实现,这是最大的问题。为了避免全国人大立法在这方面的失职,应当及时补救,改变政治立法、人权立法这种滞后状况。

(三)地方党委书记兼人大常委会主任的问题

现在从省到县市人大,大多由地方党委书记出任人大常委会主任,从而使一人身兼党委和人大的两个"一把手",这种党政(政权)一元化领导,可能是为了提高人大的权威,有利于推行人大的决定,也利于党委直接了解民意和学会如何将党的主张通过人大的法定程序,转化为国家的意志和法律。但党委书记当人大"一把手",也可能把人大变成只是贯彻党委意图或书记个人意志的工具,或使党委在组织上成为高于人大权力的"上级"。而且,党委书记坐镇人大,集党的决策权和人大的决定权于一身,也会影响人大代表自由发表意见或批评、监督党政官员。实际上党内一把手,又兼人大的"一把手",人大很可能成为贯彻他的意志的一个工具。何况在我国,"党领导一切",党委书记事实上是政府工作的领导人、决策者,本应是受人民监督的对象;如果他作为人大的主任,就会变成自己监督自己,"作自己案件的法官",这有违法理。

其实,无论以集体领导的委员制为组织原则的党委制还是以集体行使权力为原则的人大会议制,都不存在"一把手"和个人"领导一切"。这是把行政的首长负责制搬用到党委和人大的集体领导制,使之行政化,是一大弊病。这也是人大制度改革需要考虑的问题。

立法权的宪制化:议会民主的宪法使命

田飞龙*

引论:现代宪制中的立法权问题

立法权是现代宪政国家的主要权力之一,也是基于民主选举的议会的核心职能。[1] 根据康德的理解,立法权提供的是一个国家进行理性判断和治理的大前提——法律规范,而行政权提供的是作为小前提的事实判定,司法权则提供作为逻辑结论的判决结果。[2] 立法权与民选议会相联系从而构成代议制宪政的基础结构,这主要是西方政治思想与制度长期发展的结果。立法权相继从绝对主义的神权和王权中分离出来的过程,就是西方近代史上政教分离以及立法权与行政权分离的过程。英国 17 世纪的资产阶级革命以洛克学说为理论根据,所完成的主要任务就是议会主权(立法权)的规范建构。英国的议会主权是英国国内的国王与贵族长期斗争的结果,也是英国宪法思想从以阶级分权为基础的混合均衡政体说向以机构分权为基础的分权均衡政体说演变的结果。[3] 然而,以“三权分立”学说闻名于世的法国思想家孟德斯鸠在《论法的精神》中对英国宪制结构的分析并不确切。根据戴雪的总结,英国宪制的最突出特征是“巴力门主

* 北京航空航天大学人文与社会科学高等研究院助理教授,法学博士。

〔1〕 选举只是周期性的政治权力轮替,而立法则是日常化的民主过程,是民主质量与深度的核心指标。

〔2〕 参见[美]哈维·C. 曼斯菲尔德:《驯化君主》,冯克利译,译林出版社 2005 年版,第 3 页。原始出处为 Kant, Metaphysische Anfangsgründe der Rechtslehre(《法学的形而上学导论》), Hamburg 1986, § 46。

〔3〕 关于混合均衡与分权均衡的有关理论线索及其制度特征,参见天成:《论共和国——重申一个古老而伟大的传统》,载《宪政主义与现代国家》,生活·读书·新知三联书店 2003 年版。

权”(Parliamentary Sovereignty)[4],即“议会至上”,而不是所谓的“三权分立”。孟德斯鸠“三权分立”的科学宪制思想最终在美国宪法中得以实现。按照联邦党人的说法,美国确实是“通过深思熟虑和自由选择来建立一个良好的政府”,而不是“永远注定要靠机遇和强力来决定他们的政治组织”[5],其宪制更少民族特性,更多理性光辉,因而成就出一种成熟的规范宪政,成为现代各国竞相模仿却难以比拟的一个特殊标本。“议会至上”与“三权分立”成为现代宪政的两种并行模式,孰优孰劣,一时难分。1830年代,法国政治思想家托克维尔在《论美国的民主》中提出了著名的“多数人暴政”的命题,而对民主的现代迷思在经历法国大革命的历史风雨之后也逐渐转归理性,对具有“至上”性质的任何权力的本能性警惕重新被调动起来,宪法思想的重心开始由主张意志优先的契约论转归主张权利保护的理性主义,通过宪政“驯化”民主成为司法审查的重要动力和理据。这样,美国式的“三权分立”及其司法审查体制就日益取得优势,尽管以戴雪为代表的英国宪法学家依然捍卫英国宪制的“议会至上”传统,而欧陆主要国家对美国宪法体制也存在长期的抵制,坚持从自身价值和传统中推进宪法改革——其中法国最为典型。从“议会至上”到“三权分立”是否是一种政治上的线性进化规律?这对于后发宪政转型国家尤需审慎对待,以“议会至上”为核心的民主成熟过程似乎难以简单跨越。现代宪法意义上的立法权天然地与民主议会相联系,是公民行使民主权利的主要形式。当然,这种代议民主的间接性在政治实践中也日益导致了精英掌控、政治冷漠、民主赤字等缺陷。

19世纪末20世纪初,随着垄断资本主义的发展,行政职能日益膨胀,逐步越出了经典分权框架的规范约束,出现了“行政立法权”“行政司法权”之类的新型权力和相关制度,“立法权”与“议会”的一一对应关系日益相对化,议会的态度和主流宪法理论也日渐从最初的“禁止授权”说发展为“规范授权”说。立法权开始以孟德斯鸠曾经深刻担忧的方式与行政权乃至于司法权形成了各种不同形态的混合。实际上,从更早的时期开始,英美国家的“法官造法”就是一种获得正当化的立法权形式,20世纪的法律现实主义更是将这一形式推向了某种极致。但是,这种混合只能是有限的和可控的,并未从根本上颠覆经典分权的架构。所谓的“行政

---

〔4〕 参见[英]戴雪:《英宪精义》,雷宾南译,中国法制出版社2001年版,第一章和第二章。

〔5〕 [美]汉密尔顿、杰伊、麦迪逊:《联邦党人文集》,程逢如等译,商务印书馆1980年版,第3页。

国家”也只有在经典分权框架下的议会授权监督和法院司法审查的两端控制之下才可能是安全有效的，才可能避免孟德斯鸠多次预测的“专制前景”。20世纪后半期以来，针对代议民主的缺陷和“行政国家”的现实，一种具有共和主义传统的“参与式民主”（Participatory Democracy）开始兴起并在制度上逐步渗入政治与行政过程。这一趋势也引发了立法权行使过程的程序性变革，立法公开听取意见的审议民主形式逐步发展起来。

回望中国，景象别具。中国的古代社会奉行“德治”和“仁政”，内部政治进化以王朝更替的形式呈现出一种循环往复的封闭特征。尽管宋明以来存在某种意义上的资本主义经济萌芽，但其力量载体并未独自成长为具有阶级自觉和组织化形态的新政治因素，反而在“官本位”的意识形态之下循着“富而优则仕”的路线逐步依附于政治权力。另一条路线是儒家知识分子的“学而优则仕”，同样无法为体制外的社会力量提供稳定而系统的政治思想支撑。这在某种意义上就构成了所谓的“李约瑟难题”，即具有明显经济发展和科技进步的中国为何在近代出现了“停滞”。在此停滞的意义上，现代的立法权也不可能在中国古典社会中寻找到可辨识的思想与制度根据。1840年鸦片战争以来，中国开始在西方优势文明的刺激下走上现代化道路，但起初只是在以“洋务运动”为主的器物层面进行革新，真正具有制度性意义的是1898年的“戊戌变法”。此次变法不同于中国历史上的历次王朝变法，而是由受到西学影响的新一代知识分子——康梁团体——推动的君主立宪制改革，其要害在于“设议院，开国会”，在于建构作为现代国家权力支柱的立法权。晚清立宪踌躇不前，时运不济，革命终于在1911年功成，清政府以《清帝逊位诏书》“光荣”[6]退位，《临时约法》开启新局，是为共和元年。然而，民国初年的议会领袖宋教仁处于保守专制的袁世凯北方集团和革命激进的孙中山南方集团之间，虽奔走呼号，终遇刺身亡，清帝光荣退位带来的“速定共和”之效迅即消散，一方筹备“称帝”，一方继续“革命”。

1949年中华人民共和国成立，新政协制定临时宪法《共同纲领》，颇具

〔6〕 这是一次失败的光荣革命，在辛亥百年之际有学者从保守改良主义的立场对此进行了深入的历史钩沉与理论分析，参见高全喜：《立宪时刻：论〈清帝逊位诏书〉》，广西师范大学出版社2011年版。

“共和建国”之精神。[7] 然而临时宪法太过临时，行数年而被取代。新政协原本代行人大职权，至1954年产生第一届全国人大和新宪法之后，由“政治”而归于“协商”，至今在宪法上未获得确定的名分，也很难被承认为中国立法权之正式主体。反右而至“文化大革命”，政策驱逐法律，运动颠覆常态，全国人大及其立法权被长期“搁置”，中经1975宪法，直到1978宪法时期才开始正式恢复。1979年的刑事立法是人大及其立法权恢复发展的标志性起点，1982宪法更是一种根本性的提升。随后，全国人大及其立法权以宪法和相关组织法为依据推动了改革开放时代的“立法运动”，至2010年基本完成了“中国特色社会主义法律体系”的文本建设。[8] 然而，文本不等于法治，更不等于宪政。时至今日，人大的“橡皮图章”之名仍然未被洗刷，人大代表制度从选举到代议存在一系列的制度性缺陷，中国立法权的规范建构并未完成。此外，具有显著的“专家立法”倾向的法律体系，其执行和实效也还不尽如人意。同时，中国的“行政立法权”和“司法解释权”也在分享着“立法权”的实质内涵，其自我规范和外部监督同样构成了中国立法权规范化的重要课题。

本文设若干小节，集中从以下两个方面对立法权进行阐述：(1)对立法权的理论基础、现代发展、立法程序、议员的权利义务进行一般性的介绍与评论，使读者对于立法权的性质、功能及其演变有一个大体的了解，该部分将涉及围绕立法权的理论追溯、历史考察和比较分析；(2)对中国的立法权进行规范分析和实证分析，使读者对中国立法权的制度结构及其现状有一个较为全面的了解，并明晰自身在立法权规范化过程中的权力与责任。本文结尾将对中国立法权宪制化与代议民主新常态提出合理性建议。

---

〔7〕 如宪法学者陈端洪教授就将《共同纲领》作为“第三种形式的共和国”的制宪典范，其主要根据就在于其中体现的共和建国精神，参见陈端洪：《第三种形式的共和国的人民制宪权——论1949年〈共同纲领〉作为新中国建国宪法的正当性》，载陈端洪：《制宪权与根本法》，中国法制出版社2010年版；更有学者结合当下政治社会结构与形势而对《共同纲领》产生某种政治性的呼唤，参见纪坡民：《宪政与立国之本——关于新民主主义和〈共同纲领〉的回顾与反思》，香港大风出版社2007年版。

〔8〕 甚至文本建设也还不够完整，重要的公法部门法“行政程序法”等还付诸阙如，参见姜明安：《论中国法律体系之行政法体系》，《新京报》2011年3月14日。

一、立法权的理论基础:一个思想史的考察

本文讨论的立法权指的是现代宪法意义上的立法权。无论中西,古典社会都存在特定的政体结构与法律机制,“立法者”(Legislator)也是一种悠久的职业传统,比如柏拉图的“叙拉古之行”就是一种立法者的行为,近代则有卢梭参与的科西嘉制宪和波兰制宪[9];中国也有孔子、商鞅、王安石、康梁等[10]。不过,这些立法者是“外来”的,其必须在特定共同体的政治框架内发挥“专家”才能。“立法者”的历史形象说明了立法是一个高度理性化、技术化的科学过程,需要特殊的技艺。不过,现代立法权的核心和首先的问题还不是立法的过程是否科学、结果是否良善的技术化问题,而是“谁来立法”的问题,即主体性问题。现代立法权直接的理论基础是民主理论和分权理论,其中民主理论解决的是立法权的归属和优先性的问题,分权理论解决的是立法权的专门化和科学化的问题,二者缺一不可。仅有民主理论会造成“多数人暴政”的问题,仅有分权理论会造成立法迟延和权威不足的问题。现代立法权的理论背景是主权理论,只有通过主权理论建构了现代国家,具有民主和分权二重面向的现代立法权才可能获得正当化、理性化与科学化。因此,本节分别简要介绍作为现代立法权之理论基础的主权理论、民主理论和分权理论。

1. 立法权与主权理论(马基雅维里、博丹、霍布斯)

现代宪法理论一般将立法权视为分权框架的要素之一,且囿于宪政主义的规范性思维而将立法权与主权进行理论上的切割,即所谓的“去主权化”。然而,作为现代国家之基本要素的立法权,其理论背景和逻辑前提就是主权理论。立法权的概念以国家的概念为前提,而国家的概念又以主权的概念为前提。只有通过主权理论确立了现代国家的基本架构,所谓的民主化与分权才具有了确实可靠的操作平台与论证处境。

提到主权理论,我们不得不将思想史的观察追溯到中世纪后期,即近代国家与国际法体系诞生[11]之前的15世纪、16世纪。这里首先要提及

---

〔9〕 参见田飞龙编:《卢梭立宪学文选》,中国政法大学出版社2013年版。

〔10〕 赵明教授曾对中国古代的典范立法者进行过个案研究,参见赵明:《在尘世安顿人生:走进孔子的思想世界》,北京大学出版社2013年版;《大变革时代的立法者:商鞅的政治人生》,北京大学出版社2013年版;《文人政治的一曲悲歌:王安石变法启示录》,北京大学出版社2013年版。

〔11〕 近代国际法体系在理论上诞生的标志是格劳秀斯的《战争与和平法》(1625年),在制度上诞生的标志是《威斯特伐利亚和约》(1648年)。

的是16世纪两位伟大的政治思想家马基雅维里和博丹。

马基雅维里的《君主论》完成于1513年前后，标志着政治学正式脱离神学和形而上学而独立，现实主义政治学传统由此奠基，政治学的科学化迈出了关键的一步。《君主论》的创作背景是意大利政治上的分裂与战乱：一方面，政治秩序所依赖的教权与王权之间的关系飘摇不定，缺乏理论上的明晰性和实践上的有效性；另一方面，各城邦共和国尽管各自享受着商业文明和基于赎买获得的自治权，但缺乏统一而强大的民族国家来外抗强敌，内安秩序。《君主论》提供了关于政治谋略和技巧的诸多分析与建议〔12〕，可以归入当时比较盛行的"君主宝鉴"传统〔13〕。马基雅维里提炼出了分析政治的"手段-目的"模式，主张君主统治目的的正当性与优先性，君主可以基于"国家理由"(Reason of State，即目的)而采取一切手段，不受常规的法律与道德框架的约束。这种强调目的优先的国家理由学说被称为"马基雅维里主义"〔14〕，自其诞生之日起就饱受争议，但确实为人们思考近现代国家的结构与规则提供了严格的科学视野。马基雅维里针对中世纪后期的秩序危机所提出的分析进路是政治科学，尚未从政治哲学的角度正式提出"主权"概念，但其关于秩序的基本思想和君主制的有关建构原则已经触及了近代政治哲学的核心问题——世俗国家的宪制架构问题。

16世纪晚期的法国政治思想家博丹则是从严格的政治哲学的角度明确提出了"主权"概念。他面对的秩序危机与马基雅维里类似。为此，他从理性的角度思考国家问题，曾明确提出具有保守主义性质的国家目的观，即"国家的目的不是自由，而是秩序井然的生活"。既然要追求"秩序井然的生活"，政治秩序就必须寻找到力量的"凝结核"，这就是"主权"。"主权"概念具有明确的世俗政治建构的意图，通过论证"主权"的绝对性来排除教会权力的干扰，并从社会的基础单元(博丹选取的还不是现代意义上的个人，而是传统的家庭)出发直接建构政治秩序，抽离社会中间层的封建代理环节，由此实现现代国家的"主权者-臣民"的法权关系建构。博丹在其《共和国六书》中对主权进行了细致的理论建构，明确提出了主权的定义——"主权是共同体所有的绝对且永久的权力。"〔15〕这里提出了

---

〔12〕 参见[意]尼科洛·马基雅维里：《君主论》，潘汉典译，商务印书馆1985年版。

〔13〕 类似于中国的史书传统和"资治通鉴"模式。

〔14〕 关于这种主义的历史背景及其变迁分析，参见[德]弗里德里希·迈内克：《马基雅维里主义》，时殷弘译，商务印书馆2008年版。

〔15〕 [法]让·博丹：《主权论》，李卫海、钱俊文译，北京大学出版社2008年版，第25页。

主权的两个根本属性,即“绝对性”和“永久性”,前者是指“不经臣民的同意可以颁行对全体臣民都适用的法律”[16],后者是指“本人终身拥有权力”[17],因而排除了历史上形形色色的独裁者的主权者资格(比如罗马的独裁官受期限限制,不是主权者,当然现代的总统也不是主权者)。博丹明确指出主权的首要标志是立法权,因而是一种“立法主权”理论,即“拥有主权的君主首要的特征性权力就是为全体臣民制定普适性的法律和专门适用于个别人的特别法令”[18]。其中“特别法令”是指由君主对特定个人授予特权。博丹的主权理论最大的贡献在于为现代国家提供了力量的“凝结核”,提供了世俗自治的强有力的理论武器,并为世俗国家秩序的想象、调整与改造提供了权威基础。当然,博丹的主权理论是一种绝对主义的国家理论,而不是一种宪政主义理论,其中并不包含民主、法治、人权等现代宪政国家的规范要素。但是我们不可苛责博丹,也不可低估其理论价值,因为西方的政治文明是多代人连续思考与试错的结果,而对于非西方国家政治现代化的进程而言,处于核心地位的国家建构(state building)的本质就是主权建构——这些教诲显然来自博丹。

17 世纪的英国政治哲学家霍布斯则赋予了马基雅维里的“现实君主”和博丹的“绝对主权”以更加系统化的哲学论证和更加形象化的权威图式,即其《利维坦》中的海上怪兽“利维坦”[19]。霍布斯写作该书的背景同样是英国的秩序危机:内战频仍,君主失权,和平顿消。

从马基雅维里到博丹再到霍布斯,“君主”、“主权”和“利维坦”之间相互勾连,共同指向近代绝对主义君主制(absolute monarchy)的建构。立法权依托于这样的“主权”概念而日益凸显出来,但尚未通过民主理论和分权理论而获得宪政化和科学化。“朕即国家”和“朕即法律”仍然是当时代的政治信条和政治现实。

2. 立法权与民主理论(洛克、卢梭)

尽管博丹提出了“立法主权”理论,但并未解决该种主权的现代归属及其宪法限制的问题,当然,博丹的时代背景和理论视阈还不可能支撑他一揽子解决所有的理论问题,开启一个现代宪政时代。博丹通过“主权”

---

〔16〕 [法]让·博丹:《主权论》,李卫海、钱俊文译,北京大学出版社 2008 年版,第 60 页。
〔17〕 [法]让·博丹:《主权论》,李卫海、钱俊文译,北京大学出版社 2008 年版,第 34 页。
〔18〕 [法]让·博丹:《主权论》,李卫海、钱俊文译,北京大学出版社 2008 年版,第 107 页。
〔19〕 参见[英]霍布斯:《利维坦》,黎思复、黎廷弼译,商务印书馆 1985 年版。

确立了"君主"权威,但如何"驯化君主"(Taming the Prince)[20]才是现代宪政更加重要的课题。

英国政治思想家、"光荣革命"之理论导师洛克的政府理论为"立法主权"的宪政化提供了经典的自由主义政治哲学路径。严格而言,洛克并无系统的国家理论,也未接续霍布斯的主权学说,而是修正了霍布斯的社会契约论并填充进了自由主义的相关因素。洛克的时代背景是英国历史上最大规模的秩序变动:英国内战、克伦威尔的激进共和、斯图亚特王朝复辟以及酝酿中的光荣革命。洛克的政府理论具有"一破一立"的结构,其《政府论》上篇系统驳斥了保皇派的理论代表菲尔麦(Filmer)的"父权制"(Patriarcha),下篇则是其自由主义政府理论的正面建构。但需要注意的是,洛克的自由主义政府理论打上了浓郁的英国代议民主的印记,是一种基于英国式代议民主的自由主义理论。

洛克没有正面论及"主权"问题,而是直接从"立法权"的最高性入手讨论政府权力结构的。洛克认为:"这个立法权不仅是国家的最高权力,而且当共同体一旦把它交给某些人时,它便是神圣的和不可变更的;如果没有得到公众所选举和委派的立法机关的批准,任何人的任何命令,无论采取什么形式或以任何权力作后盾,都不能具有法律效力和强制力。因为如果没有这个最高权力,法律就不能具有其成为法律所绝对必需的条件,即社会的同意。"[21]尽管操持的是"立法权"这一语汇,但其性质与功能就相当于"主权",且洛克明显承继了博丹主权理论中的最高性与不可变更性等特性。不过,洛克的这一"立法主权"理论已经不同于博丹,其主权载体已经由"君主"置换为"议会",这是宪政主义的一大进步。洛克认为任何法律都需获得"社会同意",这已经具有了近代民主的性质。如何获得"社会同意"呢?洛克总结的是英国的代议民主程序:第一步,由公众选举和委派立法机关;第二步,由立法机关批准相关法案。经过民主化的程序转换,"立法主权"便归属民选议会,其法律具有优先性。这一基于英国代议民主经验的政府理论就基本解决了具有绝对性质的"立法主权"的归属及其优先性的问题。

不过,洛克的理论贡献还不止于此,他的"立法主权"理论还具有明显

---

〔20〕 曼斯菲尔德教授就详细考察了西方"驯化君主"的思想史过程,参见[美]哈维·C. 曼斯菲尔德:《驯化君主》,冯克利译,译林出版社2005年版。

〔21〕 [英]洛克:《政府论》(下篇),叶启芳、瞿菊农译,商务印书馆1964年版,第83页。

的自由主义品格,这主要体现在他针对具有最高性的“立法主权”所提出的四大限制性原则之上:

第一,社会契约本身的限制,即目的性限制。洛克主张立法主权不及于生命权和财产权,“它对于人民的生命和财产不是、并且也不可能是绝对地专断的。”[22] 在洛克的社会契约论中,公民的权利是部分让渡的,公民不可授出超出自身控制范围并可能反过来加害自身的权利,这就是“有限出让”说,而且国家负有保护和增进公民权利的严格义务。“有限出让”说在国家的总体权能上进行了结构性的限制,由此很容易得出“有限国家”和“有限政府”这样的宪政原则。“有限出让”说对后世的政治法律实践产生了深远的影响,甚至成为当代死刑废除论者的重要理据之一。洛克的“立法主权”是经过社会契约本身限制的“有限主权”,这显示出洛克通过自由主义改造主权理论的明显意图。

第二,法治原则的限制,即方式性限制。尽管“立法主权”是有限的,但在有限的范围内仍然是最高的,因此仅有社会契约本身的限制还不够,还需要权力行使方式的理性化。洛克提出:“立法或最高权力机关不能揽有权力,以临时的专断命令来统治,而是必须以颁布过的经常有效的法律并由有资格的著名法官来执行司法和判断臣民的权利。”[23] 洛克在这里为议会主权的行使设定了理性化的模式,即制定明确的法律并通过司法权来实施,这是法治原则的要求。通过法治的理性程序来“驯化”议会主权,这是英国普通法传统的重要特色。洛克的这一限制性原则具有英国宪法实践的经验理性基础。

第三,民主原则的限制,即程序性原则。洛克的“立法主权”是归属于议会的,但议会必须具有民主代表性。洛克提出:“最高权力,未经本人同意,不能取去任何人的财产的任何部分。”[24] 这就是著名的“无代表,不纳税”的理论根据,也是洛克的所谓“社会同意”的规范内涵。

第四,禁止委代的限制,即相对性限制。“立法主权”是公众委代给议会的,是一种具有契约性质的行为。洛克指出:“立法机关不能把制定法律的权力转让给任何他人;因为它既然只是得自人民的一种委托权力,享有这种权力的人就不能把它让给他人。”[25] 这一限制性的原则的理性基础

---

〔22〕 [英]洛克:《政府论》(下篇),叶启芳、瞿菊农译,商务印书馆 1964 年版,第 84 页。
〔23〕 [英]洛克:《政府论》(下篇),叶启芳、瞿菊农译,商务印书馆 1964 年版,第 85 页。
〔24〕 [英]洛克:《政府论》(下篇),叶启芳、瞿菊农译,商务印书馆 1964 年版,第 87 页。
〔25〕 [英]洛克:《政府论》(下篇),叶启芳、瞿菊农译,商务印书馆 1964 年版,第 89 页。

在于公众的信任仅及于直接的受托人,不可能及于第三人,因此受托人对第三人的转委托不得成立。尽管在民事契约中,转委托在特定条件下可以成立,但“立法主权”之委代属于关系重大的政治契约,应受到严格的“相对性”的保护,禁止受托人引入第三人。这种禁止委代的限制后来演化为著名的“禁止授权原则”(No-Delegation Doctrine),用来限制立法机关对行政机关的立法授权,服务于严格的分权框架。不过,这一限制原则后来在行政国家的冲击下逐渐被修正,由绝对的“禁止授权”转换为相对的“规范授权”,以适应新的治理任务和社会需求,此为后话。洛克提出的禁止委代的限制确保了“立法主权”归属的确定性和唯一性。

与洛克相比,卢梭的民主理论更加明确、纯粹和系统地建构了“人民主权”,而去除了洛克理论中的自由主义限制性成分。卢梭理论重新接续了博丹和霍布斯的主权绝对性,同时也接续了洛克政府理论中的民主性成分,但抽离了“议会”中介,直接将“人民”推上了“主权”的宝座。卢梭的绝对主义人民主权理论支持了法国大革命的激进实践,最终被证明为过于理想化而无法成就具有实践合理性的宪法体制。经过西耶斯的“民族代表制宪权”的修正,法国的“立法主权”重新回到了一种代议制的轨道上来。[26]

总之,经过洛克和卢梭的改造以及政治实践的检验,18 世纪的“立法权”获得了明确的民主基础,尽管存在直接民主和间接民主的区别。经过民主理论的涤荡,“立法权”那源自“主权”的绝对性得到了一定程度的修正,尤其是洛克施加的“四大限制性原则”更是推进了“立法权”的宪法转化。思想史的结果表明,洛克基于英国经验提炼的、具有自由主义品格的议会立法权理论成为人类政治文明的正统性成果。不过,洛克理论结晶出的直接对应物是英国的“议会至上”的立法权模式,还不是美国的“三权分立”的立法权模式,后者还必须经过孟德斯鸠的分权学说以及联邦党人的政治论辩才可能最终确立。总之,经过民主化改造的“立法主权”已经实现了现代立法权的基本定位,剩下的就是它的科学化及其程序性改进的问题了。

3. 立法权与分权理论(孟德斯鸠)

宪法在其原初的含义上具有结构主义的特征,这从其词源“constitu-

---

〔26〕 参见[法]西耶斯:《论特权 第三等级是什么?》,冯棠译,商务印书馆 1990 年版,尤其第二篇第五章“本应做的事。——有关的原则”。

tion”上即可考察出来。上述洛克的自由主义政府理论在界定“立法主权”时已经初步提出了宪法结构主义的一个重要维度,即国家与社会分权的维度,具体的法律技术就是明确界定不受国家权力干涉的权利范围,以“人权”划分国家权力与个人自由的法律边界。洛克理论中也有分权的成分,如将国家权力区分为立法权和对外权,但这种区分还比较粗疏,尚未触及从内部视角进行国家权力之科学划分的问题。孟德斯鸠的分权学说解决了这一问题,从而对具有民主基础的立法权进行了一种基于结构主义的科学限制。

孟德斯鸠的分权理论有两个来源:一是英国宪制的经验主义来源;二是权力科学的理性主义来源。孟德斯鸠对英国宪制的分权框架的认识存在偏颇之处,英国经验并不能够支撑其“三权分立”的规范结构。尽管如此,孟德斯鸠的分权学说确实受到了英国式分权的启发和影响。与经验主义来源的认识偏颇相比,理性主义来源更加可靠,也是孟德斯鸠的主要理论贡献。孟德斯鸠这样认识权力的本性:“自古以来的经验表明,所有拥有权力的人,都倾向于滥用权力,而且不用到极限绝不罢休。”〔27〕一个多世纪之后的阿克顿勋爵发出了类似的感慨:“权力导致腐败,绝对权力导致绝对的腐败。”孟德斯鸠在这里对权力本性的认知借助了历史经验和有机体观念,明确了权力的自然扩张本性或“权力的野心”。如何对抗此种“野心”呢?只能是以“野心”对抗“野心”,孟德斯鸠指出:“为了防止滥用权力,必须通过事物的统筹协调,以权力制止权力。”〔28〕问题立即就转换到权力类型学之上,即到底有哪些类型的权力?如何“统筹协调”它们之间的关系才能够做到“以权力制止权力”?孟德斯鸠因此提出了著名的“三权分立”理论——“每个国家都有三种权力:立法权、适用万民法的执行权、适用公民法的执行权。”〔29〕孟德斯鸠随即又对这三种权力进行了相对明确的界分与定位,并严格设定了“分立”的刚性原则。孟德斯鸠反复告诫“分权不彻底”的危害:

第一,立法权与行政权合一。孟德斯鸠指出:“立法权和行政权如果集中在一个人或一个机构的手中,自由便不复存在。因为人们担心君主或议会可能会制定一些暴虐的法律并暴虐地执行。”实际上这种类型就是英

---

〔27〕 [法]孟德斯鸠:《论法的精神》(上卷),许明龙译,商务印书馆2009年版,第166页。
〔28〕 [法]孟德斯鸠:《论法的精神》(上卷),许明龙译,商务印书馆2009年版,第166页。
〔29〕 [法]孟德斯鸠:《论法的精神》(上卷),许明龙译,商务印书馆2009年版,第167页。

国“议会至上”模式,但孟德斯鸠对此并不敏感。

第二,司法权与立法权或行政权合一。孟德斯鸠指出:“司法权如果不与立法权和行政权分置,自由也就不复存在。司法权如果与立法权合并,公民的生命和自由就将由专断的权力处置,因为法官就是立法者。司法权如果与行政权合并,法官就将拥有压迫者的力量。”实际上英美普通法传统中的“法官造法”就凸显了法官的立法功能,而“行政司法权”的出现也打破了行政权与司法权的严格界限。这只能看作是经典分权框架在适用到具体政治共同体时不得不作出相应的修正。

第三,三权合一。孟德斯鸠指出:“如果由同一个人,或由权贵、贵族或平民组成的同一个机构行使这三种权力,即制定法律的权力、执行国家决议的权力以及裁决罪行或个人争端的权力,那就一切都完了。”绝对主义君主制就是三权合一的模式,这种担忧显然是那个时代反专制主义者的普遍共识。

从“主权”到“立法主权”再到分权框架中的“立法权”,现代宪法意义上的立法权逐渐取得其规范内涵和优势地位。不过,孟德斯鸠的分权理想既没有在他奉为榜样的英国实现,也没有在他所处的欧洲大陆实现,而是漂洋过海,在北美大陆开花结果。1787 年的美国宪法很好地体现了孟德斯鸠“三权分立”的思想,也由此开创了现代立法权的“三权分立”模式。

孟德斯鸠促成了现代分权理论的成熟,使得立法权更加脱离了绝对主义的理论语境,进入了一种科学化和结构化的宪政主义语境。后世对于分权理论的总结、证明或拓展主要体现为三个方面:

第一,1789 年法国《人权与公民权利宣言》第 16 条的结构主义定义:“凡分权未确立和权利未获保障的社会,便没有宪法。”这里的“宪法”显然指的不是宪法文本,而是宪政(constitutionalism)或罗文斯坦意义上的规范宪法(normative constitution)。“分权”指示的是国家权力的内部结构,“权利”要求的是洛克意义上的自由主义保障,分别在内外两个维度实现了“绝对主权”的科学化和结构化。这一宣言是对洛克和孟德斯鸠理论的有效总结。

第二,1797 年康德在《法学的形而上学导论》中对分权理论的形式逻辑的证明,即立法权提供大前提,行政权提供小前提,而司法权提供逻辑结论,张龚博士认为这是从国家权力的理性论证的角度对分权的哲学解释。[30]

---

〔30〕 参见张龚:《论人权与基本权利的关系》,《法学家》2010 年第 6 期,注 16。

曼斯菲尔德教授也有类似的引证和论述。[31] 如果三权分立能够获得形式逻辑的证明,那就是一种"普适真理"了。不过,这可能只是提供了一种"纯粹理性"的证明,具体的政治形式还必须通过将"三权分立"发展为适合于本民族的"实践理性"才可能获得证立。英国保守主义思想家欧克肖特通过区分"技术知识"和"实践知识"而展开的对政治中的理性主义的批判[32]也可以用来评价康德的形式主义证明。当然,这种形式主义的证明在其合理范围内确实强化了三权分立的科学基础。

第三,孙中山的"五权宪法"。按照康德的观点,三权分立可以获得形式逻辑的证明,而"五权分立"便不可能获得类似的证明。如何理解"三权"与"五权"的关系呢? "五权宪法"不具有逻辑上的可证明性,只能看作是对"三权分立"的一种民族化的实践运用,二者处于不同的逻辑层次之上。

总之,孟德斯鸠的分权理论在洛克的基础上进一步推进了"立法主权"的宪法化,成为现代立法权的重要理论基础。

4. 立法权的两种模式:"议会至上"和"三权分立"

根据以上的思想史梳理,我们可以大致辨明现代立法权的理论基础及其构成。大体而言,现代立法权模式主要有"议会至上"和"三权分立"两种,前者是洛克理论的结果,以英国为典型;后者是孟德斯鸠理论的结果,以美国为典型。我国香港地区政治语境中出现的"行政主导"与"三权分立"之争有着具体的基本法体制和普通法传统双重背景,与通常所论的立法权模式存在差异。[33]

"议会至上"的立法权模式强调立法权的民主正当性和优先性,议会法律是国家权力合法性的唯一来源,法院不得对议会法律进行违宪审查,行政分支和司法分支的主要职能是实施议会法律。在政府体制上,"议会至上"对应的是责任内阁制,强调议会多数党对行政内阁的政治控制。不少发展中国家在非殖民化取得独立之后采行了"议会至上"的立法权模

---

〔31〕 参见[美]哈维·C. 曼斯菲尔德:《驯化君主》,冯克利译,译林出版社 2005 年版,第 3 页。

〔32〕 参见[英]迈克尔·欧克肖特:《政治中的理性主义》,张汝伦译,上海译文出版社 2004 年版,第一章。

〔33〕 2015 年 9 月,香港中联办主任张晓明发表关于香港政治体制的演说,重述香港的行政主导与特首超然属性,激起香港社会热议和反弹,参见张晓明:《正确认识香港特别行政区政治体制的特点》,香港《大公报》2015 年 9 月 13 日。有关批评性分析参见田飞龙:《行政主导的制度现实与问题化解》,香港《大公报》2015 年 9 月 14 日;《特首在基本法秩序内之"超然"地位》,香港《大公报》2015 年 9 月 16 日。

式,开始了通过议会政治过程进行“民主训练”的宪政转型。对于早期宪政国家,“议会至上”的立法权模式具有适合主权建构、民族团结、民主训练、政治成熟等优势,运筹得当,其宪政体制将更趋稳健,其转型过程将富于理性。

“三权分立”的立法权模式尽管也遵奉人民主权原则和立法权的民主性,但更加重视对立法权绝对性和最高性的法治主义“驯化”,其主要手段是:(1)通过成文宪法对议会权力进行明确而有限的列举;(2)通过联邦制对中央议会进行制约;(3)通过法院的司法审查对议会法律的合宪性进行控制。在政府体制上,“三权分立”对应的是强总统制(弱总统制的实质仍为责任内阁制),宪法体制上强调三权之间的有效制衡。“三权分立”的立法权模式需要严密的政治智慧和相对优越的政治社会条件[34],对发展中国家的政治选择而言往往要求更高,且对于民主过程有着强烈的不信任和控制机制,不利于早期宪政国家的民主成熟,因此需要理性而审慎地对待。

当然,无论是“议会至上”还是“三权分立”,都是立法权的现代模式,都构建和开放出了相对规范的议会民主程序。处于不同模式中的国家都面临着通过议会民主程序推进立法权的规范化的任务,而这是现代国家构建的核心要素之一,也是民主化的主要内容。

中国的人民代表大会制度更接近于英国的“议会至上”模式,因而有“人大至上”的说法。中国宪法文本中也明确地将全国人大界定为“最高国家权力机关”。但中国的立法权模式存在缺陷,人大的“至上性”和“最高性”并未成为中国立法权的规范性特征,“橡皮图章”一说倒是长期流行,其根源在于中国独特的“党的领导”原则也具有“至上性”的诉求且与“人大至上”之间构成中国宪法的复杂的“双重代表制”结构。中国宪法改革的理性目标必须包含立法权的规范化,就是将宪法上的“人大至上”落实为具体的制度和程序,生成为有机的民族政治生活。

二、立法权的制度发展:一个制度史的考察

现代宪法意义上的立法权,无论是“议会至上”模式,还是“三权分立”模式,都与议会密切相关。议会作为代议制政体下立法权的基本主体,在促进民主与法治方面发挥着关键性的作用。本部分即拟从立法权的制度发展角度,介绍议会的简要历史、立法权行使的一般程序、议员的基本权利

---

〔34〕 参见陈端洪:《三权分立的逻辑及其边界》,《法学家茶座》2008 年第 3 期。

与义务以及立法权向行政、司法过程的渗透与控制。

1. 立法权主体的发展:议会简史

现代宪法意义上的“三权”不仅是康德意义上的形式逻辑要素,更是历史发展的具体结晶。权力类型的确立,首要在于主体的确立。作为立法权的基本主体,我们需要追溯近代议会的形成过程,这需要我们将目光转向议会的母国——英国。

议会的产生与发展是封建王权与封建贵族长期斗争的结果。在中世纪,对政治秩序的想象,除了“教权-王权”的政治神学维度之外,主要受到亚里士多德政体学说以及古典共和主义的混合均衡政体思想的影响。亚里士多德在《政治学》中根据统治者的人数将正态政体分为君主制、贵族制和民主制,三者对应的变态政体分别是僭主制、寡头制和暴民制。雅典政体迭经变换,亚里士多德本身尽管青睐贵族政体,但对于纯粹政体之适应性也产生了怀疑,萌生了“混合政体”的思想,即三种政体要素以适当比例共存于同一政体之内,优势互补,形成最佳治理状态。“混合政体”思想经由罗马时期的西塞罗等人以及罗马共和国本身的实践,成为当时的政治思想风尚。罗马政体中的执政官、元老院和公民大会就具有“混合政体”的显明特征。进入中世纪后,在封建王权的统治之下,罗马政体中明确的机构化特征被打破,但“混合政体”的思想仍然左右着人们对新政治秩序的想象和实践。为了实现王权专制的信息传达、地方代理、税收征集等封建国家的基本功能,并部分回应“混合政体”思想中包含的理性和民主性的要求,一种等级会议(Estates-General)的形式被创设出来。等级会议具有鲜明的社会阶级代表性,其组成人员主要来自三大阶层:僧侣、贵族和平民。等级会议具有较强的政治包容性,但最初并非是具有立法权的议会,而主要是一种政治咨询性质的机构,并带有微弱的政治协商功能。等级会议之间仍然存在等级隔离,并未融合为具有整体性和共识基础的“大议会”,他们分别开会,独立提出自己的意见,在总体上被称为“等级会议”。不过,此时的等级会议对国王权力也有一定的制约。如果国王要增加封臣以及平民的义务,需要通过等级会议程序并获得同意。当然,这种“同意”还不是现代议会意义上的立法权,而是一种意见征询与妥协程序。

英国议会就起源于具有等级会议性质的“贤人会议”,最初的组成人员主要是主教、郡长、诸侯及贵族。这一会议在国王的召集与主持下讨论广泛的国家政治议题并具有一定的司法审判功能。诺曼人征服英国之后,出于王权巩固和种族统治的需要,一方面在政治上将贤人会议扩展为大会议,容纳更广泛的代表;另一方面则尊重并通过巡回审判整理英国的地方习惯法,将其逐步发展为"普通法"。1215年的《自由大宪章》提升了贵族的政治代表权,一个25人的常设委员会具有了更加优越的政治地位,但也遭到了王权的反扑。1258年,贵族在维护《自由大宪章》的过程中再次集会并制定了《牛津法规》,设立了一个15人的常设委员会。经过多次反复,贵族最终迫使国王同意遵守《自由大宪章》和《牛津法规》。可以说,英国议会的发展就是贵族参政权的扩展,而平民的作用则相对微弱,成为时代进步的暗淡背景。

1265年,为征集新税,一个更具代表性的会议获得召集,代表包括贵族、僧侣、骑士和平民。由于代表性的结构性扩展,这次会议被认为是英国现代议会的重要起点。新的代表构成逐渐作为一种宪法惯例获得确认。在运用宪法性文件和议会形式与国王展开的斗争中,贵族权力一再得到扩展,甚至发展到废黜国王的程度,这就为17世纪的英国革命奠定了政治基础。在新的会议代表构成中,社会既有的等级和阶层的界限也日益凸显,并按照"贵族-僧侣"和"骑士-平民"的界限形成各自的政治组合,由此构成英国上议院和下议院的政治与历史基础。17世纪的英国资产阶级革命是资产阶级和新贵族联合发动的针对国王和旧贵族的革命。作为共同的革命成果,英国议会的历史性的政治结构获得保存和延续。经过克伦威尔专政、王朝复辟和光荣革命,英国议会主权最终获得确立,议会垄断立法权的现代宪制原则被普遍接受。经过18世纪和19世纪的政党斗争、宪章运动和民主化,借助1911年和1949年的两次议会组织法,英国下议院取得了决定性的政治优势,从而最终完成了英国政治的民主化。[35]

与英国的自然演进式的议会历史不同,美国议会更多建立在理性论辩和制度设计的基础之上。从以独立为目的的大陆会议到以联盟为目的的邦联议会再到具有明确的国家化指向的联邦议会,美国议会的建立同时受惠于英国议会经验和欧陆政治理论。法国在不断的革命与宪法变迁中就在一院制和两院制之间徘徊过。许多发展中国家也实行过一院制。中国的人民代表大会制度也具有一院制的特征。不同的议会史就是不同民族建构自身之现代立法权的生动过程。

---

〔35〕 关于英国议会更加详尽的历史考察,参见[法]弗朗索瓦·基佐:《欧洲代议制政府的历史起源》,张清津、袁淑娟译,复旦大学出版社2008年版,第二部分"有关英国代议制政府的论文,从威廉征服英国到都铎王朝"。

通过上述关于议会简史的考察，我们大致可以获得以下启示：

第一，议会是阶级斗争理性化的产物，每个民族需要从英国议会经验中学习的除了具体的制度安排和议事规则之外，还有将社会冲突制度化的政治智慧。阶级/阶层斗争是人类政治经验中的常态，如何化解则考验着人类的政治理性能力。英国经验是通过宪政民主消化吸收社会冲突的典型。中国社会目前处于社会利益多元和冲突加剧时期，如何运用议会形式和代表性程序进行政治和社会安排，是稳定与发展的关键举措。

第二，两院制具有一定的历史合理性，在理论上也可获得证明。英国的两院制根源于贵族和平民的阶级界限，英国议会的最大成功就在于能够同时包容二者并从中产生出具有妥协性质的共识。此外，就理论证明而言，两院制可以抑制民主决策的冲动和草率，增加议会的审慎性，促进理性决策。美国的两院制与英国具有不同的政治理由，主要是确保联邦制下各州的利益获得代表。可见，无论是联邦制还是单一制，两院制均可作为合理选项。不过，根据有关统计，目前全世界 186 个国家中采取一院制的占了 61.8%〔36〕，这证明了发展中国家对于民主理论和主权建构的高度依赖，对于分权制衡理论则有所顾忌。

第三，议会垄断立法权是民主宪政的政治标志。发展中国家在宪政转型中要注意优先巩固和加强议会的权威及其对政治议程的掌控力。

2. 立法权行使的一般程序

立法权的行使程序一般按照“议会—议程—议案”的模式展开，即作为立法权主体的议会在既定的议程中就合格主体提出的相关议案进行审议和表决，最终以法律的形式公布。立法权的行使程序就是国家法律的生产过程。立法权行使的一般程序包括提案、审议、表决、公布四个基本环节。

第一，提案。这是法律议案进入立法审议的初始环节，通常由宪法或相关组织法规定的合格主体（提案主体）向议会提出有待审议的法律案，由议会主席团决定是否审议以及如何安排审议的议程。在国外议会的运作中，议员是基本的提案主体，每个议员基于不同的政治立场、个人动机、选举策略等原因而竞相提出法律议案，且议员本身是专职化的，通常组建了相对独立的政策研究小组和智囊团。以个人命名议案的方式也对议员提出议案起到了重要的激励作用。当然，除了独立议员之外，国外也有以

〔36〕 转引自蔡定剑：《中国人民代表大会制度》（第 4 版），法律出版社 2003 年版，第 107 页。

党团形式提出的法律议案。法律通常还会规定特定的国家机构或部门负责人作为提案人。提案是议会立法规划和立法审议的主要议题来源,对于立法权的有效行使起着至关重要的作用。由于各种提案通常来自不同政治派别,提案及其对审议议程的具体影响就成为议会立法权之民主性与正当性的具体支撑机制。

第二,审议。议会的审议程序是指议会对列入正式议程的法律议案进行审查和辩论。审议是议会代议职能的集中体现,也是立法权行使的关键性过程。西方议会的审议程序比较严格,每个议案一般都要经过“三读”,即通过三次审读,使得议员对议案具有整体的了解和理解,同时还需对每一条文进行审议,确保议员的代表性意志确实关注并融入了具体的议案审议之中,最后才是由议会整体进行表决。根据审议的不同结果,有可能需要对议案进行不同程序的修改和补充。如果实行的是两院制,则每个议院还有自己相对独立的审议程序。审议在一定意义上构成了议会理性的本质要素,缺乏审议的民主就不是成熟的民主。伴随现代民主危机而出现的审议民主理论就明确宣称政治的合法性并不源于民主投票的结果,而是源于审议的过程。[37] 这提示我们,对民主的观察需要超越形式主义的表象,侧重于对审议过程的实质性评估。

第三,表决。经过审议(有些还需要进行补充和修改)的议案便到达了表决的环节,这是立法权行使的结果性环节。一般认为,经过审议阶段的充分审查和辩论,议员们对法案内容、各自所持立场、政治偏好的理性化转换与妥协策略都有了较为充足的准备,适合对议案发表最后的意见,即通过投票表达最终的立场。根据宪法或法律规定的多数决要求,表决的结果可能是通过,也可能是不通过。

第四,公布。对于表决通过的法律议案,由宪法或法律规定的机构正式发布。按照具体法案所载的生效条款,相关法律即进入生效执行阶段,立法权行使程序终结。

3. 议员的基本权利与义务

议员是选民的政治代表和议会的基本成员,从根本上决定了议会立法权的行使质量和一国之民主政治的实际价值。

关于议员的代表性问题,即议员与选民的关系问题,早期的观点是一

〔37〕 关于审议民主与政治合法性关系的集中讨论,参见谈火生:《审议民主与政治合法性》,法律出版社2007年版,尤其“引论”部分。

种“民事委托说”,认为议员应代表选民的集体意志,而不应有自身的独立判断;后来出现了“独立代表说”,即选民的选举行为已经包含了对议员独立判断的概括性授权,议员在履行代议职能时需要进行独立的判断。不过,政治实践中的议员因选举的周期性压力而不得不对选民单位负责,同时由于选民意志的概括性和不明确性导致其在具体的代议活动中享有较大的自由裁量空间。因为选举与代议呈现出周期性环环相扣的结构性特征,议员也便不可能完全归属于纯粹的“民事委托”或“独立代表”,而是兼顾到选区利益和整体利益(公益),且公开辩论和竞争性提案等具体机制又制约着议员必须超越特定选区的利益才可能推动相关法案的通过。

由于议员本身的职务特殊性,相对于公民而言通常具有某些“特权”[38],当然也承担着相应的义务。

议员的权利通常与议会立法权的行使程序有关,包括:

(1)提案权:这是议员的基本权利,也是启动立法权行使程序的初始环节;不提案的议员通常会被认为是不称职的,在下次选举中将很难再次当选。

(2)审议权:议员在法律议案的审议环节应有充分的权利听取和了解议案的具体内容和相关背景信息,并就议案的特定内容展开辩论,提出补充或修改意见,也可以表达否决意见。

(3)表达权:议员应具有平等的表决权,就经过审议付诸表决的议案独立地进行投票,以决定相关议案是否成为有效的法律。

(4)质询权:议员具有就特定问题依据法律程序对政府官员提出质疑和询问的权利。严格来讲,质询权不属于立法权,而属于监督权。

(5)调查权:议员的调查权可以分为立法调查权和特定问题调查权。立法调查权服务于议员提案的需要,支持议员就相关立法问题深入调查研究,以便提出高质量的法律议案。特定问题调查权通常是议会监督权的一种形式,是议会就特定问题组成调查委员会进行调查并形成报告,供议会决策或作出处理决定时参考。

(6)人身豁免权:为确保议员独立公正履行代议职责,各国宪法一般都规定了议员在特定刑事程序中的豁免权,如需要实施相关逮捕或审判,

---

〔38〕 议员特权可能被滥用和异化,香港立法会就出现了这一现象,即所谓的“拉布”,有关分析参见田飞龙:《香港立法会的恶质“拉布”及其治理》,载陈广汉、黎熙元主编:《当代港澳研究》(2014 年第 3 辑),社会科学文献出版社 2015 年版。

必须取得议会的批准。

(7)言论免责权:议员的本质首要在“议”,其次在“决”,不“议”而“决”是为不理性,违背议会程序的审议本质;言论免责,才可畅所欲言,这是保证审议质量的重要特权;当然,这种免责仅限于议员的职务行为,非职务行为不得援引此项特权。

(8)物质保障权:多数西方国家的议员为专职化的代表,宪法或议员特别法上一般规定了议员的薪金和补贴标准,议员为履行职务而支出的相关费用(如交通、通信、餐饮、办公室经费、助手补贴等)也能够获得法律保障。根据一项研究显示,美国普通议员的年薪相当于行政部门副部长的标准。[39]这样强有力的物质保障才可确保议员“专职”地服务于国家和人民,尽其责任履行好代议职能。

权利与义务相一致,议员在享受权利(尤其是特权)的同时也必须履行相应的义务,具体包括:

(1)忠实于宪法和法律的义务:议员必须严格守法,不得利用议员特权谋取私利,违法犯罪。

(2)关联职业禁止义务:外国议会一般规定专职化的议员不得兼任其他公权力部门的领导职务或其他关联性公职,也不得从事大部分的私人职业,但教师、研究员和其他非营利性的职业除外。这样的制度安排遵循的是“任何人不得做自己案件法官”的法治原则,排除关联职业因素对议员公正履责的不当干扰。

(3)出席会议和投票的义务:这是议员的本职工作,无故长期缺席会议并不参加投票的议员可能会受到法律规定的特定惩戒;投票义务和表决权同时存在,表明这一行为具有权利义务复合的特征,不是可以随便放弃的私人权利。

(4)遵守议事规则的义务:这是议会顺利开展审议的需要,对议事规则的违反将直接引发相关的惩戒。

(5)财产公开的义务:议员应就个人财产进行申报和公开;个人财产信息虽不属于职务信息,但对于监督议员廉洁履责具有重要意义,因此成为一些国家的议会法的一项重要制度。美国法律就规定了议员的财产申报与公开义务,其申报与公开的范围包括:“除国会薪金和津贴以外的任何所得的来源、类型、数额和价值,以及100美元以上的酬金,来自亲属以

---

〔39〕 转引自张千帆主编:《宪法》,北京大学出版社2008年版,第349页。

外的250美元以上的以交通、住宿、饮食和娱乐形式提供的赠与,1000美元以上的购买、销售或交换等。”[40]

(6)职务廉洁性的义务:议员应遵守基本的职业道德,不得受贿或获取其他不当利益。

议员的义务与惩戒相关,通常规定在各国的议会规则之中,概括而言包括:

(1)在议会中公开警告或宣布惩戒决定;

(2)责令有关议员公开赔礼道歉;

(3)逐出会议,中止相关议员继续审议特定事项的权利;

(4)暂停有关议员的议事资格;

(5)取消议员资格。

显然,第(5)种“取消议员资格”是最为严重的惩戒。

这样针对议员的“权利—义务—责任”的网络结构就是议员法的基本框架。各国围绕这一基本框架展开议会具体规则的建构,可能存在某些差异或保留了某些传统。通过议员法的这一基本框架,我们便会知道议员绝不仅仅是一种荣誉职位,而意味着具体的义务和责任。做一名好议员确实需要“专职化”的保障和个人的“专职化”努力。

4. 立法权向行政、司法过程的渗透及其控制

按照经典的分权框架,立法权为议会所垄断,行政权只是议会的执行工具,而法院也是在议会法律之下实施审查与监督。这种宪法结构可以从当时流行的法律谚语中获得形象化的说明:“无法律则无行政”;“议会是人民的委员会,政府是议会的委员会”;“除了不能使女人变成男人、男人变成女人外,(议会)什么都可以做到”。美国著名行政法学家斯图尔特教授将这种结构更加形象地概括为“传送带”模式,即议会负责通过立法权的行使生产法律规则,行政机关则接受从法律“传送带”上传送下来的法律产品并严格执行,司法机关负责对行政机关之行为与议会法律的一致性进行审查。[41]然而,同样是这样一位教授对美国行政法的模式进行了历史性的考察,并通过理想类型的方法概括出了“专家理性模式”“利益代表模式”等,后续模式已经涉及行政机关基于议会授权而进行的行政立法活动了。

---

〔40〕 转引自张千帆主编:《宪法》,北京大学出版社2008年版,第347页。

〔41〕 参见[美]理查德·B. 斯图尔特:《美国行政法的重构》,沈岿译,商务印书馆2002年版,第6—11页。

“禁止授权”原则曾经是洛克立法权理论中重要的限制性原则,但是随着19世纪中后期的工业发展、社会矛盾加剧、行政职能扩张、议会表现不佳等情况的出现,这一原则不得不发生松动,出现了“规范授权”原则。新原则不再一概禁止议会将立法职能授予行政机关,而只是要求议会的授权法提供明确的法律原则框架并保持对行政立法的有效监督。在“规范授权”理论之下,政府广泛涉足社会管理、社会保障和经济发展领域,形成了有别于“自由法治国”的“行政国家”[42]。“行政立法”成为行政机关管理社会的重要手段,从而也成为行政权的重要权能。这一新权能超出了传统行政权的执行范畴,本质上属于一种立法权。于是,所谓的“法治”(rule of law)日益成为“规章之治”(rule of rules)。同时,行政权还取得了部分的司法权能,即所谓的“委任司法”。这样,新的行政权权能结构就远远超出了单纯的执行职能,具有某种意义上的“三权合一”的趋势——这是孟德斯鸠最为担忧的情形。不过,由于这种“行政集权”仍然处于议会法律和司法审查的双重控制之下,加之通过行政程序法的建构而实现的“行政民主化”的内部制约以及广泛的公众参与,新的行政权受到了新的法治框架的“驯化”,从而保证其履行更广泛职能的同时并未出现“法治失控”的现象。

立法权向司法权领域的渗透情形有所不同。英美法系的普通法传统本身就带有自治性质,在起源上可以追溯到诺曼人征服之后英国本土民族的政治斗争,即外来王权与英国地方政治势力的妥协与相互承认。外来王权通过承认英国的地方习惯法并将其整理为更具系统性的普通法而获得本土民族的政治效忠,而本土民族则通过守护和神化自身的习惯法/普通法实现了司法对政治的吸纳,也实现了基于普通法的地方自治。当然,这种带有地方自治色彩的普通法与英国人日益普遍化的权利保护需求以及日渐巩固的王权扩张的需求之间显然会产生摩擦与矛盾,由王权主导的“衡平法”应运而生。随着英国本身的议会政治的发展和议会主权的确立,议会法律日益取得对普通法的优势,“越权”模式和“普通法”模式成为英国司法审查长期纠结的宪法性困境。尽管如此,普通法中的自治功能和“法官造法”的传统依然在英国宪法中具有重要影响。英国法传统中的“法官造法”和长期的二元法制系统(制定法/普通法、议会/法院)本身就

---

〔42〕 关于“行政国家”的历史、概念及其特征,参见姜明安主编:《行政法与行政诉讼法》(第2版),北京大学出版社、高等教育出版社2005年版,第5—12页。

是立法权与司法权相互渗透的表现。美国的立法权结构实际上也受到了英国普通法传统的深刻影响，最为突出的表现是美国联邦最高法院通过判例法形式对美国宪法的发展。大陆法系国家对于“法官造法”持排斥态度，司法过程更多地被理解为以议会法律为中心的“自动售卖机”模式，输入端是具体案情，法官进行机械操作，输出端则是法律判决。不过，随着大陆法系违宪审查的深入发展以及部分领域判例法的渗透（比如法国行政法），司法的“造法”功能也在发展。中国语境下的“法官造法”则是通过法院集体、抽象行使“司法解释权”的方式展开，并辅之以“指导性案例”。

我们看到，如果仅仅从洛克、孟德斯鸠那里或者从18世纪末的美国宪法、法国宪法那里出发，上述关于立法权向行政权、司法权领域的渗透现象根本就无从谈起。经典的分权框架和“立法-行政”关系具有政治理论上的完美性，甚至具有了康德所谓的形式逻辑的严密性，但却不够真实，也不可能完全适应现实政治社会发展的需要。[43] 我们学习宪法，必须在明了理论逻辑的同时，充分了解并理解宪法变迁的历史背景和制度根源，如此才能更好地理解我们所处的时代和法制。当然，渗透之后的最大问题是如何给予新的法治控制。关于“行政立法权”的控制问题，西方的主要做法是通过行政程序的民主化控制，要点在于：(1)通过信息公开立法，要求政府信息与行政过程公开，确保行政的透明化，建设“阳光政府”，其理据在于“阳光是最好的防腐剂”；(2)通过行政程序法中的民主程序设计，实现公众对政府规章制定过程的有效参与，将行政立法过程建构成民主的“分论坛”，以“权利”制约“权力”。除此之外，行政立法中还普遍引入“专家论证”，通过理性本身对抗权力的专横，促进行政的科学化。至于司法领域的“立法”现象，议会法律的优先性和以陪审团为代表的司法民主制度是主要的控制机制。

“渗透”现象给我们展示了更加真实的法律世界，也使我们对于经典理论如何“现实化”为实践理性具有了更加清晰的观察与认知。这是从历史发展的角度对“立法权”进行的考察与评估，其中连接了民主与法治、立法权与行政权、宪法学与行政法学，这便要求我们具有更加开放的心态和更加宽阔的知识视野，才能更好地在实践理性的意义上理解“立法权”这一现代事物。当然，“渗透”本身并未颠覆主体结构，对“细流”的关注也不

---

〔43〕 王名扬教授对美国分权演变的观察也证实了这一点，参见王名扬：《美国行政法》（上），中国法制出版社2005年版，第97—101页。

能替代对“本源”的执着,以议会为中心的立法权的规范建构仍然是任何一个现代国家厉行宪政的重中之重。

三、中国立法权的规范建构:以新立法法为中心

1982年《宪法》对全国人大(常委会)的国家立法权以及国务院的行政法规制定权作出了原则性的规定,但现实法律生活中存在着诸多各种层级的法律规范,它们之间的具体立法权限如何?效力位阶如何?不同的法律规范出现效力冲突时如何解决?这些问题仅仅依靠《宪法》的原则性规定是无法解决的。在这种背景下,2000年通过并于同年实施的《立法法》就成为中国立法权规范建构的基本法律,属于中国法学语境中的“宪法性法律”。2015年,新立法法生效,延续并强化了旧立法法的原则和程序。[44]本节即拟以立法法为中心对中国立法权的规范体系进行介绍和评述,使读者对中国立法权的体制结构与程序产生基本的认识。以下所引条文均为新立法法的有关规定。

(一)中国立法权的体制结构:主体与层级

在介绍中国立法权的体制结构之前,必须先简单说明一下与立法权关系密切的制宪权。所谓制宪权,即人民或其委托的制宪代表制定宪法的权力。卢梭政治哲学中的制宪权与立法权并未严格区分开来,且都属于直接民主的模式,与现代国家的代表制民主模式不同。现代国家通常采行代表制民主,制定宪法一般也是通过选举产生的制宪会议进行,宪法制定完毕,则制宪会议自行解散,国家进入常态运行阶段。中国的制宪权,根据宪法上的人民主权原则自然属于人民,其具体的行使方式也是一种代表制模式。与制宪会议模式有所区别的是,全国人民代表大会具有双重角色:制宪机构和日常立法机构,即全国人民代表大会制定完宪法之后并不解散,而是继续充当日常立法机构。1949年《共同纲领》属于临时宪法,其制宪机构为第一届政协。1954年《宪法》属于新中国第一部正式宪法,其制宪机构为第一届全国人民代表大会。以后的1975年《宪法》、1978年《宪法》、1982年《宪法》均被视为对前一部宪法的“修改”而非“重新制定”,尽

〔44〕 值得注意的是,国家立法法的立法与实施经验对党内法治产生了积极影响和倒逼效应,2013年两部党内“立法法”的出台以及党内立法规划与法制实施的取向,是党内治理对国家治理的制度模仿,有关分析参见田飞龙:《法治国家进程中的政党法制》,《法学论坛》2015年第3期。

管在内容与结构上发生了巨大的变化。1982 年《宪法》并未明确规定制宪权,但从“人民主权”原则中可以推导出来。宪法的逻辑是回避“制宪权”,因为“制宪权”之行使通常意味着国体与政体的结构性变革,即所谓的“革命”,而宪法的内在逻辑是终结革命,开启法治。1982 年《宪法》只规定了修宪权条款,这符合宪法的保守理性。根据 1982 年《宪法》第 64 条第 1 款的规定,宪法修改程序中的提案权主体为“全国人民代表大会常务委员会”或者“五分之一以上的全国人民代表大会代表”,程序性要求是“由全国人民代表大会以全体代表的三分之二以上的多数通过”。

制宪权是先于宪法存在的创造性法权,宪法上的立法权即属于制宪权创造的成果之一,而修宪权应被理解为一种特殊的立法权。《立法法》的调整对象不包括宪法,而是宪法以下的主要法律规范。

(1)中国立法权的主体有哪些?

《立法法》对“立法权”的界定是广义的,即并不局限于制定“狭义法律”的主体——全国人大及其常委会——还包括行政主体和地方人大。具体而言,《立法法》确立的立法权主体包括:

全国人大——制定基本法律

全国人大常委会——制定基本法律之外的一般法律

国务院——根据人大授权和《宪法》规定制定行政法规

地方人大——制定地方性法规

民族自治地方——制定自治条例和单行条例

国务院部委、地方人民政府——制定行政规章

(2)中国立法权的权限划分如何?

《立法权》的重要贡献就是相对系统地厘清了中国立法权的权限划分。

1. 国家立法权

国家立法权即制定狭义法律的权力,归属全国人大及其常委会。这里的关键是区分两对范畴:基本法律和一般法律;法律的绝对保留与相对保留。基本法律制定权属于全国人大。根据《立法法》第 7 条第 2 款的规定,基本法律事项包括“刑事、民事、国家机构的和其他的基本法律”。一般法律制定权属于全国人大常委会。根据《立法法》第 7 条第 3 款的规定,一般法律事项是基本法律事项之外的立法事项。基本法律事项和一般法律事项的区分是国家立法权内部的事权区分。《立法法》将刑事基本法、民事基本法和国家机构组织法以及其他基本事项界定为“基本法律事

项”。不过，这里仍然存在一定的模糊地带，需要通过法律解释和立法实践加以明晰。比如《立法法》第8条规定的法律保留事项中，带“基本”字样的应解释为“基本法律事项”。这种内部事权划分也不是绝对的，比如根据《立法法》第7条第3款的规定，全国人大常委会可以在全国人大闭会期间对基本法律进行部分补充和修改，但不得违反基本法律原则。不过，如果出现了全国人大常委会“越权”立法或者立法不当的问题，如何处理呢？《立法法》第97条第1项规定了全国人大的撤销权，即“全国人民代表大会有权改变或者撤销它的常务委员会制定的不适当的法律”，所谓的“越权”显然可以构成这里的“不适当”的一种情形。

《立法法》的另外一个贡献就是明确规定了法律保留。《立法法》第8条规定了10项法律保留事项和1个兜底条款：(1)国家主权的事项；(2)各级人民代表大会、人民政府、人民法院和人民检察院的产生、组织和职权；(3)民族区域自治制度、特别行政区制度、基层群众自治制度；(4)犯罪和刑罚；(5)对公民政治权利的剥夺、限制人身自由的强制措施和处罚；(6)税种的设立、税率的确定和税收征收管理等税收基本制度；(7)对非国有财产的征收；(8)民事基本制度；(9)基本经济制度以及财政、税收、海关、金融和外贸的基本制度；(10)诉讼和仲裁制度；(11)必须由全国人民代表大会及其常务委员会制定法律的其他事项。这些法律保留事项涉及了国家的基本制度和公民的基本权利，如果任由下位法作出规定，将严重损害国家的法律尊严和公民的合法权益。2015年修改立法法的突出亮点是实现了“税收法定”，将税收立法权从行政机关收回。这些法律保留事项，部分可以通过全国人大及其常委会的授权而由国务院先行制定行政法规，即所谓的“规范授权”；部分则不得授权，只能由全国人大及其常委会亲自行使，称为法律的绝对保留——《立法法》第9条明确了绝对保留的事项范围“有关犯罪和刑罚、对公民政治权利的剥夺和限制人身自由的强制措施和处罚、司法制度等事项”。

由此看来，国务院关于劳动教养的有关规定涉及限制人身自由的处罚，明确违反了《立法法》关于法律绝对保留的规定，已在社会各界多方努力推动下被废止。这也说明，《立法法》确立了新的法律规范秩序，旧的法律状况未必满足新秩序的要求，因而需要及时进行清理。当然，无论是“基本法律事项”还是“一般法律事项”或者“法律保留事项”，均有兜底条款，这在立法权的配置上有何影响呢？根据《宪法》中关于全国人大作为最高国家权力机关的条款，这里的列举可以看作是对全国人大及其常委会的“授权”而非“限制”,即全国人大及其常委会除了可以根据《立法法》的明确列举行使国家立法权之外,还可以根据自身的独立判断,借助兜底条款扩大国家立法权的实际范围。而且,即使国务院已经制定了行政法规,全国人大及其常委会也可以制定法律,后者相对于行政法规而言具有优先性。当然,《立法法》对国家立法权事项的列举对国务院和地方立法权主体构成一种明确的权力排除,尤其是绝对保留事项同时也构成了对全国人大及其常委会的明确责任约束。

2. 行政立法权

根据《立法法》的规定,行政立法权主要包括行政法规制定权和行政规章制定权。此外,行政规范性文件(通常所称的“红头文件”)虽然不是正式的行政法律渊源,但也构成行政治理的重要手段,故在立法权的研究中也应适当关注。

《立法法》第 65 条第 2 款规定,行政法规的立法事项有以下两类:(1)为执行法律的规定需要制定行政法规的事项;(2)《宪法》第 89 条规定的国务院行政管理职权的事项。其中第一类被称为“授权立法”,可以分为两种类型:一是已经存在法律,需要行政法规就具体管理事项作出细则性规定的(通常在既有法律中载明“委任条款”,授权国务院制定实施细则),比如《中华人民共和国著作权法实施条例》;二是法律保留事项中制定法律的条件尚不具备或尚未制定法律的,由全国人大及其常委会授权国务院先行制定行政法规,积累法治经验。第二类被称为“职权立法”,即国务院根据《宪法》第 89 条之规定,在授权立法的范围之外且不抵触法律保留的条件下,结合履行行政管理职权的实际需要,制定相关的行政法规。当然,“职权立法”并不意味着全国人大及其常委会不得再行制定法律,后者一旦制定法律,则按照法律优先原则处理二者之间的关系。在德国行政法上,依法行政原则包括两项子原则,即法律保留原则和法律优先原则。中国的行政立法权的配置并未超出依法行政的原理框架。

行政规章包括两类:一是国务院部委制定的部门规章,二是具有行政立法权的地方政府制定的规章。部门规章制定权主体包括国务院各部、委员会、中国人民银行、审计署和具有行政管理职能的直属机构。地方政府规章制定权主体包括省、自治区、直辖市和设区的市、自治州的人民政府。2015 年修改后的《立法法》对地方立法权主体范围进行了扩大,由之前的“较大的市”扩展到一般“设区的市”,但同时对新增的这一类地方政府的立法权范围进行了限制,限定于“城乡建设与管理、环境保护、历史文化保护等方面的事项”(第 82 条第 3 款)。当然,2015 年修改的《立法法》承认了属于这一范畴的原先的“较大的市”制定在先的超范围行政规章的合法性。

为规范行政立法权的行使,国务院专门制定了两部有针对性的程序条例,即《行政法规制定程序条例》和《规章制定程序条例》,其中对相关立法的程序环节、技术性规范以及公众参与问题作出了规定。值得注意的是,所有这些行政立法权的主体还同时发布大量的行政规范性文件,要注意对行政规章和行政规范性文件进行区分,主要判断依据就是相应的法律文件是否经过了《规章制定程序条例》的法定程序。这一区分在公民的权利救济上具有重要意义,比如《行政复议法》规定了对规章以下的规范性文件可以提起附带行政复议,即可以在行政复议程序中加以审查;《湖南省行政程序规定》更是规定了公民可以就行政规范性文件提起独立的抽象审查要求[45]。

值得补充的是行政规范性文件的治理问题。长期以来,行政规范性文件一直是我国依法行政领域中存在的突出问题,对规范性文件的“规范化”机制一直未能有效建立和运行。在国家法律层面,行政规范性文件被归于“抽象行政行为”,因而被排除在行政诉讼受案范围之外,《行政复议法》也只建立了具体案件中的附带审查制度。从各地实践看,对规范性文件也没有具体的审查制度安排。司法审查的排除以及行政审查的附带性,导致公民缺乏有效的法律程序支撑来及时发现并申请纠正违法的规范性文件,保护自身的合法权益。现实中,各个层级的政府及其工作部门也普遍利用规范性文件审查的制度漏洞,追求部门利益最大化,很多规范性文件都涉及加重公民义务负担、增设收费以及行政性垄断等问题。为此,湖南省通过行政程序法制建设进行了积极有效的回应,主要体现在《湖南省行政程序规定》和《湖南省规范性文件管理办法》之中。湖南经验的主要创新在于:(1)在治理思路上,建立了针对规范性文件的事前、事中和事后的全程合法性控制机制,将规范性文件的行政违法概率降至最低;(2)建立规范性文件合法性审查制度,由同级法制机构提出合法性审查意见;(3)建立规范性文件制定的公众参与制度;(4)建立规范的文件登记制度,实行“统一登记、统一编号、统一公布”的规范化作业;(5)建立明确的有效期制度和制定后评估制度,一般文件 5 年,暂行文件 2 年;(6)建立规

〔45〕 这是湖南省治理行政规范性文件的重要制度创新,详见《湖南省行政程序规定》第 53 条。

范性文件的抽象审查制度,并规定了30日的正式答复期限。这种模式是否具有治理实效呢?有两个证据可以说明:一是规范性文件制定中同级法制机构的合法性审查意见作为必备材料;二是湖南省法制办根据抽象审查制度在2009年宣布废除“驾考合一”的规定[46]。属于新兴事物的“行政裁量权基准”,这里暂不讨论,但值得关注。

当然,依赖行政系统内部规制“行政立法权”以及行政规范性文件,其动力和可持续性势必面临挑战。更加合理的方法应该是通过《行政诉讼法》的修改将抽象行政行为纳入行政诉讼受案范围,使得法院承担起监督依法行政的重要职责,2015年修改后的《行政诉讼法》确立了规范性文件的附带审查制度,是一个重要的法治进步,未来修法还可进一步增强法院对行政规范性文件的司法审查权。此外,法院系统的某些制度创新也值得关注,比如法院系统通过集中行使司法建议权而形成的“行政审判白皮书”制度[47]。

总之,行政立法权及其衍生物(规范性文件)构成了中国行政权的重要权能,也是立法权在行政领域的具体体现,如何加以法治“驯化”已经成为中国立法权规范建构的重要课题。

3. 地方立法权

上述行政立法权中的行政规章制定权已经部分包含了地方立法权的内容,比如地方政府规章制定权,这里不再赘述。这里所称的地方立法权主要指地方人大(常委会)的地方性法规制定权和民族自治地方的自治立法权。《立法法》第72条对地方性法规制定权主体进行了扩大,规定设区的市可以享有地方法规制定权,但需要所在省份统一规划和报备。第73条对地方性法规的立法事项范围作出了规定,具体包括两类:(1)为执行法律、行政法规的规定,需要根据本行政区域的实际情况作具体规定的事项;(2)属于地方性事务需要制定地方性法规的事项。第一类被称为“实施性立法”,即地方人大(常委会)根据既有的法律、行政法规的实施要求,结合地方实际作出具体化规定。第二类被称为“自主性立法”,即地方人大(常委会)对地方性事务进行立法。何为“中央性事务”,何为“地方性事务”?这是宪法上中央与地方关系的核心问题,即中央与地方的事权划分

〔46〕 参见王锡锌、田飞龙:《废除“驾考合一”彰显法治进步》,《法制日报》2009年4月27日。

〔47〕 参见田飞龙:《行政审判白皮书:建构法治理性的权力间对话机制》,《人民法院报》2010年1月15日。

问题。1982年《宪法》仅仅提供了一个高度概括性的条款,即第3条第4款的规定:"中央和地方的国家机构职权的划分,遵循在中央的统一领导下,充分发挥地方的主动性、积极性的原则。"《宪法》的规定体现了如下特点:(1)以政策性语言表达《宪法》上的事权划分原则,难以具体操作;(2)不涉及任何具体的事权划分,突出了单一制的特点;(3)具有辩证法的弹性结构,为中央的政策调整预留巨大空间,但对地方不利,后者难以获得事权上的确定性法律预期。从《宪法》的原则性规定无法看出中国法律上中央与地方事权划分的具体操作性标准。《立法法》倒是可以提供一种真正的法律标准。《立法法》第8条规定的法律保留具有横向和纵向两个方向上的法律意义:横向的意义是排除行政立法权,纵向的意义是排除地方立法权。这样,我们可以将法律保留事项作为国家立法权的一个参考标准;显然,这一标准属于一种"重要性"标准,即"重要的事务归中央,一般的事务归地方"。国外联邦制国家划分中央与地方事权的标准一般是"影响范围"标准或曰"辅助性"标准,即下级单位对于下级事务具有优先处理权。当然,中国不是联邦制国家,然而改革开放以来我们却进行着轰轰烈烈的分权运动,如果没有实质有效的分权,中国的改革不可能取得今日之成就。然而,不稳定和缺乏科学标准的政策性分权始终无法促进中央与地方关系的法治化,无法有效积累和固化改革以来的分权成果。正因为地方立法权限不清,所以各地的进展不一,由此造成了对法制统一的巨大伤害,比如法治取向的湖南和运动式治理趋向的重庆尽管同处一个共和国之内,但其法制环境绝对不可同日而语——这显然是地方立法权限不清造成的后果。中国可以不选择联邦制,但基于巩固改革成果和促进法制统一的需要,也急需通过法律形式探索建立相对稳定、科学的分权法制框架。

《立法法》第75条规定了民族自治地方的自治立法权。根据《宪法》和《民族区域自治法》的规定,这种自治立法权要高于普通省份的地方立法权,即可以根据具体民族的政治、经济和文化特点进行自主性立法,甚至可以变通执行中央法律的有关规定。不过,自治立法权在制定程序上受到了更加严格的限制:普通省份的地方立法只需要向上级备案,但自治立法需要上级批准。

(二)中国立法权的程序建构:以全国人大立法程序为例

《立法法》除了细致规定立法体制结构之外,对于立法程序也非常重视。下面以《立法法》中规定的全国人大的立法程序为例对中国立法权的程序建构加以说明。

(1)提案。《立法法》第14、15条规定有三类主体可以向全国人大提出法律案。第一类主体是全国人大主席团,其所提出的议案直接进入会议议程。第二类主体是中央国家机构和专门委员会(全国人大常委会、国务院、中央军事委员会、最高人民法院、最高人民检察院、全国人大各专门委员会),其所提出的法律案由主席团决定列入会议议程。第三类主体是代表主体,即一个代表团或三十名以上的代表联名,其所提出的法律案由主席团进行处理,可以出现三种情况:(1)决定不列入会议议程;(2)决定列入会议议程;(3)先交有关的专门委员会审议、提出是否列入会议议程的意见,再决定是否列入会议议程。可见,这三类提案主体的提案权并不平等,其法律案不是放在同一程序中进行处理的,而是分别处理,其预设的立法判断在于:(1)三类提案主体的权威性和重要性依次递减;(2)代表提案很可能不够成熟或考虑不够全面,需要主席团或其委托的专门委员会进行预审;(3)提案权的行使必须是集体行为,代表提案门槛较高,代表个人价值相对下降。这种等级化的提案权设计和对个体提案权的压制显然不利于人大代议职能的发挥。人大制度应以"代表"(议员)为中心展开建构,但《立法法》上的提案程序显然不利于发挥代表的中心作用。

由于全国人大会期较短,在闭会期间,有关法律案由全国人大常委会进行预审,然后决定是否提请全国人大审议。经由这一"预审"和"转送"程序,最终的审议程序中,法律案的说明人可以是全国人大常委会,也可以是原提案人。

(2)审议。《立法法》规定了常规的法律案审议程序,即代表团审议、专门委员会审议和法律委员会审议。

审议程序是从大会听取提案人说明开始的。代表团审议过程中,还存在两个协助程序:一是提案人应当派人听取意见,回答询问,这主要是弥补代表团代表不了解情况以及提案人说明不充分的缺陷;二是在代表团要求之下,有关机关和组织派人介绍相关情况。各代表团独立审议,其汇总的意见构成法律案修改的重要依据。与代表团审议同时展开的是专门委员会的审议,主要目的是就法律案涉及的专门性技术或政策问题提出针对性的意见。法律委员会的审议程序安排在代表团审议和专门委员会审议之后,根据后两者的意见对法律案进行统一审议,提出审议结果报告和法律草案修改稿,并对重要的不同意见予以说明,供主席团审议时参考。

为体现立法的审慎性并在一定程度上克服各代表团独立审议的局限性,《立法法》同时规定了主席团常务主席召集的特别程序,即代表团团长会议和代表团推选代表会议，就法律案中重大的专门性问题征求意见。

经过这些常规程序和特别程序之后，如果对法律案中的有关重大问题还不能够达成共识的，则转入全国人大常委会的处理程序，具体规定如下：法律案在审议中有重大问题需要进一步研究的，经主席团提出，由大会全体会议决定，可以授权常委会根据代表的意见进一步审议，作出决定，并将决定情况向全国人大下次会议报告；也可以授权常委会根据代表的意见进一步审议，提出修改方案，提请全国人大下次会议审议决定。

上述由法律委员会提出的法律草案修改稿经主席团审议通过后仍需要交由各代表团进行审议，再由法律委员会根据各代表团的意见进行修改，形成法律草案表决稿。至此，全国人大的立法审议程序结束。

(3)表决。经过审议程序之后，大会全体会议对法律草案表决稿进行表决。根据《宪法》规定，本届人大全体代表过半数通过，法律即可公布实施。

(4)公布。表决通过的法律，由国家主席签署主席令公布实施。立法程序终结。

除了法律明确规定的立法程序之外，最近一些年出现的全国人大"开门立法"的现象也值得关注。所谓"开门立法"即全国人大在制定法律过程中将法律草案及其简要说明向社会公布，广泛征求社会各界的意见和建议。在最近几年的全国人大(常委会)的立法程序中，"开门立法"的典型包括《物权法》《劳动合同法》《就业促进法》等，这些法律的公开征求意见得到了全国民众的积极响应，相关意见往往成千上万，形成某种"天下公议"的格局。目前正在进行的《个人所得税》修改也具有类似的特征。立法公开听取意见并非《立法法》规定的具体法律义务，但通过具体的立法实践已经逐渐成为最高立法机关行使国家立法权的一种宪法惯例。

这种立法公开性的建构具有明显的政治和法律意义：(1)通过社会公众直接的意见参与弥补人大代表代表性不足的缺陷，夯实法律的正当性基础；(2)通过社会多元群体的参与，形成针对利益集团以及专家集团的竞争性均衡格局，确保法律的公益取向；(3)通过立法过程中的公众参与对公众的民主能力进行培养和训练，使之养成真正的国家"主人翁"意识和能力；(4)对具体法律问题及其方案进行初步的宣传与教育，有利于后续的法律执行；(5)通过政治过程的直接参与感赋予公众一定的政治成就感，增进公众对于国家法律的认同。当然，这种面向公众的听取意见制度只能是人大立法的一种有益的补充，不能成为立法权规范建构的重点，需要注意:(1)人大制度之完善仍然需要循着强化代表之代议职能和审议程序的方向展开;(2)立法公开听取意见在程序上需要规整和强化,建立正式的回应机制,鼓励公众持续参与;(3)立法公开听取意见程序中产生的公众意见除了服务于议程上的立法任务之外,还应作为国家立法议题的重要来源,充分利用,有效回应。

(三)走向立法权的规范保障:立法冲突解决机制

《立法法》建构了中国广义上的立法权体系,涵盖了法律、行政法规、地方性法规、自治条例(单行条例)和规章。但是,实际上不同层级的法律规范经常会发生效力冲突,如果不能够建立有效的冲突解决机制,则下位法对上位法的规范性偏离就会成为常态,法制的统一性与规范法治的建构就会受到严重的威胁。西方国家关于法律规范冲突的解决模式通常为司法审查模式,但《立法法》并未超出《行政诉讼法》等法律的模式框架,在原则上排除了司法审查作为法律规范冲突解决机制的可能性,而是建构了一种基于"政治-行政"框架的内部审查模式。除了具有权力自我约束和内部监督性质的内部审查模式之外,《立法法》还规定了公民监督模式,但其最大弱点在于尚不具备任何审查程序所必备的公开性与正当性,即尚未程序化的问题。当然,中国的法院系统尽管没有违宪审查或违法审查的一般性权力,但在具体司法过程中也已经发展出了"区别对待"的司法机制,一定意义上通过"选择性适用"承担了对法律规范的消极审查功能。

1. 不引入司法审查的内部审查模式。

《立法法》建立的立法冲突解决机制是一种内部审查机制。《立法法》首先通过若干条文将法理学中法律层级理论的基本成果予以了法定化。第 87 条规定了宪法至上的效力原则,一切下位法均不得与之相抵触,否则无效。第 88 条第 1 款规定了法律的效力高于其他一切下位法。这里存在一个问题,即法律区分为全国人大制定的基本法律和全国人大常委会制定的一般法律,二者效力位阶如何?尽管二者均为法律,但还是存在效力位阶的差别,理由是《立法法》第 97 条第 1 项规定全国人大有权改变或撤销全国人大常委会通过的不适当的法律。可见,基本法律的效力高于一般法律。不过,作为"改变"或"撤销"之理据的"不适当"显然不局限于形式合法性,而且包括了是否合理的政治性判断。第 88 条第 2 款规定了行政法规的效力高于地方性法规和规章。第 80 条规定了地方性法规的效力高于同级和下级政府的规章,省级政府规章的效力高于该省级区域内较大的市的政府规章。《立法法》未提及规范性文件的问题,显然,作为"准行政立法”的规范性文件,其效力位阶最低。第 92 条规定了特别法优于一般法、新法优于旧法的优先性规则,但需注意前提,即必须是同一机关制定的法律文件。不过,第 92 条规定的两项优先性规则也可能发生冲突,如何解决?第 94 条规定了裁决主体,即法律之间的问题由全国人大常委会裁决,行政法规之间的问题由国务院裁决;第 95 条规定,地方性法规、规章各自发生上述问题,由制定机关或有权机关裁决。问题在于,全国人大常委会裁决时可能会“偏袒”自身制定的一般法律,这里就需要全国人大动用第 97 条规定之“改变”或“撤销”的权力了。如果是部门规章之间或部门规章与地方政府规章之间出现不一致,根据第 95 条第 3 项的规定,由国务院统一裁决,显然这种安排是“行政自治”的体现,属于严格的内部审查。比较引人注目的是地方性法规与国务院部门规章之间冲突的解决模式。第 95 条第 2 项对此规定了国务院的预审程序和全国人大常委会的终审程序,即首先由国务院对规范冲突提出解决意见,如果认为应当适用地方性法规的,说明并非“偏袒”行政系统的立法,则程序终结,直接适用有关的地方性法规;如果认为应当适用部门规章的,难以排除“偏袒”嫌疑,就需要提请全国人大常委会作出终裁。

以上规定主要涉及法律层级理论成果的法定化以及层级不明确条件下的裁决程序。《立法法》还同时规定了各个立法层级的改变权和撤销权的权限(第 97 条)与事由(第 96 条)。需要注意的是,“改变”包含了积极更换法律规范内容的权力,而“撤销”只是消极否认,并不包含更换法律规范内容的权力。根据第 97 条的规定,有关权限如下:(1)全国人大的改变权和撤销权:改变或撤销全国人大常委会的法律,撤销经过全国人大常委会批准的自治条例和单行条例;(2)全国人大常委会的撤销权:撤销行政法规、地方性法规以及经过省级人大常委会批准的自治条例和单行条例;(3)国务的改变权和撤销权:改变或撤销部门规章和地方政府规章;(4)省级人大的改变权和撤销权:改变或撤销同级人大常委会制定或批准的地方性法规;(5)地方人大常委会的撤销权:撤销同级政府规章;(6)省级人民政府的改变权和撤销权:改变或撤销下级政府规章;(7)授权机关的撤销权:撤销被授权机关制定的法规,必要时可收回授权。值得注意的是,这里的内部审查标准同时包含了合法性审查标准与合理性审查标准,改变权和撤销权主体具有充分的自由裁量权实施审查。但是内部审查的最大弱点在于动力不足、程序不公开、法律理由不明确、与公民不相关,这些都可能影响到内部审查模式对法治价值的支撑效用。

除了具有职权监督意义的内部审查模式之外,《立法法》还规定了全国人大常委会接受国家机关审查要求或建议的制度,包括:(1)第 99 条第 1 款规定了中央国家机关和省级人大常委会的审查要求制度,申请主体包括国务院、中央军事委员会、最高人民法院、最高人民检察院和省级人大常委会,申请对象是全国人大常委会,申请事由是行政法规、地方性法规、自治条例和单行条例违背宪法或法律,处理程序是由常委会工作机构分送有关的专门委员会进行审查,提出意见;(2)第 99 条第 2 款规定了其他国家机关的申请建议制度,差别在于处理程序上,即不一定所有的申请建议都处理,由常委会工作机构首先进行预审,认为“必要”时才转送进入下一程序。审查要求制度和审查建议制度的区别在于:要求是“有求必应”,而建议只是“必要才应”。这里的“常委会工作机构”指的是 2004 年设立的全国人大常委会内部的“法规审查备案室”。这种制度属于内部审查模式的一种补充形式。

总体而言,这种排除司法审查的内部审查模式强化了中国的“政治-行政”框架的相对自足性和封闭性,强化了法律规范审查的政治性质,但其缺陷也是明显的,至少包括动力不足、程序不公开、申请主体等级化、法律标准不明确等。

2. 公民监督模式:如何程序化?

《立法法》的进步之一在于明确规定了公民申请建议制度。第 99 条第 2 款规定,社会团体、企业事业组织和公民认为行政法规、地方性法规、自治条例和单行条例同宪法或者法律相抵触的,可以向全国人大常委会书面提出进行审查的建议,由常委会工作机构进行研究,必要时,送有关的专门委员会进行审查、提出意见。

公民除了有建议权之外,是否有审查程序的参与权呢?我们看到,公民建议提交之后,存在两个前后衔接的审查程序:(1)常委会工作机构预审程序。即“研究”后认为“必要”的才转入下一程序,这一研究过程显然是不公开的,无法参与,至于何为“必要”则完全取决于工作机构的自由裁量,缺乏法定标准。(2)专门委员会的审查程序。这规定在第 91 条,主要内容在于专门委员会独立作出违宪/违法判断或者经由与法律委员会召开联合审查会议并听取制定机关说明之后,向制定机关提出书面审查意见;制定机关在两个月内提出是否修改的意见,反馈给审查机构;制定机关拒不修改的,审查机构可以向委员长会议提出书面审查意见和予以撤销的议案,由委员长会议决定是否提请常委会会议审议决定。可见,这完全是内部审查的工作程序,公民建议人没有任何参与的权利,也没有法定权利获取相关审查信息。

这样一种公民审查建议制度由于严重的程序缺陷,类似于公民举报制度,其法治价值有限。根据法治国家和透明政府的新要求,《立法法》确立的这一制度急需"程序化",其要点在于:(1)明确赋予公民建议人程序参与权;(2)明确规定审查处理期限;(3)明确规定审查程序公开和审查信息公开。

围绕这一公民审查建议制度,2003 年的"孙志刚案"中曾出现五博士上书建议审查《收容遣送条例》的事件,国务院很快废除了相关条例,但审查程序并未对公民建议人开放;2009 年年底,在"唐福珍案"的刺激下,北大五教授上书建议审查《城市房屋拆迁管理条例》,国务院很快主导了条例的修改,审查程序也未正式展开。重大法制事件的推动并未撬动公民审查建议制度的程序化"坚冰",这对于法治学者多少有些遗憾。同时,这两个案件也充分说明了中国"行政主导"的体制现实。全国人大如要真正改变"橡皮图章"的命运、实现对行政的有效监督、维护法律尊严,就应当对公民审查建议制度善加利用,促进其程序化和规范化。

3. 司法的智慧:区别对待

尽管《立法法》排除了法律规范审查中的司法审查模式,采行的是"政治-行政"框架中的内部审查模式,但司法机关在具体的司法实践中也日益发展出一种实践性的消极司法审查模式来处理法律规范冲突的问题。

这里有一个著名的案件值得提及,即 2003 年河南的"李慧娟案",又称"河南种子案"。案件涉及种子买卖纠纷中的法律适用问题,承办法官李慧娟发现《河南省种子条例》和国家的《种子法》存在冲突,于是在判决中宣布河南的地方条例相关冲突条款因违反上位法无效,引发河南省人大系统的激烈反弹,法院最终作出了让步。这个案件表明法官试图运用《立法法》中关于法律效力层级的规定来选择法律规范,这是法治国家通行的司法技术,但中国《立法法》中的相关规定所建构的是一种"政治-行政"程序,并且不可"司法化"。这是《立法法》中的内部审查程序排斥司法审查程序的典型体现。

尽管如此,法院系统还是在司法实践中发展出了"选择性适用"的消极审查模式,即遇到法律规范冲突时,直接选择适用法官认为更加符合法律要求的规范,对于可能违法或违宪的规范则不予司法评价。比如"李慧娟案"中,就有专家建议正确的做法应该是:直接根据《种子法》作出判决,不提《河南省种子条例》。同时,法院系统对于《立法法》中的法律效力层级的规定还是进行了司法政策上的“司法化”,即“适用”法律、法规,“参照”规章,对于效力更低的规范性文件则采取“参考”的态度。这种司法的实践智慧在现有的法律体制下显然还是有一定进步意义的,有利于维护法制统一和法律尊严。

四、中国立法权规范化的问题与对策

2011 年“两会”期间,吴邦国委员长宣布中国特色社会主义法律体系已经形成。尽管有学者表示,某些重要的部门法仍然需要制定,但就体系结构而言,中国法律的完备性已经大大提高。这标志着改革三十多年以来伴随经济市场化的“立法运动”基本结束。立法成果的体系化显然是立法权行使的直接结果。然而,立法成果只是结果意义上的“数量”成就,立法权本身的规范化建构从我们所观察与分析的现实状况来看还不尽如人意。下面就中国立法权规范化建构方面的若干重要问题进行简要梳理,并提出相应的制度化建议。

1. 立法权主体的规范化

这主要涉及中国的议会结构问题。按照 1982 年《宪法》的框架,中国采行的是一院制,但又并非纯粹的一院制,理由在于:(1)全国人大常委会相对独立于全国人大,在后者闭会期间行使着国家立法权,一方面构成纵向意义上的第二院,另一方面构成时间意义上的二次代议机构;(2)全国政协在 1949—1954 年间代行过全国人大的职权,之后作为参政议政机构发挥作用,类似于国外两院制中的参议院。[48] 中国一院制的不纯粹性本身就构成了立法权主体规范化的理由。全国人大本身发挥作用的时间和领域极其有限,全国政协的参政议政并未有效地制度化和权力化。因此,为了强化全国人大的“一次代议机构”职能,提高代议效能,全国人大代表数量应适当减少、会议次数适当增加、会期适当延长,并探索建立各代表团之间的联席辩论程序,体现全国人大作为议会的整体性和权威性。全国人大常委会的权力应适当减少,因其作为“二次代议机构”缺乏足够的民主正当性。严格来说,全国人大的代表更接近国外众议院的代表,全国人大常委会成员及全国政协委员的“精英”色彩使其更加接近参议院议员的

〔48〕 有关历史考察与宪制设计,参见高全喜、田飞龙:《协商与代表:政协的宪法角色及其变迁》,《华东政法大学学报》2013 年第 5 期。

角色，故长期来看，在全国人大代议职能逐步加强的条件下，也可以考虑将全国人大常委会和全国政协合并构成具有参议院性质的代议机构。如果不进行这样的结构性调整，国家立法权实质上就可能被作为“二次代议机构”的全国人大常委会控制或垄断，这对于建立中国的民主政治显然不利。

2. 代表的专职化和议员化

代表构成了立法权的微观分子，但中国立法权框架里的代表却具有颇多的制度性局限，以至于尚未形成作为职业议员的“主体性”人格。中国的各级人大代表基本上是兼职的，来自各行各业，从代表性上看没有问题，但从审议性上看问题极大。代表的兼职性导致其一方面无法摆脱具体地域或行业的利益关联而成为真正的“人大代表”，另一方面也使其无法投入合理有效的时间与精力用于履行代表职责。因此，加强和改善人大职能的首要问题应该就是代表专职化的问题，其要害在于为代表提供时间上和利益关联上的独立性，这是最为基本的保障。

实践中，中国的人大代表经常被指怠于履责、脱离选民、缺乏提案或提案质量不高、官员代表比例过高等。如是实行专职化，这些问题都会逐步得到解决。代表的专职化是代表成为真正的“议员”的前提，也是全国人大（包括地方各级人大）成为真正的代议机构的前提，因为对于议会性质的机构而言，其不具有行政机关和司法机关履行职责的日常性，其发挥职能主要依赖于会议形式，因而在制度武器上本就薄弱，兼职化更使其面对日常性质的国家机构时形同虚无。因此，在立法权之主体结构（议院结构）一时难有突破的情况下，议员的专职化就成为加强和改善人大职能的关键性制度举措。

3. 立法权程序的规范化

根据《立法法》的规定，中国立法权的程序分为提案、审议、表决和公布。提案程序的主要问题是缺乏统一平等的提案处理程序，代表作为立法权正当主体的作用遭到压制，提案权基本上被其他国家机关垄断。

提案权涉及立法议程的设定，关系重大，因此应朝着充分发挥代表本身作用的方向进行改革，至少应逐步实现：（1）平等化的提案处理程序，多进行提案指导，少进行对不同提案来源的歧视；（2）在代表提案主导性改革完成之前，应通过明确的比例制划分不同来源的提案数量，保证最低限度的代表提案不利不低于 50%；（3）降低代表联名提案的门槛限制，最终实现代表个人的提案权。至于审议程序，主要问题在于分团审议的问题，这不利于体现全国人大作为代议机构的整体性,而且全国性立法所涉及的绝对不是一两个部门或代表团的利益,而是整体利益,故应该通过议事规则的改革实现法律案审议的全体化。审议程序的全体化,包括引入全体会议的立法听证制度,这非常关键。如果等到表决环节才举行全体会议,审议的必要性和可能性就基本上被排除了。程序问题与立法民主性的质量息息相关,因而应该成为立法权规范化改革的重点之一。作为国外长期议会史经验总结的《罗伯特议事规则》(*Robert's Rules of Order*)[49]值得认真研习和吸收转化。此外,正在兴起的立法公开听取意见制度也值得进行认真的规整和引导,使之成为立法民主性的重要补充形式。

4. 立法冲突解决机制的规范化

《立法法》的重要创新是为解决立法冲突提供了若干法律原则、具体裁决程序和申请审查机制,甚至在2004年专门设立了"法规审查备案室",引得国内宪法学界一阵骚动。然而,这些创新性的制度机制却并未达到预期的法治效果。通过2003年的"河南种子案",《立法法》中的冲突规则的非司法性得到人大系统的确证,法律规范审查的"司法化"受阻。通过2003年"孙志刚案"和2009年"唐福珍案"中法学公民的上书遭遇来看,所谓的公民审查建议制度也仅仅是建议而已。这些创新最终被严格控制在"政治-行政"的内部审查框架之内,处于外部的司法系统和社会公民无法进入。然而,内部审查又普遍存在动力不足、程序不公开、法律标准不明确等制度性缺陷,难以发挥制度预期功能,也难以推进法制统一和增进公民对国家与宪法的认同。

如果缺失有效的立法冲突解决机制,立法权本身的权威性、整体性和统一性都会受到威胁。因此,立法冲突机制改革的真正着力点应该是"外部化"和"程序化":所谓"外部化",即探索由司法机关对法律规范进行审查,可以从规章先开始,逐步积累法律规范审查的司法经验,逐步推至其他规范,这种外部审查有利于弥补内部审查的诸多不足;所谓"程序化",即对于《立法法》已经建立的公民申请审查程序,应着重按照审查程序的基本要素加以改造和完善,其要点在于明确赋予公民建议人以程序当事人资格,明确规定审查期限,对于审查程序和相关审查信息除合法的保密需要之外应向社会公开。

---

〔49〕 参见[美]亨利·罗伯特:《罗伯特议事规则》(第10版),袁天鹏、孙涤译,格致出版社、上海人民出版社2008年版。

5. 地方立法权的规范化

《宪法》和《立法法》上关于地方立法权的规定存在范围不明确、标准不统一的缺陷，地方尽管可能存在巨大的立法权空间，但其边界和可靠的法律预期是不明确的，于是就存在中央与地方的多样化、复杂化的政策协调过程。所谓的向中央要政策，就是希望获得超越同级其他地方的特别立法权。“特区”模式是改革开放特殊时期的产物，有着政策试验的特殊政治功能，但在社会主义特色法律体系已经形成、国内法制基础大体统一的条件下，再通过“特区”模式的差别性地方立法权配置显然已经难以满足法治发展的要求了。这就要求通过法律（未必是宪法，否则就构成联邦制了）对地方立法权进行事项和范围上的明确化，真正做到“中央事务归中央，地方事务归地方”，各负其责，协调发展。如果中央与地方的事权界定权单方面属于中央，则中央很可能通过“摊派”形式推卸国家责任，而通过“回收”形式过度汲取地方财富。在鼓励地方发展、明确央地事权、促进基本公共服务均等化的新形势下，地方立法权的规范化建构显然刻不容缓。同时，这种规范化建构还可以大大促进地方民主的发展，有利于各级代表和选民在各自范围内充实民主权利，养成民主习惯，获得民主训练。

当然，中国立法权规范化的问题绝不止于上述方面。中国立法权规范化的过程同时必然是民主政治和宪政法治的成熟发展过程。在现代国家意义上，立法是权力之源，是规范之源，立法权的规范化就是中国法治的“正本清源”之举，意义深远。不过，罗马不是一天建成的，立法权主体及其成员到底如何还必须归责于每一个叫做公民的选民。如果选民怠于行使选举、监督、建议和参与的政治权利，立法权规范化就缺失了最为根本的动力源泉和正当性根基。如果我们更关心我们的国家和法律，进一步认识到共同体的法治状况将直接影响到自身具体的人身自由、财产权利乃至于公民尊严，则立法权规范化就会成为每一个公民的共识和责任。

五、结语：中国代议民主需进入新常态

每年一度的“两会”成为中国政治常态，全国人大每每成为中国乃至于世界政治观察的焦点。作为宪法上的最高国家权力机关，全国人大有着极其尊崇的法律地位和极其庞大的国家权力，被塑造和期待为国家政治生活的规范中心。在依法治国的语境下，掌握最高国家立法权的全国人大更是成为维护国家宪法与法律权威、调整与完善中国特色社会主义法律体系的枢纽性机构。

然而,法理权威与法律地位只是应然状态,不等同于法治常态。从改革三十余年的法治状况与权力运行态势来看,国家权力呈现强烈的"行政主导"特征,行政权在重大政策制定、行政先行立法、税制改革与社会管理方面享有广泛而少受节制的权力,而立法权与司法权则偏处两翼,或为"橡皮图章",或为"护航工具"。这一偏离宪制常态、结构失衡的法治状况,固然在改革初期与"效率优先、兼顾公平"的实用逻辑以及强调政策灵活性与管制理性的特殊阶段需求有匹配之势,但长期来看却造成了中国宪法之下民主法治的迟缓失范,也造成了立法的被动性与司法的弱势。尤其立法一端,"橡皮图章"之诟病长期尾随,成为中国代议民主发展的结构性瓶颈。

如今,在十八届三中全会"治理现代化"和四中全会"依法治国"的"规范治理"新常态下,人大制度改革有望彻底摆脱"橡皮图章"之嫌,开启中国代议民主的新常态。这一新常态从目前的改革态势来看主要有如下层面:

首先,人大改革应侧重顶层设计,聚焦依宪治国。根据《宪法》规定,全国人大及其常委会有着最为重要的护宪与释宪职能。中国没有采行西方司法中心主义的违宪审查制度,而是建立了"立法兼理释法"的宪法实施制度,具体落实在关于宪法修改权、解释权与监督权的规定之中。2001年的《立法法》曾建立了法规违宪审查机制,2004年更是设置了全国人大常委会之下的"法规审查备案室"。然而,在行政主导与侧重内部协商的宪法惯例之下,尽管时有公民提出审查建议,人大的释宪与护宪职能却无法获得真正的制度化、程序化、个案化与常态化,无法以"身体力行"的个案审查实践纠正违宪行为,保护基本权利,建构审查权威。具体改革路径可循:第一,《立法法》再修改以建构更具程序效力的法规违宪审查机制;第二,引入"宪法解释程序法",建立统一权威的宪法解释程序制度。这就需要建构出具有明确法律地位、运行程序、管辖规则和行为效力的宪法解释具体机构及其制度安排,以实现全国人大常委会此项职权的具体化、机构化、规范化和制度化,从而整体提升司法裁判的准据体系与权威性,创造性解决"宪法司法化"的体制与程序难题。实际上,全国人大常委会在香港基本法实施中已多次行使解释权,效果显著,此次改革可将其经验规范扩展至内地宪法实施过程,提升依宪治国规范水准。

其次,人大改革应侧重自身日常能力建设,提升代表性与审议能力。代议民主的政治精髓在于两端:一为代表性,即作为所在区域或行业的政治代表,将多元利益与意见带入立法与决策过程;二为审议性,即代表在本质上并非选区或选民的“传声筒”,而是受委托集体议事以探求公共利益及其合理实现路径的“公意”再现机制。人大制度既往在这两方面均存在结构性欠缺:一方面,代表性失衡,农民代表、城市代表与解放军代表比例不平等,代表权中的“特权”现象突出,尽管已有“平权”改革,但选举过程及中央“落区”选举等机制尚存在巨大进取空间;另一方面,代表专职化及实际履职能力不足,无法匹配“审议性”的能力要求。具体改革措施仍需考虑:优化代表选举程序,强化公开性与竞争性;探索代表专职化的制度保障与绩效评估机制;改革议事规则,加强辩论与议题公开竞争。“打铁还需自身硬”,只有加强人大系统的日常能力建设,才有可能与其宪法地位逐渐匹配,也才可能在与行政权、立法权的博弈中取得主动和优势。权力不只是写在纸面上的,更是实际政治过程、专家知识以及回应能力之综合竞争的产物。在宪法范围内“为权力而斗争”,是人大的使命与责任所在,也是中国代议民主的希望所在。

再次,人大改革应突出公开性,与民意形成良性互动。在互联网与权利本位时代,权力话语及其行使方式普遍遭遇“民意政治”,且唯有充分回应这一政治形态的制度才具有不断更新的合法性资源。因此,新常态的人大民主应聚焦公开性和民意互动。近些年,人大系统在立法公开和预算民主化方面有一定进展,但尚显不足。未来的改革路径可循:第一,建立更为规范与公开的立法草案公众参与制度及其反馈机制,以“代表”和“民意”的双重驱动系统阻遏行政部门的利益寻租和利益集团的俘获企图;第二,推进公共财政改革和预算民主化,这可以在各级政府施政中展开,引入参与式预算改革,抑制行政主导预算和闭门预算。

最后,人大改革应继续完善中国特色社会主义法律体系,重点在于积极回应国家治理领域的重大立法需求,比如官员财产申报与公开法、行政程序法、信息自由法等。

总之,中国宪制结构的实证特征是行政权凸显,立法权与司法权受限,目前的司法改革聚焦于司法的自主性建构,而本文论及的立法权宪制化及人大改革则聚焦于中国代议民主的常识理性的回归和常规立法审议能力的制度建构。只有在宪法框架下加强“两翼”(立法和司法),才可能有效驯化和制约行政权,实现依法行政和依法治国,实现中国公共生活的民主正当性建构。

澳大利亚财政预算制度与议会监督

胡玉桃*

2014年8月31日，十二届全国人大常委会第十次会议审议通过了《全国人民代表大会常务委员会关于修改〈中华人民共和国预算法〉的决定》。修改后的预算法多次强调政府预算信息的全面规范、公开透明，提出预算绩效的概念并将绩效思维贯穿于预算编制、执行、决算和监督等环节，系统构建预算审查体系，并明确规定人大对预算草案及其报告和预算执行情况报告的重点审查内容。澳大利亚在实行绩效预算、权责发生制、预算公开透明及对预算的监督等方面都卓有成效，可以为我国的制度构建提供参考。

一、财政预算与议会民主

"预算"（budget）本指"财政大臣向议会报告时装放财政计划书的皮囊，后来即沿用为专指其内的财政计划"[1]。财政预算是人民监督政府执行国家财政收支计划的一项基本制度，涉及公有财产使用及其民主控制的问题，在制定法上通过议会审查预算进行形式上的财政民主统制。[2] 人民授权议会审批预算、监督预算的执行，以此实现对政府财政行为的监督。

议会监督预算是限制政府权力的重要宪政机制，是实现议会民主的重要途径。根据有限政府和代议制民主理论，立法机关从设立伊始就具有监督政府的使命。而国库是一个强有力的工具，人民代议制借助它逐渐扩大自己的活动范围。"掌握国库的权力可以被认为是最完善和有效的武

---

* 北京大学宪法学博士，现任职于武汉市社会科学院。

〔1〕 蔡茂寅：《预算法之原理》，台湾元照出版有限公司2008年版，第2页。

〔2〕 朱孔武：《财政立宪主义研究》，法律出版社2006年版，第123页。

器,任何宪法利用这种武器,就能把人民的直接代表武装起来,纠正一切偏差,实行一切正当有益的措施。"[3]税款来自人民并用于支付政府的开支及债务等,代议机关应有权决定这些资金的使用。征税、拨款的权力均以立法权的形式授予国会,从而"保障公共资金支出过程中的正规、准时和忠实"[4]。

从预算制度发展的历史脉络看,其核心在于预算绩效与政治民主关系的不断调整。早期英国预算制度奠定了议会相对于政府的税收主动权,美国的现代预算改革则确立在支出上议会对政府的制衡。[5] 预算改革将代议政治的观念置于公民向国家权力问责的中心,寻求解决如何通过将预算作为公民与国家之间的纽带来维护可行的代议民主的问题。[6] 随着民主理念的发展和由统治向治理的转变,预算制度将通过预算公开、预算过程的公众参与及肯定公民预算权等形式进一步推动民主治理。

二、澳大利亚预算编制与审批监督程序

澳大利亚预算年度为每年 7 月 1 日至次年 6 月 30 日,包括对当前财政年度、预算年度和未来三个财政年度的支出与收入的预算。预算编制及提交议会审议主要经过以下程序[7]:

(一)预算编制程序

1. 国库部发布预算前意见书并编制收入预算

预算编制程序于每年 11 月启动。国库部(Treasury)确定年度财政收入总规模,发布来自利益相关各方的预算前意见书(Pre-budget Submissions)。此外,由副总理和国库部部长主持、相关内阁部长参加的预算前支出审查委员会(Pre-budget Expenditure Review Committee)基于对部长的提议和机构预算的预期主要压力的考虑,对即将到来的预算建立优先顺序。

---

[3] [美]汉密尔顿、杰伊、麦迪逊:《联邦党人文集》,程逢如、在汉、舒逊译,商务印书馆 1980 年版,第 297—298 页。

[4] [美]约塞夫·斯托里:《美国宪法评注》,毛国权译,上海三联书店 2006 年版,第 408 页。

[5] 陈志英:《宪政范式下的预算权结构研究——以代议机关预算权为核心》,《法律科学》2012 年第 3 期。

[6] [美]乔纳森·卡恩:《预算民主:美国的国家建设和公民权(1890—1928)》,叶娟丽等译,格致出版社、上海人民出版社 2008 年版,前言第 5 页。

[7] 参见 http://www.budget.gov.au/2012-13/content/faq.htm,访问日期:2015 年 8 月 3 日。

2. 高级部长评审会审议部门预算

12 月,为寻求资金支持新政策提议,各部门基于预算前支出审查委员会的成果准备部门预算[8]意见书(Portfolio Budget Submissions),交高级部长评审会(Senior Minister Review)审议。意见书概述了各部门希望得到资助的主要提议。

部门预算是澳大利亚预算体系中控制支出的显著特点之一。资源配置是以部门为单位,在预算编制上政府也倾向于如此。部门预算使预算核心参与者的数量大为减少,内阁和委员会成员也不必直接管理部门的微观预算,这为在一定范围内确定支出的优先顺序提供了空间。部门预算可以减少内阁内部的资源配置冲突。委员会决定各部门的支出限额后,各部长都有权在各自范围内自由调配资源。若委员会与各支出执行部门就限额或削减数额产生分歧,一般由双方协商达成一致。部门预算既能实现监管者对内阁的预算监督,又能使部长掌握一定的资源调配权力而保证灵活性,是双赢的过程。[9] 预算绩效管理确定各部门的战略计划、绩效目标、评价指标和预算规模,赋予部门预算管理的自主权。财政部门对部门预算规模实行总量控制,赋予部门预算资金的使用权。[10] 预算过程中,高级部长决定哪些主要领域的公共支出必须接受评审;下次预算过程开始时,高级部长确定优先顺序并对评审结果予以考虑。[11]

3. 总理会同财政部门形成政府支出预算草案

1—2 月,总理会同财政与解除管制部(Department of Finance and Deregulation)研究确定产出与目标成果框架、绩效评价指标、新政策提案等内容后,形成政府支出预算草案。

4. 支出审查委员会审议部门预算建议及财务部门汇编的支出预算草案

3 月,作为内阁分委会之一,支出审查委员会(Expenditure Review Committee)主要负责关于政府的政治、社会和经济优先次序的背景的预

---

[8] 1987 年 Hawke 总理重组澳大利亚政府机构,将 28 个部门(departments)压缩为 16 个部门(portfolios),旨在通过将相关的政策领域放入一个部门之下增强决策的协调性。此处"部门预算"即针对重组后的部门而言。参见 John Antony Xavier, Portfolio Budgeting in the Australian Portfolios—Principles and Practice, *Public Budgeting & Finance*, Winter 1997。

[9] 财政部预算司编:《预算管理国际经验透视》,中国财政经济出版社 2003 年版,第 257-258 页。

[10] 陈志斌:《澳大利亚政府绩效预算管理及借鉴》,《中国财政》2012 年第 6 期。

[11] Lewis Hawke, Performance Budgeting in Australia, *OECD Journal on Budgeting*, Vol. 7, No. 3, OECD 2007, p. 142.

算。它决定机构的提议中哪些将被资助和资助的多少。该委员会由副总理和国库部部长主持，相关的内阁部长参加。

5. 国库部将收入预算及支出预算一并交内阁审查

4 月，国库部将其所编收入预算及支出审查委员会通过的支出预算一并交内阁审查。经预算内阁（Budget Cabinet）同意后，预算将被呈交给议会。

（二）预算审批及监督程序

1. 议会审批内阁呈送的政府预算文件

5 月，内阁将政府预算报国会审议。在预算夜（Budget Night），政府呈交预算案及预算相关文件。国库部部长在预算讲演中概述预算，习惯上一般于预算夜的晚上 7 点半进行。

需要提及的是，澳大利亚预算编制的一个特点是将全年预算分为年度预算与补充预算。为应付收入形势的变化和年初未考虑到的因素及突发性事件导致需要新增支出等情况，政府在预算开始执行后即着手编制补充预算，于年度预算执行中的 11 月将补充预算草案提交议会审议，议会于 3 月通过补充预算拨款法案。[12]

2. 议会对预算的执行进行监督

在财政年度结束 3 个月内，政府将反映上一财政年度实际财政状况执行信息的决算文件送交议会审议。预算执行监督权是预算审批权的必然延伸。如果议会只负责审批预算而不监督预算执行情况，政府就可能滥用预算执行权导致经过审批的预算缺乏法律拘束力，最终会使议会的预算审批权失去意义。[13]

三、澳大利亚预算制度的特点

（一）绩效评价与预算编制结合的绩效预算制度

1. 从支出预算到绩效预算的改革

20 世纪 90 年代初，澳大利亚经济陷入衰退。政府实施积极的财政政策、增加预算支出以推动经济发展，包括采行权责发生制、建构投入与产出的资源管理与绩效框架、增强机构首席执行官的灵活性与责任性等。首席

---

〔12〕 参见财政部预算司：《巴西、澳大利亚的预算管理情况》，http://yss.mof.gov.cn/zhengwuxinxi/guojijiejian/200810/t20081020_82833.html，访问日期：2015 年 8 月 3 日。

〔13〕 张献勇：《预算权研究》，中国民主法制出版社 2008 年版，第 31 页。

执行官与其部长之间签订绩效协议，协议一般涉及首席执行官及其机构的主要目标与宗旨。[14] 政府推行绩效预算旨在控制支出规模、提高资源配置效率、增强公共管理的责任性。绩效预算内容也围绕此目标设计，主要为确定政府预期实现的行政目标、将这些行政目标细化为部门绩效目标、为实现各部门绩效目标配置资源、各部门报送绩效目标完成情况汇总于国库部、议会和公众评价绩效目标的完成情况。对部门绩效的考核要素为目标、成本、产出与成果。[15]

2. 绩效预算提高财政支出的有效性

绩效预算将政府预算建立在可以衡量的绩效基础上，强调责任和效率，重视政府部门绩效对预算资源分配的参考作用。同时赋予部门更大的预算执行权，促使部门按照成本效益原则优化配置资源，有助于提高财政支出的有效性。

（二）以权责发生制为基础的政府会计核算制度

1. 以权责发生制取代现金收付制

澳大利亚公共管理改革最初集中于改进公共部门的效率及其对政府和议会的受托责任。改革重点是改进资源配置和管理的方法，这就要求会计报告能够提供更全面的收入与支出、资产与负债等信息，而现金收付制无法完全反映政府活动及服务成本等信息。1997 年澳大利亚颁布施行《财政管理与责任法》（Financial Management and Accountability Act 1997），明确要求将权责发生制作为政府预算、政府会计和财务报告的基础。1998 年《预算诚信章程法》（Charter of Budget Honesty Act 1998）也明确了联邦政府公共财政管理和报告方面的规定，引入一系列财政政策管理原则，提出增加透明度的若干要求，以保证政府的财政运行结果有恰当的计量标准。[16] 澳大利亚联邦从 1992—1993 财政年度开始在所有机构中逐步推广权责发生制核算，1994—1995 财政年度完成现金收付制向权责发生制的过渡。其后联邦政府决定在预算编制、资源管理和财务报告方面实施统一的权责发生制，并于 1999—2000 财政年度提供第一份完全基于权责发生

---

〔14〕 Lewis Hawke, Performance Budgeting in Australia, *OECD Journal on Budgeting*, Vol. 7, No. 3, OECD 2007, pp. 134-135.

〔15〕 财政部预算司：《澳大利亚、新西兰政府绩效预算管理》，《预算管理与会计》2005 年第 2 期。

〔16〕 参见财政部预算司：《澳大利亚的权责发生制改革》，http://yss.mof.gov.cn/zhengwuxinxi/guojijiejian/200809/t20080922_76982.html，访问日期：2015 年 8 月 3 日。

制的预算。[17]

2. 权责发生制有助于信息完整透明和绩效评价的施行

权责发生制的采用是基于政府希望对其掌握的大量非现金资产和部门债务有全面记录,被认为在资源管理效率、信息透明度和对议会及公众负责等方面具有显著进步。权责发生制对于政府运行和公共服务的成本控制是必需的。决定开支项目的优先顺序、促进政府资源的更好管理及提高运行效率都依赖于这种信息。简言之,权责发生制是政府作为最终资源管理者的角色的要求。[18] 现金收付制基础上的政府预算决策是以过去年度实际发生的现金流为基础进行的,而未考虑权责发生制下的政府开支。实行权责发生制的意义主要在于明确政府的资产和负债,明晰政府的运行成本。[19] 政府绩效评价体系的有效运行依赖财务报告提供全面准确的信息。在引进权责发生制为基础的会计制度后,年度报告中绩效报告的质量显著提高。例如,机构更为经常地在同一份表中报告部门预算报告的目标与结果,并评论造成二者差异的原因及机构如何回应令人失望的结果。[20]

(三)预算信息公开制度促进预算的透明与公正

1.《预算诚信章程法》规定的报告制度

《预算诚信章程法》是规范预算信息公开的重要法律,其第五、六、七部分规定了年度政府报告(Annual Government report)、中期报告(Intergenerational report)和选举前经济与财政展望报告制度(Pre-election economic and fiscal outlook report)。

(1)年度政府报告。[21] 年度政府报告是政府向公众公开财政预算信息的最主要形式,分为预算经济和财政展望报告(Budget economic and fiscal outlook report)、年中经济和财政展望报告(Mid-year economic and fiscal outlook report)和最终预算结果报告(Final budget outcome report)。其一,预算经济和财政展望报告:由国库部在每次预算时制定并向公众发布,目的是为评估政府的财政绩效提供信息。主要内容包括:联邦预算部门和联

---

〔17〕 参见财政部预算司:《澳大利亚地方财政管理》http://yss. mof. gov. cn/zhengwuxinxi/guojijiejian/200806/t20080623_47816. html,访问日期:2015 年 8 月 3 日。

〔18〕 Allan Barton, Accrual Accounting and Budgeting Systems Issues in Australian Governments, *Australian Accounting Review*, Vol. 17, No. 1, 2007, p. 38.

〔19〕 财政部预算司编:《预算管理国际经验透视》,中国财政经济出版社 2003 年版,第 260 页。

〔20〕 Lewis Hawke, Performance Budgeting in Australia, *OECD Journal on Budgeting*, Vol. 7, No. 3, OECD 2007, p. 143.

〔21〕 参见 Charter of Budget Honesty Act 1998, Part 5。

邦一般政府部门对该预算年度和未来三个财政年度的财政评估;这些评估依据的经济及其他方面的假定;讨论财政评估对这些假定变化的敏感度;概述所预估的税式支出;说明可能对财政预估产生重要影响的风险。其二,年中经济和财政展望报告:由国库部在每年1月底前或上个预算年度结束后6个月内制定并向公众发布,目的是为评估政府财政绩效提供更新的信息。该报告更新最近预算报告的关键信息并包含对税式支出等信息的详细说明。其三,最终预算结果报告:国库部在每个财政年度结束后3个月内制定并向公众发布。内容为该财政年度联邦预算部门和联邦一般政府部门的财政运行结果。

(2)中期报告。[22] 国库部在该法施行后5年内制定并向公众发布第一份中期报告,其后每份中期报告在发布上一次报告后5年内发布。中期报告旨在评估当前政府政策在未来40年里长远的可持续性,包括考虑人口统计变化的财政影响。

(3)选举前经济和财政展望报告[23]。负责任的部长在选举令状发布后10日内共同向公众发布该报告,目的是提供经济和财政展望方面更新的信息。主要内容类似于年度报告的内容项。

2. 绩效信息公开:绩效评价结果对预算的约束作用

绩效评价结果应抄送政策制定及决策部门作为今后立项审批的参考依据,用以改进预算编制、批复及资金拨付工作,通过绩效信息公开发挥绩效评价结果对预算的约束作用。

四、澳大利亚议会对财政预算的监督

(一)预算审批权与预算执行监督权

1. 预算审批权

预算审批权是预算权的核心内容。《澳大利亚联邦宪法》第83条第1款对此有所提及。该条规定:"联邦国库的款项,不得在法律通过的拨款法案之外支出。"

2. 预算执行监督权

以对年度报告的监督为例:立法委员会检查并向议会汇报每份年度报告是否令人满意、哪些地方尚有不足;选择某些年度报告给予更细致考

---

〔22〕 参见 Charter of Budget Honesty Act 1998, Part 6。

〔23〕 参见 Charter of Budget Honesty Act 1998, Part 7。

虑并向议会汇报;调查并向议会汇报年度报告提交的迟延情形;考察议会讨论中对报告的任何评论;可以决定在考察部门和预算相关机构的年度报告的同时检查预算;提请议会注意与机构运作和绩效相关的重大事项;向议会汇报是否有机构未提交年度报告以及哪些机构必须提交年度报告。[24] 财政部门审核各部门提交的绩效评价报告,主要评价绩效目标的完成情况与资源使用的匹配度、各项支出的合理性、绩效信息的可信度及评价方法的科学性等内容。评价结果及时反馈给相关部门,并作为下一年度战略目标和预算的参考。[25]

(二)众议院与参议院的审议程序与权限

1. 众议院"三读"预算案

当某项议案提交众议院后,通常要经历全院大会的"三读":"一读"为情况介绍;"二读"为提案议员对议案的陈述和各方议员对具体条款的辩论以及大会表决是否交付"三读";"三读"为补充意见及最后决定。[26] 具体到预算案而言,只有部长能提出关于征收、增减税收和改变任何收费范围的提案,也只有部长能对扩大收费范围的议案提出修正案。部长对其提出的除拨款或供给议案之外的议案,应在"一读"阶段呈交一份解释性备忘录,说明议案原由。在"二读"程序中议员就政府议案的辩论发言结束后,其他议员可以就其发言内容提问。在"一读"结束和"二读"辩论重新开始前期间,议案可以被建议提交至主要委员会(Main Committee)予以进一步考虑。甄选委员会(Selection Committee)可以决定将有争议的或需要进一步辩论的议案提交至相关委员会获得咨询报告。在"三读"阶段,书记员可以在副议长授权之下,改正议案的文书错误或印刷错误。议案经众议院通过后,书记员将确认该法案源自众议院和法案通过日期等内容,而后法案将被送至参议院提请通过。[27]

2. 参议院"三读"预算案

议案经过众议院"三读"通过后被提交至参议院,审议程序与众议院相似。对于参议院不能修改的议案,可以讨论"一读"的问题。讨论中与议案主题相关或无关的问题均可涉及。"一读"结束后应约定"二读"日

〔24〕 参见"The Senate Standing and Other Orders",Charter 5 Standing and Select Committees,25 Legislative and general purpose。

〔25〕 陈志斌:《澳大利亚政府绩效预算管理及借鉴》,《中国财政》2012 年第 9 期。

〔26〕 易立:《澳大利亚议会完善委员会议事功能的相关情况》,《中国人大》2011 年第 12 期。

〔27〕 参见 House of Representatives Standing and Sessional Orders,179、141、142A、143、156、157。

期。在“二读”程序中可以进行与法案相关的修改工作。“二读”结束后，法案将被送至全体委员会审议。以下情形除外：法案被送至常设委员会或特别委员会（Select Committee）；没有议员提出修正案或要求修正法案；没有议员在辩论中或以通知形式告知主席要求将议案送至全体委员会审议。当开支计划已被立法与综合事务常务委员会审议和报告后，拨款法案授权开支计划不被送至全体委员会审议，除非在“二读”后对法案的进一步考察前，议员提出修正案或要求修正法案。全体委员会审议拨款法案时，辩论限定于修正案或要求修正法案的目的。当全体委员会的报告被接受后，将确定“三读”的日期，法案经“三读”通过后即被参议院通过。〔28〕

除了1月、4月、12月休会外，一年中其余各月均安排有参众两院的全院大会。通常，参众两院对议案的“三读”程序并非在连续的三次会期中完成，而是需要在全院大会之外进行充分研究与修改后再提交下一轮审议。尤其是众议院的“二读”程序涉及议案实质内容，一般经议员研究议案、公开议案向公众征求意见后再付表决是否进入“三读”。〔29〕

3. 两院关于预算案的权限及分歧处理

《澳大利亚联邦宪法》第53条规定：“拨款或征税的议案不得由参议院提出……参议院不得修改征税或拨款维持政府常年工作的议案……参议院可以在任何阶段将其不得修改的议案退回众议院，咨文请其取消或修改其中的任何条款。众议院若认为合适，可以保留原案或另拟议案，予以取消或修改。”

第57条则规定了参众两院在议案通过方面的分歧处理规则。对于众议院通过的提案，如果参议院予以否决或不通过，或附加通过众议院不会同意的修正案，经过3个月后众议院在同一会期或下次会期内再次通过该议案，而参议院仍采取如前行为，则总督可以同时解散参众两院，但不得在众议院任期届满前6个月内为之。若经解散后，众议院再次通过该项议案，参议院仍采取如前行为，则总督可以召开两院议员的联席会议。出席联席会议的议员讨论并对众议院最后提出的议案，以及若有一院提出而另一院不赞成的修正案，进行投票表决。如果得到两院议员总数的绝对多数赞同，则该议案应被认为已经参众两院通过。

---

〔28〕 参见 The Senate Standing and Other Orders，Charter 20 Bills。

〔29〕 易立：《澳大利亚议会完善委员会议事功能的相关情况》，《中国人大》2011年第12期。

（三）通过专门委员会和议会性机构监督预算

1. 公共账目与审计联合委员会

公共账目与审计联合委员会（Joint Committee of Public Accounts and Audit）要求联邦机构解释其使用公共款项的合法性及效益与效力。其存在和权力来源于1951年《公共账目与审计法》，是联邦议会仅有的七个法定委员会之一。[30] 主要职责有：检查联邦的收入与支出项目，包括交给审计长的财政报告；检查适用本法的联邦机构及政府间组织的财务；检查审计长呈交议会的所有报告；向议会汇报账目及报告的相关评论及认为需要提请议会注意的事项；向议会汇报公共账目的形式或保存方式、公共资金的收入及支出等方式上的改动；调查和回复议会提及的有关公共资金的问题；考察审计办公室的运作和资源及独立审计师关于审计办公室运作的报告，并随时向议会汇报审计办公室的运行情况；向议会汇报任何源于委员会考虑上述问题的事件及其他关于审计长职权的问题；考察根据《审计长法》提交的预算草案、审计长确定的费用标准并提出关于预算草案的建议；决定议会的审计优先顺序并向审计长建议；决定议会对审计办公室审计的优先顺序并向独立审计师建议；本法、其他法律或议会两院同意的联合常设规则赋予的其他职责。[31]

2. 参议院财政与公共行政常务委员会

参议院财政与公共行政常务委员会（Senate Standing Committee on Finance and Public Administration）之下又分财政与公共行政立法事务委员会（Finance and Public Administration Legislation Committee）和财政与公共行政咨询事务委员会（Finance and Public Administration References Committee）。前者处理参议院送交的相关法案、预算程序及监督包括年度报告在内的部门绩效，后者处理参议院送交的其他相关事务。财政与公共行政常务委员会监督总理与内阁及财政部，同时还监督参议院机构、议会服务机构和议会预算办公室这三个议会性机构（Parliamentary Departments）。[32]

---

〔30〕 参见 http://www.aph.gov.au/Parliamentary_Business/Committees/House_of_Representatives_Committees?url=jcpaa/about.htm，访问日期：2015年8月3日。

〔31〕 参见 Public Accounts and Audit Committee Act 1951, Section 8 Duties of the Committee。

〔32〕 参见 http://www.aph.gov.au/Parliamentary_Business/Committees/Senate/Finance_and_Public_Administration/Role_of_the_Committee，访问日期：2016年6月7日；The Senate Standing Orders and other Orders of the Senate, Charter 5 Standing and Select Committees, 25 Legislative and general purpose。

3. 议会预算办公室

作为一个新近设立的议会性机构,议会预算办公室(Parliamentary Budget Office)旨在对预算过程、财政政策和议案涉及的财务问题作出独立和无偏私的分析并向议会汇报。[33] 其职责主要是:在大选过渡时期外,根据议员的要求计算政策成本;在大选的过渡时期,根据议会性政党(parliamentary parties)中被授权成员或独立成员的要求计算政策成本;准备对议员提出的预算相关要求的回应;根据议会委员会的要求针对其问询准备意见书;对预算和财政政策设置进行自主研究与分析。公共账目与审计联合委员会考察议会预算委员会的工作计划、提交的预算草案及其运作与职能,可以要求议会预算办公室向其提交预算草案,向议会汇报源于这些考察的任何事项,或有关议会预算办公室的职责与权力的其他任何事项。[34]

(四)通过审计机构监督预算

澳大利亚国家审计办公室(Australia National Audit Office)是一个专业性的公共部门,为议会、联邦公共机构及法定组织提供全面的审计服务。其主要通过绩效审计、财务报表审计和保证审查等途径,为议会提供对公共行政被选择领域的独立评估及对公共部门的财务报告、管理及责任的担保。国家审计办公室对澳大利亚所有政府管制的实体进行财务报表审计,寻求以一种建设性和咨询性的方式,提供关于公共行政与服务提供可改进之处的客观评价。它还编制《更优服务指南》(Better Practice Guide),传播行政管理特定方面的经验与教训。时事通信与审计焦点等也帮助公共部门管理者便捷地获取相关信息。国家审计办公室享有获取和使用联邦文件和信息的广泛权力。依照审计标准,绩效审计、财务报表审计和担保审查报告的目的在于提供一个合理的担保等级。担保等级的确定受到审计标的物、内部控制的固有限制、测试的使用和成本考虑等因素的影响。国家审计办公室对其将来的审计项目采用一种咨询性的方式,如公共账目与审计联合委员会所建议的,考虑议会的优先顺序和机构及其他利益相关者的见解。通过促进审计标准、专业实践和经验交换等方面的发展,国家审计办公室扮演着重要的专业性角色。[35]

---

〔33〕 参见 http://www.aph.gov.au/About_Parliament/Parliamentary_Departments/Parliamentary_Budget_Office,访问日期:2015 年 8 月 3 日。

〔34〕 参见 Parliamentary Service Act 1999,64E、64R、64S。

〔35〕 参见 http://www.anao.gov.au/,访问日期:2015 年 8 月 3 日。

五、结语

澳大利亚财政预算在绩效预算、政府会计核算及预算信息公开等方面的相关制度设计对提高财政支出有效性、增强政府公共管理的责任性、促进预算的透明与公正发挥着重要作用。除了参众两院对预算案的审批，议会还通过专门委员会、议会性机构和审计机关有效地实现对财政预算的监督。这些都可供我们研究与参考借鉴,以完善我国的财政预算制度和预算的人大监督。

政党在政治活动中发挥的支撑作用对宪政国家造成的改变

马丁·莫洛克*/文　程　迈**/译

一、导论

(一)在君主制国家中宪法制度的产生与发展

今天在西方国家宪法中存在的各种制度和规则,都要追溯到当年各种国家机关还掌握在君主手中的年代。我们今天拥有的各种宪法规则,起源于18世纪末和19世纪上半叶[1],其中包括经典形式上的权力分立。当时,国家机器都掌握在君主的手中。他任命政府的首脑。与此形成对照,议会对君主的国家机器形成了一定的压力。作为市民社会的代表机关,议会应当也愿意保护市民社会的利益。[2] 我们现在对议会与国家关系的理解,在当时的年代却是非常令人震惊的。当时的议会发挥着君主制国家制衡者的功能。[3]

如果人们想理解所有的宪法规则的话,那么他们就需要始终牢记在宪政国家的各种制度发展中,这一产生了深远影响的阶段。因此,议会通常自主地决定其集会与休会的时间(德国《基本法》第39条第3款第1句),它为自己制定议事规则(第40条第1款第2句)并选举它自己的议长

---

* 德国公法学者协会主席,德国杜塞尔多夫大学法学院教授。

** 南昌大学法学院副教授。

〔1〕 D. Grimm, Ursprung und Wandel der Verfassung, in: J. Isensee/P. Kichhof (Hrsg.), HStR. Bd. I. ,3. Aufl. 2003, § 1.

〔2〕 E. R. Huber, Verfassngsgeschichte, Bd. 1,2. Auflage 1967, S. 700.

〔3〕 C. Schönberger, Der Deutsche Bundestag zwischen Konstitutionalismus und parlamentarischer Demokratie, in: H. Schöne/J. v. Blumenthal (Hrsg.), Parlamentarismusforschung in Deutschland, 2009, S. 37 ff.

(第40条第1款第1句)。当初这些宪法规定的目的,是保护议会履行其职能的能力。议会决定自己的集会周期——而不是由君主来说三道四,这也正是当时制定该规则时的政治含义。至于具有重要作用的分权原则主要针对的也是作为议会的一方和由君主控制的行政机关另一方。然后,根据权力分立模式,司法机关被设想为中立的权力机关,但是在实践中,无论是君主还是它的行政机关,自然都对这一第三权力有着明显的影响其运作的可能。

在现代宪政国家发展的起步阶段,政党最初几乎没有发挥任何作用,或者只扮演了非常次要的角色。随着议会制的稳固,政党才逐渐发展起来。[4] 因为议会是以多数决的方式进行决策的,这就有必要使得政治上的多数更为可能,并在更久的时间里存在。为了实现这一目标,那些观点相似的议员在议会中组成了党团,并且将这种议会内的合作扩大到议会之外,尤其是在选举活动中的合作。[5]

(二)政党的功能

西方民主国家的政治制度都承认政党扮演着具有决定性的角色。虽然政党在议会制政治制度中发挥着非常重要的作用,但是在总统制的政治秩序中,政党同样承担着不可忽视的角色,只不过不如在前一种政治制度中的作用那么明显,而且其功能也有些不同。

政党在某种政治秩序中发挥的功能,可以概括为以下三个方面:

1. 利益表述

政党是将在社会中存在的各种利益和观点进行吸收,并将其表述到政治过程中去的组织。从这一意义上说,它是利益实现的组织。[6] 在发挥这种利益表述功能时,政党不仅会确认并整理存在于人民之中的各种利益和观点,更会进行一定的提炼。这就意味着,在社会生活中本身已经比较接近的各种利益还会在政党内部进一步以妥协的方式进行更深入的整合,从而可以在实现共同政治目标的过程中赢得更多的支持者。民主政治过程的多数决原则因此对党内生活也产生了影响,或者说一种事先的影

〔4〕 关于政党的发展情况以及其他问题,见 H. Kaack, Geschichte und Struktur des deutschen Parteiensystems, 1971; T. Nipperdey, Die Organisation der deutschen Parteien vor 1918, 1961; H. Grebing, Die Geschichte der deuschen Parteien, 1962; G. A. Ritter (Hrsg.), Die deutschen Parteien vor 1918, 1973; L. Bergsträsser, Geschichte der politischen Parteien in Deutschland, 11 Auf. 1995。

〔5〕 见 Stern, Staatsrecht I, 2. Auflage 1984, S. 432。

〔6〕 M. Morlok, in: Dreier (Hrsg.), GG. 3. Auflage2015, Art. 21 Rn. 21f.

响:多数必须以共同行动的方式才能实现。在这种情况下,各种聚集并整合起来的利益可以转化成各种政治目标,并以努力实现自己的利益为方向而注入政治过程中。

2. 推动政治制度的运作

在民主政体中,具有约束力的决定首先会在民主政治的各种组织内部进行准备并作出初步的决定。在这些组织中尤其需要注意的是议会和政府。这也是政党活动的目标领域。[7] 在一个政治系统的内部,实际上是由政党在推动着各种政治事务的运作。它们实现各自的追随者的政治目标。它对其他政党给出的方案提出替代性建议,并且监视自己的政治对手。政党互相批评竞争对手的政治立场,使得这些作为竞争对手的政党的形象变差,并将自己的目标描述为更具可取性。它们也参与公共意见的形成。因为议会和政府的各种岗位都是政党的代表占据,政党可以在议会和政府的活动中实现自己的政治目标。作为政治反对派的政党,则将对已经形成计划并通过的决定提出各种批评意见。在电视台的晚间新闻和各种媒体的新闻报道中,关于政治活动的讨论都主要是针对政党政客展开的,这也是政党推动政治活动的一个鲜明的例子。

3. 安插自己的人员

当政党在各种决策岗位上安插上自己的人员后,政党的上述两大任务——利益表述与推动政治制度的运作,也将在很大程度上得以实现。[8] 在这一过程中,政党也将落实自己的政治纲领。在这些决策岗位中,首先值得注意的是各种人民代表机关,即市镇议会、州议会以及作为整个德国的议会的联邦议院。政党在人事政治活动中的首要目标是赢得人民代表机关中的多数席位。此外,政党进一步的目标自然就是获得政府中的各种领导岗位。

(三)作为政治影响特别组织的政党

政党可以通过以下形式统一发挥上述功能,即政党表现为发挥政治影响力和推动政治活动的特别组织。[9]

---

〔7〕 M. Morlok, Handlungsfelder politischer Parteien, in: J. Ipsen (Hrsg.): 40 Jahre Parteiengesetz, 2009, S. 53 ff.

〔8〕 这种功能的一个消极方面表现为所谓的公职分赃制,见下文论述。

〔9〕 更详细的讨论,见 M. Morlok, Parteienrecht ist Organisationsrecht, in: M. Bäuerle/P. Dann/A. Wallrabenstein (Hrsg.), Demokratie-Perspektiven, Festschrift für Brun-Otto Bryde zum 70. Geburtstag, 2013, S. 231 (246 ff.)。

在一个根据宪法建立起来的民主政体中存在着各种制度化的影响渠道,使得普通公民可以影响政治决策过程。这是一个普遍原则:民主意味着影响的可能性,[10] 在制度上的具体体现,议会就是一个影响国家机器并且根据公民的利益和观点来决定国家决策的组织[11]。

在这一组织形式中,人们将更清楚地看到,议会最初是抱有对抗——君主统治下的——国家机器的立场的。面对国家官僚机关本身拥有的实力,将议会描述为公民施加自己影响力的国家机关,这会是一个始终恰如其分的评价。

公民施加民主影响力的核心程序是对人民代表机关的选举。[12] 这也是政党的目标领域,即其主要活动场所,我们可以将政党在这一领域内的活动描述为:为选举推选候选人,提出各种竞选主张,占据代表机关的席位,并且在可能时将自己的人员进一步安插到政府之中去。在议会内部获得代表,政党活动的这一直接目标也将政党与其他组织区别开来,虽然这些其他组织也会尝试实现一些特别的利益。造成政党与其他组织的另一个区别是,政党受到完全不同的一套法律制度的规制,这些涉及政治过程的法律包括政党法、选举法和议会法。所有这些法律制度都具有一个共同的义务目标:实现政治机会的平等。

政党特别关注选举活动的成功以及议会和政府的工作,政党的这种特殊属性使得它们具有无可替代性。[13] 在发挥这一功能的过程,政党属于一种专业组织,而且其能力要优于其他组织。这就导致了不同的政党相互之间存在一定的类似性,即表现出同质化的趋势。[14]

---

〔10〕 M. Morlok/L. Michael, Staatsorganisationsrecht, 2. Auflage 2015, § 5 Rn. 6.

〔11〕 P. Badura, Die parlamentarische Demokratie, in: J. Isensee/P. Kirchhof（Hrsg.）, HStR, Bd. II, 3 Aufl. 2004, § 25 Rn 27 ff.

〔12〕 M. Morlok, Demokratie und Wahlen, in: P. Badura/H. Dreier（Hrsg.）, Festschrift 50 Jahre Bundesverfassungsgericht, Bd. 2, 2001, S. 559（589）.

〔13〕 关于将政党视作具有特定目标的组织的讨论,见 M. Morlok, Handlungsfelder politischer Parteien, in: J. Ipsen（Hrsg.）: 40 Jahre Parteiengesetz, 2009, S. 53（58 ff.）;关于目标的特定性的问题,见 N. Luhmann, Zweckbegriff und Systemrationalität, 1973, S. 222 f.。特定的背景环境对政党的要求意味着,政党只能被与其属性相同的组织所取代,因为政党是一些"自我替代"的组织,对这一概念的论述,见 N. Luhmann, Soziologische Aufklärung, Bd. 2, 1981, S. 198 ff。

〔14〕 进一步的讨论见 S. Bukow, Die Professionalisierte Mitgliederpartei-Politische Parteien zwischen institutionellen Erwartungen und organisationaler Wirklichkeit, 2013, S. 87 ff;关于同质化的趋势,见 P. J. Di Maggio/W. W. Powell, The iron cage revisited: Institutional isomorphism and collective rationality in organizational fields, American Social Review 48（1983）, 147（151 ff.）。

（四）政党在制度上的中介地位

政党是一些将社会中的政治影响传递到国家决策过程中去的组织。这样，在自由与多元的社会生活领域这一方，同受到法律规制的各种国家组织和制度另一方之间，政党处于中介位置。[15] 从这种中介位置中也形成了政党的一个特殊属性：它在从社会生活到国家活动领域间发挥着一种传递功能。[16] 这一现象的法律后果是，政党在各种通行的分类标准中很难找到自己的定位，因为对于政党来说存在着两种组织原则：一种是作为社会组织，另一种是作为国家组织。[17] 这种定位不清带来的后果是，政党以及政党在议会中的代理人党团，其法律性质是不明确的，在政党究竟是归属于社会生活还是国家生活领域的问题上，一直存在各种不确定性以及随之而来的争论。[18]

（五）对政党的宪法承认

政党在历史上最初是在事实上，甚至在一定程度上是在反抗国家的镇压过程中，即面对各种法律上的禁止和障碍[19]发展起来的，一直到了政党发展历史比较晚的时期，也就是大约在20世纪下半叶的时候，宪法才承认了政党是政治生活中必要的组织，尤其是在第二次世界大战刚刚结束后的意大利和联邦德国。[20] 在过去的十年中，绝大多数西方国家的宪法文本都引入了关于政党的条款，其中东欧国家的新宪法、西欧国家通过宪法

[15] U. Volkmann, in: K. -H. Friauf/W. Höfling (Hrsg.), BerlK GG, Art. 21 (2012), Rn. 171; ders. (Fn. 56), §4 Rn.; C. Hillgruber, Parteienfreiheit, in: D. Merten/H. J. Papier (Hrsg.), HGR V, 2013, § 118 Rn. 12 f.; M. Schröder, Stellung der Parteien, in: D. Merten/H. J. Papier (Hrsg.), HGR V, 2013, § 119 Rn. 8.

[16] 政治学将这种功能以"链接概念"来表述。这一概念最早来自 K. Lawson, in: Dies., Political Parties & Linkage, 1980, S. 3ff.; 另见 T. Poguntke, Parteiorganisation im Wandel. Gesellschaftliche Verankerung und organisatorische Anpassung im europäischen Vergleich, 2000, S. 23 ff.

[17] D. Th. Tsatsos/M. Morlok, Parteienrecht, 1982; S. 32 f.

[18] 见 S. -Ch. Lenski, DÖV 2014, 585 ff。

[19] H. Triepel 对该发展过程有以下著名的阐述："从历史上看，国家对政党的处置经历了四个发展阶段。我们可以将最开始的发展阶段描述为斗争阶段，接下来的阶段可以被称作无视阶段，然后是承认和法制化阶段，以及最后符合宪法要求的吸收阶段，对于最后这个我们自然还正身处其中的阶段，在该阶段的特征方面，我们还有许多疑问。" Die Staatsverfassung und die politische Parteien, 2. Aufl. 1930, S. 12.

[20] 《意大利宪法》第49条以及《基本法》第21条。

修正案都加入了政党条款。[21] 这些规定承认了政党的必要作用,并且对政党给予法律保障,当然也在一定程度上对政党规定了法律义务。

(六)政党对宪法组织和制度运作逻辑带来的改变

政党从事的几乎完全是政治活动。它也是政治活动中最重要的当事人。[22] 政党的这两种属性也有其宪法上的基础,因为该宪法基础本身也在很大程度上——从宪法政党条款的角度看——被改变了,这一点甚至在还处于君主统治下的国家的那些传统政治结构中,就已经存在了。政党在现实中发挥的重要作用改变了政治制度运作的形式和逻辑。对于这些改变,本文接下来将具体讨论,其中首先是它对议会制政府(见第二部分)、联邦主义制度(德国的例子,见第三部分),对司法机构以及其他国家机关的影响(见第四部分)。最后,本文会对此作一个简要的评论(见第五部分)。

二、在政党影响下的议会制政府

接下来我将重点关注议会制政府,即政府的存续依赖议会信任的政府制度。总统制政府制度同样承认政党,但是在它之中则不存在我们将要讨论的各种特殊情况。

(一)政府、议会多数派系与议会内反对派之间的分裂

在议会发展的早期阶段,整个议会是与政府处于对立状态的,但是随着政府对人民代表机关依赖性的确立,这种对立关系也发生了改变。现在不同的政策冲突不再是发生在作为一个整体的议会与政府之间,相反,这一冲突现在是发生在政府以及在议会中支持政府的政党的这一方,与来自议会内的反对党的议员这另一方。[23] 由议会选举产生的政府首脑以及政府成员一般来说都可以安享议会中其党团的支持。[24] 议会内的多数派系

---

〔21〕 对于政党条款的宪法文本,尤其是欧洲国家的宪法文本分析,以及政党宪法化的阶段和对相关规定调整对象划分问题,见 M. Morlok, Parteienartikel der Verfassungen im Lichte der Textstufenanalyse, in: H. Blankenagel (Hrsg.), Den Verfassungsstaat nachdenken, 2014, S. 135 ff。

〔22〕 比较 J. Ipsen, in M. Sachs (Hrsg.), GG, 7. Auflage 2014, Art. 21 Rn. 5f。

〔23〕 C. Schöneberger, Das Parlament: Geschichte einer europäischen Erfindung, in: M. Morlok/U. Schliesky/D. Wiefelspütz (Hrsg.), Parlamentsrecht, 2015 § 1 Rn. 55.

〔24〕 关于党团纪律的问题,见 H. H. Klein, Status des Abgeordneten, in: J. Isensee/P. Kirchhof (Hrsg.), HStR. Ⅲ, 3. Auflage 2005, § 51 Rn. 14; P. Badura, in: W. Kahl/C. Waldhoff/C. Walter (Hrsg.), BK GG, 2008, Art. 38 Rn. 31; K. Stern, Staatsrecht I, 2. Auflage 1984, S. 1075 f. ; M. Morlok, in: H. Dreier (Hrsg.), GG, 3. Auflage 2015, Art. 38 Rn. 196; H. -H. Kasten, ZParl 1985, 475 ff。

极少批评政府,即使有这种批评的话,也不是公开进行的。而处于反对派地位的政党,它们代表着议会内的少数派,总是对政府以及支持政府的多数派系提出各种各样的批评意见。批评与控制是这些反对党的任务。[25]

当政治控制的重担主要落在了少数派的肩上时,一个重要的问题就会浮现出来:议会是以多数决的方式作出决定的。这一原则同样适用于各种关于政治控制的法律制度,甚至及于有关发动司法控制程序的各种规定。当议会内的多数派系总是对政府给予支持时,这就会带来失控的风险。法律上和议会实践的各种应对措施是,控制权的本质是少数派系的控制权。[26] 行使控制权同样不要求存在什么多数派系,相反只需要存在一定比例的少数派系,例如议会中25%或者20%的议员,这些少数议员就可以行使这种控制权。这一点尤其通过议会调查委员会的组织法律制度体现出来。这些调查委员会的法律制度是议会控制权最有分量的方面。在联邦议院1/4的议员申请(对州议会来说则是1/5的成员申请)时,议会必须成立相关的调查委员会,这一点在基本法第44条第1款以及联邦德国各州的宪法中得到了明确的规定。

根据宪法,议会相对于政府而言,具有一系列宪法权利。重要的决定都需要通过议会作出,在各种不同的决策领域,议会具有知情权以及控制权。[27] 当政府侵犯了这些权利时,联邦宪法法院可以被要求提供相应的法律保护。但实际上,这些议会权利的行使采取的同样是多数决的方式。正是因为角色分配的转变,法院提供的各种法律保护同样向议会内的少数派敞开了大门。根据德国的宪法诉讼程序法律规定,单个的议会党团同样可以在联邦宪法法院之前为整个议会的权利进行辩护。[28] 通常情况下这都是处于反对地位的党团。当政党改变了政治活动的逻辑,议会中的多数派系总是支持而不是反对政府的时候,这些程序上的权利行使方式可能同

---

〔25〕 A. Ingold, Das Recht der Oppositionen, 2015; H.-P. Schneider, Die Parlamentarische Opposition nach dem Grundgesetz, 1995; H.-J. Waack, Parlamentarische Opposition, in: M. Morlok/U. Schliesky/D. Wiefelspütz (Hrsg.), Parlamentsrecht, 2015 § 22 Rn. 14 ff.

〔26〕 H. Hofmann/H. Dreier, Repräsentation, Mehrheitsprinzip und Minderheitenschutz, in: Schneider/Zeh (Hrsg.), Parlamentsrecht und Parlamentspraxis in der Bundesrepublik Deutschland, 1989, § 5 Rn 13 m. W. N.; J. Scherer, AöR 112 (1987), 189 (210 f.).

〔27〕 对于保护议会的各种规范的总体研究,见 M. Morlok/C. Hientzsch, Jus. 2011, S. 1 ff。

〔28〕 这种权利的规范基础来自《基本法》第93条第1款第1项或第2项,以及《联邦宪法法院法》第63条;另见 E. Benda/E. Klein/O. Klein, Verfassungsprozessrecht, 3. Auflage 2011, Rn. 1031。

样要求议会的权利可以由议会的一个部分来予以保护。

(二)议会内部的法律制度

在作为议会内部法律制度的议事规则的各种具体细节中,人们同样可以看见政党对议会活动形式带来的变化。

在当今这个非常复杂的世界上,议员只有专注于一些特殊的领域,才能够尽心尽力地履行自己的职责,并在这些特殊的专业领域中表现出充分的应对能力。[29] 如果议会在作出决策时希望自己表现得不是那么不理性,那么它就需要充分利用分工协作的好处。这就意味着,议员需要对许多他们没有充分了解过的问题进行表态。当议员根据自己的政党归属关系而结成了不同党团时,这就会在一定程度上缓解由议员的无知造成的各种问题。当议员对某些问题没有自身充分认识时,他们一般来说可以信赖同党的其他议员提出的各种建议。这样,这些同党的议员可以作为具有共同政治观点的团体进行分工协作。从这一角度来看,党团内部的议员整齐划一的表决行为并不是什么"党团强制"的产物;相反,它更多的是分工合作的结果,即在许多问题上将决定权交给自己党内的朋友。[30]

从相同的视角出发,我们同样可以发现议会的工作方式表现为两种结构划分形式:第一种结构形式是根据专业领域的划分,即不同的议员专注于不同的专业委员会的工作。第二种结构形式是根据政党作出的划分。两种结构划分形式相互重叠,结果在不同的专业委员会中,同样存在着各种根据政党政治倾向结合产生的团体。在所有的委员会中都有执政党团的议员和来自反对党团的议员,两方面的议员都尝试以整体一致的方式进行表决。[31]

在其他问题的安排上,我们同样可以看到政党的身影,这种影响一直及于议会议事规则的一些具体细节。例如,德国联邦议院的议事规则规定,只有来自相同政党(或者至少相互之间不存在政治竞争关系的政党)的议员才能建立党团。因为决定了政治活动的走向,因为党团是议会内部的实质工作单位,为了保证议会的工作能力,从中就产生了保证政治同质

---

〔29〕 关于议会党团作为议员工作团队的功能,见 A. Bäcker, Der Ausschluss aus der Bundestagsfraktion, 2010, S. 37ff。

〔30〕 H. H. Klein/G. Krings, Fraktionen, in: M. Morlok/U. Schliesky/D. Wiefelspütz (Hrsg.), Parlamentsrecht, 2015, § 17 Rn. 43.

〔31〕 M. Morlok, Volksvertretung als Grundaufgabe, in: M. Morlok/U. Schliesky/D. Wiefelspütz (Hrsg.), Parlamentsrecht, 2015, § 3 Rn. 55.

性的义务。[32]

议会分裂为支持政府的多数党团与处于少数地位的党团的情况，同样在有关发言时间的规定上表现出来。根据宪法的规定，政府的代表任何时间都可以在议会中发言（基本法第43条第2款第2句）。如果对该条款保持其原本的适用意义，这会导致对议会发言时间非常具有偏向性的分配方式。政府可以随心所欲地发言，而不同党团的发言时间则要根据其在议会内部的政治实力进行分配。这就意味着，执政党团将相对于反对党团获得更多的发言时间。如果人们听任这一局面的存在，政府和多数党团加起来可以要求过多的发言时间，这会在议会中的多数与少数之间的竞争中造成一种非常不公平的局面。因此，政府代表的发言时间被（全部或部分地）计算在了多数党团的发言时间中。[33]

总的来说，当政党决定了政治生活的环境后，议会内部法律制度也采取了一种现实主义的建构态度，并最终反映在了整个议会法律制度的设计色彩上。这种现实主义的色彩也表现在了一些非正式的议会活动中[34]，这些议会活动方式是一些纯粹的实践惯例而不具有法律义务的含义。例如，在议会活动中存在着对等协定，即当议会内的多数派系只具有非常微弱的多数地位时，当多数党团的部分议员因为健康问题而无法出席会议时，反对党团不能滥用这一局面；相反，在表决时，应当有相同数量的来自反对党团的议员不参与表决。[35] 在这里，人们追求的是政党竞争活动中的公平状态。

三、德国联邦主义国家结构受到政党政治影响的各种实践

德国是一个联邦主义的国家，其中部分国家职能是由各州履行的。在联邦层面上，各州在联邦参议院中获得了代表。在联邦参议院（作为联邦的机关）这个机构中，各州可以相对于联邦主张自己的利益。联邦参议院尤其在立法过程中具有参与的权利，此外，在各种财政问题以及联邦在各州层面上的发展问题上，联邦参议院也具有非常重要的权利。

---

〔32〕 S. Hölscheidt, Parlamentsfraktionen, 2001, S. 419 f. ; A. Bäcker, Der Ausschluss aus der Bundestagsfraktion, 2010, S. 110 ff.

〔33〕 这一点在联邦宪法法院的判决 BVerfGE 10, 4（17 ff.）中还没有得到明确的规定；另见 M. Morlok, in: H. Dreier (Hrsg.), GG, 3. Auflage 2015, Art. 43 Rn. 25。

〔34〕 关于政治过程的各种非正式化的安排，见 M. Morlok, VVDStRL, Bd. 62 (2003), S. 37 ff.。

〔35〕 对于这种议会实践的宪法评论，见 M. Schuldei, Die Pairing-Vereinbarung, 1997。

（一）联邦参议院中的政党政治

联邦参议院由来自各州政府的成员组成。这些成员一方面应当在决策过程中将各州的利益引入联邦层面；另一方面联邦参议院带有的执行机关的色彩也会使得它的活动具有特殊的意义。[36]

德国联邦主义的国家结构是以一些非常值得注意的方式进行组织的。在某些事项上州具有立法权力，在另一事项上只有联邦具有立法权力。其中具有特色的一个方面是，一般情况下，联邦的法律是通过各州并且是作为各州的事务被执行的（基本法第83条）。任何例外情况都需要在基本法中得到明确规定。[37] 这种由州执行联邦法律的制度安排，其后果是，在适用联邦法律时获得的各种经验和信息都来自各州的行政机关。从中就产生了联邦参议院的第二项功能，即将执法过程中的各种行政经验传递到立法过程中，在这些行政经验的指引下，无论这些立法活动的目标是修改既有的法律，还是制定新的法律，最终都可以使得未来的执法过程获得更丰硕的成果。从这一方面来看，联邦参议院还具有一种纯粹的技术功能。

德国的立法过程首先开始于立法动议。立法建议可以由联邦议院、联邦政府与联邦参议院提出。[38] 然后首先是由联邦议院对某项法律草案进行表决。接下来，该草案将被提交给联邦参议院，由联邦参议院对此进行讨论并进行表决。如果联邦参议院拒绝批准该草案，该草案将会进入联邦议院与联邦参议院之间的协商程序。如果最终产生了一个积极的协商结果，联邦参议院将支持该草案。如果联邦议院和联邦参议院还是不能达成一致，不同的法律草案将遭遇不同的命运，其标准是这些法律草案处理的问题领域。对于涉及某些事项的立法草案，联邦议院可以压倒联邦参议院的反对意见，该法律也将最终获得通过。对于其他一些事项，这就需要联邦参议院的批准，此时，当联邦参议院拒绝批准时，相应的立法目标就无法实现。在后一种立法领域，联邦参议院在立法过程中具有一种否决的地位。

这种联邦参议院有可能发挥的否决功能事实上同样会被政党政治利

---

〔36〕 有关联邦参议院作为宪法机关的问题，见 M. Morlok/L. Michael, Staatsorganisationsrecht, 2. Auflage 2015, § 13 Rn. 1 ff。

〔37〕 关于各种例外情况，见 M. Morlok/L. Michael, Staatsorganisationsrecht, 2. Auflage, § 13 Rn. 57 ff。

〔38〕 有关立法活动的程序，规定在《基本法》第76条以下的相关条款中，对此问题见 M. Morlok/L. Michael, Staatsorganisationsrecht, 2. Auflage 2015 § 15 Rn. 9 ff。

用。德国的政治环境使得在联邦层面上的政治多数派系，并不一定会在各州层面上以相同的形式表现出来；相反，人们经常看到的是，在联邦层面上的少数派系，在州的层面上却掌握着政治权力并组建了政府。更有甚者，在一届联邦议院的任期内，随着时间的推移，对联邦政府及其政策的不满情绪往往也会越来越强烈，在这种不满情绪的推动下，各州内部的选举活动将产生有利于联邦层面上反对派的结果。在这种政治情势的发展中，人们经常看到，联邦议院内的多数派系会面对联邦参议院内的一个“敌对”的多数派系，也就是说，根据各种不同的政党政治组成情况，在联邦议院内处于反对地位的派系有可能在联邦参议院内处于多数派系的地位。联邦层面上的反对党利用这种政治对垒局面的情况并不少见，其目的是将它们各自的政治设想纳入立法过程中去。联邦参议院有可能作出否决的表决，这种威胁的存在反而有助于联邦议院内的多数派系与少数派系达成妥协，因为联邦议院内的少数派系有可能在联邦参议院中处于多数地位。

对于联邦政府以及在联邦议院内支持政府的多数派系来说，联邦参议院的否决权是一种非常令人恼火的事情。人们总是会听到各种各样的批评意见，说联邦参议院受到了“政党政治的操纵”。[39] 利用联邦参议院这样的宪法机关服务于政党政治的目标，这是一种权力滥用。

但是事实要比人们想象的复杂得多。何谓整个国家的利益，如何促进公共利益，在这些问题上，并没有什么客观的答案。为了实现公共利益，人们应当在各种复杂的决策程序中，将各种不同的利益纳入统一的考虑范围并寻求妥协。[40] 联邦层面上的反对派的各种政治主张完全可能有助于找到一个有利于整体利益的决策。在联邦议院内多数派系代表的利益之外，进一步考虑其他各种利益，这有可能会促进公共利益的实现。[41] 至于批评联邦议院会受到政党政治的控制，而不是代表州的利益的意见，这种责备的错误之处在于，人们无法以政治中立的方式评价“州的利益”。应当怎样表述整个国家或者某个州的利益，从不同的政党政治的利益出发会

〔39〕 见 H. H. von Arnim, APuZ 2000, 30（34）；对于该观点的批评意见，见 Th. Maunz/R. Scholz, in: Th. Maunz/G. Dürig（Hrsg.）, GG, Lfg. 32 1996, Art. 50 Rn. 25f。

〔40〕 有关对公共利益的这种程序意义的概念理解方式，见 P. Häberle, Öffentliches Interesse als juristisches Problem, 2. Auflage 2006; M. Morlok, Einführung in die Thematik, in: Ders./U. v. Alemann/H. Merten（Hrsg.）, Gemeinwohl und politische Parteien, 2008, S. 9（13, insb. 15ff.）。

〔41〕 有关立法过程也是实现公共利益的程序，见 H. Schulze-Fielitz, Theorie und Praxis parlamentarischer Gesetzgebung, 1988, S. 179 f.，有关联邦参议院的角色的部分，见本书第 301 页以下。

不可避免地得出不同的结论。一个服务于某个州的政党政治上中立的规定,在现实中是不存在的。

(二)在联邦参议院中不存在唯一的政党倾向

如果人们进一步深入观察就会发现,联邦参议院并不是只服务于在其内部居于多数地位的政党的政治战术和战略利益。在实践中,人们总是发现,某个具有特定政党政治倾向的州政府,并不会与其他州具有相同政党政治倾向的政府采取相同的表决行为,甚至有可能与联邦议院内的多数派系的政党政治倾向不一致。有时,某个州的州政府为了实现本州的利益,它作出的决定会与其他州来自同党的州政府的决定不同,在这种情况下,人们可以更清楚地看到这种政治方向不一致的情况。

我们也可以不采用这种中立的表述方式,相反,换种语气描述这种现象:在实践中人们经常看到,联邦政府总是可以为了某种特定的立法规定而收买联邦参议院的同意——通过某个具体州的表决表现出来:联邦政府可以通过为该州提供特定的优惠以实现这一目标;在这些优惠措施中包括将某个大型的联邦机关安置在当地,这样可以提供大量的工作岗位以及随之而来的税收收入,在当地优先建设联邦道路以及其他措施。

即使从联邦参议院的视角来看也有产生这种现象的原因:民主是一个需要贡献艰辛努力的事业,在这一事业中政党的利益与独立于政党政治的利益总是不可避免地交织在一起,无法作出截然的区分。

因此,前文提及的有关政党政治操纵的指责意见,我认为是没有什么说服力的,相反,尽可能地利用自己的政治权力地位,以寻求达成各种特定的妥协,这恰恰是一种正常的民主政治现象。至于联邦参议院的否决权造成的问题本质在于,它是一种——有时仅仅是暂时性的——会带来拖延的否决权,从这一意义上说,联邦主义的确是一种费时费力的制度安排。

四、司法机关与其他公共组织

政党通过其成员和追随者占据了各种具有重要意义的决策岗位。政党政治的影响同样有可能超越狭义的政治活动舞台,作用于其他领域。议会和政府受到政党政治影响的控制,对于这种现象,现实中几乎没有什么反对意见,但是在国家生活的其他领域,在政党政治的问题上就有不同的看法了。在这些领域,政党政治的影响有时可能会带来一些棘手的问题。

(一)司法机关

在分权制度中,司法机关的独立性具有核心意义。[42]一个能够免受行政和立法机关影响的司法机关,在法治和宪政国家中是不可或缺的。只有当法院不仅在作出判决时,而且对于法院的人事构成,尤其是那些高级法院的人事构成,都可以排除各种事实上的外在影响时,法院才能扮演一种政治中立的控制机关的角色。

在这里,人们不得不特别关注德国自身的一些问题。在各个最高司法机关的人员构成上,人们总会看到在法官的候选人中存在着政党成员的身影。在我的印象中,在挑选联邦法官的过程中,法官的素质虽然得到了高度重视,以保证只有非常优秀的法律职业人员才能走上工作岗位,但是在此之外,党员身份背景并非发挥了一种无关紧要的作用。[43] 如果一位法律职业人员不是任何一个政党的成员,那么对他来说,他想担任司法机关的最高职位,这将是一个非常难以实现的目标。在对这些法官职位的分配过程中,不同的政党也已经在实践中达成了一种默契和妥协。

在联邦宪法法院法官的构成上,这一点反映得尤为明显。[44]因为联邦宪法法院的判决不可避免地存在政治色彩,根据基本法的规定,联邦宪法法院的法官将由不同的政治机构任命:一半法官由联邦议院任命;另一半法官由联邦参议院选举产生,在两院的选举过程中都需要获得三分之二的多数同意。这种规定的目的在于,那些会采取极端立场的候选人将无法当选,并且在法官的人员构成上能够获得一个令各方都满意的政党政治安排。[45]在联邦宪法法院的活动实践中,至少从表面上看,个别法官与某个政党走得很近的现象并没有对法院的运作产生多大影响。实际上,对于联邦宪法法院来说,政党政治的中立性与独立性同样是决定该法院权威的前

---

〔42〕 BVerfGE 2,1)13;E 2,307 (320);E 4,331 (346);44,125 (141).

〔43〕 M. Morlok/L. Michael,Staatsorganisationsrecht,2. Auflage 2015, § 17 Rn. 14 ff.

〔44〕 对于《联邦宪法法院法》第6条过去的版本规定的法官挑选程序的合宪性,这一点甚至需要联邦宪法法院自己来作出决定,见 BVerfGE 131,230。按照《联邦宪法法院法》的规定,联邦议院在任命法官时,并不是按照《基本法》第94条的规定在全体会议上进行选举;相反,这些法官是由一个12人的委员会挑选产生。联邦宪法法院判定这一程序是合宪的,但是在经受了长时间的批评之后(见 D. Wiefelspütz,DÖV 2012,961 ff.),2015年6月24日对《联邦宪法法院法》的第九次修正案最终改变了这一选举程序(BGBl. I S. 973)。根据新的《联邦宪法法院法院》第6条第1款的规定,联邦议院对法官的选举采取的是事实上的全体会议选举的方式,现在该选举委员会只是提供建议。

〔45〕 S. Ruppert,in:D. C. Umbach/T. Clemens/F. W. Dollinger (Hrsg),BVerfGG,2. Auflage 2005 § 6 Rn. 24;K. Schlaich/S. Korioth,in:Dies. (Hrsg.),BVerfGG,10. Auflage 2015,Rn. 43 f.

提条件——对于一个宪法机关来说,这种权威是它最重要的资源。

（二）按语:在宪法诉讼程序法中的政党

宪法诉讼程序法为政党发展出了许多值得注意的特别规则,在这些规则的发展过程中,联邦宪法法院的判决尤其功不可没。正如我们在前文中提到的,政党在社会与国家之间发挥着一种中介的功能,这也是它的传输职能的体现。考虑到政党的这种中介功能,联邦宪法法院对政党提供了两种法律保护形式:

当政党面对其他宪法机关试图保卫自己的独特宪法地位时,它可以利用所谓的机关争议程序,这种程序处理的是各种国家机关之争的争议。因为政党实际上并不是国家机关,相反,只不过是社会组织,从法律性质上说只是民法意义上的社团,所以政党可以利用这种机关争议程序的规定尤其值得注意。正是因为政党在民主政治以及国家机关活动中的重要作用,政党被赋予了利用这种法律保护手段的渠道。[46]

对于政党与某个国家机构之间的争议,如果这个国家机构不具有宪法机关的地位时,政党可以像每个公民一样,利用宪法诉愿程序保护自己的基本权利。因此,政党在宪法诉讼程序法中既可以像公民又可以像国家机关一样,利用各种法律保护形式,从这一点上看,政党的模糊属性甚至在宪法诉讼程序法中也得到了体现。

（三）其他公权力机关

对于那些并不处于狭义的政治活动范围内的国家机关,政党也试图通过各种各样的方式来影响这些机关的活动。

1. 行政机关

对于这些机关,我们首先需要提到行政机关。从概念上说,行政机关就应当不受政党影响而活动。[47] 因此,只有在行政等级体系的顶点上,那些具有领导权的部长们才可以表现出政治色彩。[48] 但是在实践中人们看

〔46〕 据笔者所知,例如早在 BVerfGE 1,208 (223 ff.),BVerfGE 4,27,BVerfGE 79,379 等判决中就有这种规定。对这种观点的批评意见,见 K. Schlaich/S. Korioth,in:Dies. (Hrsg.),BVerfGE,10. Auflage 2015,Rn. 92。

〔47〕 E. Benda,Der Stabilitätsauftrag des öffentlichen Dienstes-ein Überforderung im Parteienstaat?. in:G. R. Baum/Ders. /J. Isensee (Hrsg.),Politische Parteien und öffentlicher Dienst,1982,S. 29 (49);M. Widmann,Parteipolitische Patronage,1986,S. 68;H. J. Wolff/O. Bachof,Verwaltungsrecht I,9. Auflage 1974,S. 44.

〔48〕 R. Mayntz,Soziologie der öffentlichen Verwaltung,3. Auflage 1986,S. 194,196 ff.;H. J. Wolff/O. Bachof,Verwaltungsrecht I,9. Auflage 1974,S. 77ff.

到的却是,政治决策者们总是想方设法地将政党的成员填充到各种重要的岗位上去。对于这种现象,人们找到了一个被称为"公职分赃制"的术语来形容。[49]

这种公职分赃制的实践受到了两种动机的推动。一种动机在于,对政党来说,如果可以将本党的成员安排到重要的岗位上,这就使得各种行政机关的领导职责对其发挥出有益的作用,其中包括推行与该党政策主张有关的各种计划和项目。人们可以想见,在执行某种特定的政策方针时,在行政机关内部的各种政党政治的反对者可以发挥怎样的阻挠作用时,人们或许可以更好地理解这种动机的存在。另一种动机在于,通过提拔来自本党的成员,这会使得成为该党的成员显得更有吸引力。[50]一方面,公职分赃制具有明确的政党活动目的。但是培养政党伙伴显然不是公务活动的合法目标。另一方面,公职分赃制的另一个目的是减少执行本党计划和项目的过程中可能面临的摩擦,在某种程度上可以得到一定的承认。一个通过政治选举产生的多数派,当然具有保证由其通过的法律在现实中得到执行的权利。因此,公职分赃制从整体上看是一个具有内在矛盾的制度。

从法律上说,公职分赃制是不被允许的。根据基本法第 33 条第 2 款,公务职位只能根据"才干、能力与专业水平"而被授予。其中,政党联系不应当发挥任何作用。如果竞聘某个公职的个人认为自己因为政党政治的原因受到了不公正的不利对待,那么他可以向行政法院提起申诉并以基本法第 33 条第 2 款赋予其的权利支持其主张。近年来,这种所谓的"竞争申诉"被越来越频繁地利用,从这一意义上说,法治国家原则对过分膨胀的公职分赃制具有一定的应对措施。[51]

---

〔49〕 H. H. v. Arnim, Ämterpatronage durch politische Parteien, 1980; M. Stolleis, VVDStRL 44 (1986), S. 7 (25); M. Widmann, Parteipolitische Patronage, 1986, S. 25 ff.

〔50〕 A. Laux, Was motiviert Parteimitglieder zum Beitritt?; in: T. Spier/M. Klein/U. v. Alemann (Hrsg), Parteimitglieder in Deutschland, 2011, S. 61 (71 f.); T. Spier, Wie aktiv sind die Mitglieder der Parteien?, in: Ders. /M. Klein/U. v. Alemann (Hrsg.), Parteimitglieder in Deutschland, 2011, S. 97 (117).

〔51〕 有关竞争申诉的问题,见 P. M. Huber, Konkurrenzschutz im Verwaltungsrecht, 1991; W.-R. Schenke, DVBl. 2015, 137 ff.; W. Thiele, DÖV 1987, 113 ff.; R. Wassermann, NJW 1999, 2330 ff.;至于当前一个例子,可以见联邦宪法法院 2015 年 11 月 25 日的决定,2 BvR 1461/15(有关担任联邦社会法院审判庭长的问题);巴登-符滕堡州行政法院 2015 年 8 月 12 日的判决-4 S 1405/15 = IÖD 2015, 230-236(有关担任联邦法院审判庭长的问题);有关向联邦法院越来越多地提出的竞争申诉的问题,见 D. Hipp, DRiZ 2015, 380。

2. 公法广播电台

德国的电台具有两种结构。在现实中既存在私人电台,同时也存在着更重要的公法电台。这里的“电台”一词同样及于电视台。德国的宪法制度为公法电台给予了各种保护,与此同时也对它们设定了各种义务,其中包括需要播放涵盖领域广泛且内容平衡的节目,使得各种政治力量都可以获得表达,充分促进文化事业的发展并认真考虑在公民之间存在的各种各样的利益。[52] 公法电台组织通过国家征收的电台费获得资助,每个公民都需要交纳这种电台费。对于这种电台费,人们甚至可以简单地将它称作“电台税”。[53] 公法电台组织应当独立于国家,这本身也是一种宪法规定。

在这种结构安排中就产生了一个棘手的问题:这些电台一方面是公法组织,它们通过国家的强制性税收而获得存续的资本并维持自己的运作结构,而且这种结构安排同样具有公法意义。但是另一方面这些电台却需要独立于国家。面对这种难题,人们找到的解决方案是设立各种监督委员会,该委员会的部分成员是州政府、州议会的代表,另一些代表则来自社会组织、工会、宗教社团以及非政府组织,例如环保协会等。在不久以前,联邦宪法法院甚至提出批评意见说,那些与国家关系密切以及政党的代表在该委员会中所占比例过大,这部分人员所占的比例因此将被降低。[54] 造成这种宪法争议的原因同样是人事政策方面的考虑,其中政党政治自然产生了非常重要的影响。

3. 学术界

作为一名学者,我当然认为学术界作为国家生活的一部分处于非常核心的地位。在这里我可以肯定地说,在学术活动领域并不存在什么明显的政党政治的影响,这种影响不仅不存在于各种具体事务安排,同样也不存在于各种人事决定上。[55] 大学享受着事实上的人事自治,它在有关学术活动上的人事聘用的自治权得到了相应的保护。[56]

---

〔52〕 BVerfGE 119,181 (214);E 57,295 (319);E 73,118 (152 f.);E 90,60 (88);E 114,371 (387 ff.).

〔53〕 关于根据《电台费国家协议》第2条第1款规定,在私人生活领域征收电台费的法律资格条件以及合宪性问题,见巴伐利亚州行政法院2015年7月28日的判决-7B 15.128。

〔54〕 BVerfGE 136,9 ff.

〔55〕 有关大学职位任命程序中的政党政治考虑的问题,见 O. Herrmann, Die Berufung von Professorinnen und Professoren, 2007, S. 388。

〔56〕 BVerfGE 35,79(133).

五、结论

在德国,对于一种政治制度存在着两种不同的表述方式,在这种政治制度中,政党扮演着一种非常重要的角色并占据着非常强势的地位:一方面,这种政治制度被描述为“政党国家”,[57];另一方面,它又被定义为“政党民主政体”[58]。“政党国家”这一概念中具有负面的含义,透露出对政党发挥的过于强大的影响的批评意见。政党将自己的这种过于强大的影响渗透到了方方面面,试图插手所有问题的决策。[59] 相反,“政党民主政体”一词则以积极正面的形象来描绘政党,尤其凸显了政党在一个竞争性民主政体中的必要作用。

何种概念可以更好地表述实际情况?对于这个问题并不存在一个客观的答案,相反,对于这个问题存在的是具有一定裁量空间的判断。在有些领域,政党的影响当然是有些过度膨胀了,例如我在前文提到的关于高级法院的问题。但是政党在联邦议院、联邦政府与联邦参议院中的影响在笔者看来则是恰如其分的。

对于政党的批评意见犯了一个重大的错误:这种批评意见没有充分认识到,没有那些互相竞争的政党的话,就不会有一个生机勃勃的民主政体。政党是必要的。获得这种积极状态的代价是要忍受一定的不良发展倾向甚至错误。人们对这些不良发展倾向与错误的应对方式当然不是取消政党。在这里,我们看到的是那些必不可少的组织和制度带来的必然问题,对于这些必然存在的问题,人们可以削减其不利影响,但是无法彻底解决它们。

虽然现代国家需要应对和处置的外部环境已经发生了改变,但是当我们考察宪政国家的各种组织和制度时,我们还是可以确定,这些组织和制度,以及各种宪法规则都将保持相对的稳定,宪法制度在很大程度上也不会出现多大的改变。由政党支撑运作的民主政体表现出了令人惊讶的调整和适应能力,无论是议会还是政党本身都随着所处环境的变化发生了改变,而且还是随着外部环境的变迁而继续嬗变。

政党的影响本身扮演着各种变化的推动者的角色。它的这种影响

---

〔57〕 对于该概念,见 K. von Beyme, Die politische Klasse im Parteienstaat, 1993。

〔58〕 关于该问题见 S. Bukow/U. Jun/O. Niedermayer (Hrsg.), Parteien in Staat und Gesellschaft-Zum Verhältnis von Parteienstaat und Gesellschaft, 2016。

〔59〕 关于对政党的这种理解,尤其参见 H. H. von Arnim 的著述,例如《作为猎物的国家》,1993 年。

在一定程度上得到了法律的确定,但是更多的时候,政党发挥的这些推动政治制度变化发展的功能仅仅表现在一些非正式的维度上,但是并不会对各种相关的法律文本带来多少变化。从这一方面来看,人们可以说,借助政党的影响,政党民主政体在各种政治组织和制度上获得了必要的灵活性。

新兴民主国家泰国的宪法设计、选举过程与叛乱

安德鲁·哈丁　彼得·莱兰*

一、导论

自从1932年推翻绝对君主制、开始宪政和民主选举以来，泰国选举政治一直存在腐败。由于这个及其他原因，泰国遭受着政治动乱，因此，宪政改革一直被视为一种危机管理形式而非改革的可靠基础。[1]这样，泰国既是有意义和创意试验的来源，也是宪政失败教训的来源。包括过渡宪法，泰国总共已有18部宪法（最近一部是2007年宪法），并且已有17次军事政变（最近一次发生在2006年）。尽管过去20年一直在全力巩固宪政地位，在写作本文时，泰国正在审视因2010年5月暴力镇压曼谷红衫军抗议者而带来的政治深渊。这很可能是泰国国家基本性质各层面更为广泛冲突的先兆。选举过程是根本的，不仅就现存冲突的原因而言是这样，而且就抗议者的要求和解决冲突的可能途径也是这样，而这种解决途径可能使国家越过冲突、进入运作于宪政法治环境的稳定政党制度。

泰国自从1997年已实施组织法以确保公正选举和有效议会代表。本

---

* Andrew Harding and Peter Leyland, Constitutional Design, Electoral Process and Rebellion in Thailand: An Emerging Democracy, 4 *Journal of Parliamentary and Political Law* 31 (2010). 安德鲁·哈丁现任新加坡国立大学教授，亚洲法研究中心主任。彼得·莱兰是英国伦敦城市大学法学教授。两位作者是《世界宪政制度》丛书总编辑，该丛书由英国牛津大学哈特出版社发行。作者感谢Surutchada Chullapram，Anna Razeen和Nuthamon Kongcharoen协助研究。

[1] E. M. Kuhonta, "The Paradox of Thailand's 1997 'People's Constitution': Be Careful What You Wish For", (2008) 48:3 *Asian Survey* 373-392. T. Ginsburg, "Constitutional Afterlife: the Continuing Impact of Thailand's Postpolitical Constitution", (2009) 7(1) *International Journal of Constitutional Law* 83-105.

文涉及评估选举过程和政党的宪法规制,尤其是根据 1997 年宪法设立的泰国选举委员会的作用。重要的是评估这些措施在动荡和不确定的 13 年里实现泰国可靠政府制度和议会民主的效果,其间改革见证了一个军事政变(2006 年)和一部新宪法(2007 年)的起草。

泰国 1997 年宪法是泰国迄今最为广泛参与和仔细考虑的宪政改革过程的结果,被许多评论人士认为是一个重要的转折点。[2] 这是因为:第一,这部宪法是真正征询民意的结果,因此它显得比以往宪法有更广泛的民意支持,它确实可被称作"人民宪法";第二,它本身也是一部重要文献,审慎地构思和设计措施以处理普遍存在的腐败和滥权,这种腐败和滥权尤其盛行于 1970 年代中期到 1990 年代早期。泰国选举委员会是数个新设或新改的监督机构[3]之一,它获得 1997 宪法授权和新组织法支持,并在泰国 2007 宪法中以修订形式占有重要地位。泰国选举委员会既对选举组织的方方面面负责,也同时监督选举过程和起诉选举舞弊行为。从开始就该注意到这些职能之间潜在的不兼容意味着选举委员会具有设计瑕疵:同一个机构一方面对选举组织的方方面面负责,但另一方面又得规制选举过程,这样就需要执行调查和司法职能。从这方面看,泰国选举委员会不同于很多其他国家的相应机构。例如,在南非宪法之下运作的南非独立选举委员会与泰国选举委员会分享很多组织职能,但是它仅负责管理选举并确保它们是自由和公正的:它不具有调查选举舞弊的职能。[4] 然而,过度依赖宪法监督机构这一事实至少部分源自对刑事司法制度规制政客和政党行为的能力缺乏信任。这个难题本身并不证明选举委员会兼具执行职能和司法职能是正当的。不过,本文将表明:1997 年宪法起草者引入这些监

---

〔2〕 A. J. Harding,"May there be Virtue;'New Asian Constitutionalism' in Thailand",(2001) 3:1 *Australian Journal of Asian Law* 24;D. McCargo,ed.,*Reforming Thai Politics* (Copenhagen:NIAS,2002).

〔3〕 P. Leyland,"Thailand's Constitutional Watchdogs:Dobermans,Bloodhounds or Lapdogs",(2007) 2:1 *Journal of Comparative Law* 151-177. See also P. Leyland,"The Genealogy of the Administrative Courts and the Consolidation of Administrative Justice in Thailand", in A. Harding & P. Nicholson,eds.,*New Courts in Asia* (London:Routledge,2009).

〔4〕 Constitution of the Republic of South Africa,Chap 9,s. 190(1). 根据 *Electoral Commission Act* 51 *of* 1996,s. 5(o)该委员会仅负责裁决组织或管理性质的争议。印度尼西亚甚至拥有一个独立于总选举委员会的总选举监督委员会,它监督选举过程和总选举委员会的运作:Suparman Marzuki,"The Roles of the General Election Commission and the General Election Supervisory Board for a Democratic Election" (no date),online: < http://journal. uii. ac. id/index. php/jurnal-fakultas-hukum/article/viewFile/535/448 >.

督机构是对泰国自身一系列特殊宪政问题的审慎回应。[5]

泰国自从1997年以来一直尝试处理选举舞弊问题。有必要解释一下历史和政治背景,选举委员会设立和授权的方式,以及在实施改革中出现的难题。鉴于最近发生的事件,就公正[6]选举制度促进政党制度的稳定性和合法性的目标而言,1997年之后制度的运作以及政党的适当规制也都是重要主题。尽管泰国宪政改革及其宪政问题有其个性特征,但是严格说来,在新兴民主国家中,选举舞弊和政党怀疑现象绝非限于泰国。因此,新兴民主国家可能从泰国经历中获得一般的教训,泰国经历表明法律和政治制度对稳定和发展何其重要。

泰国据其大多数宪法拥有两院制国会,且在战后时期具有一定的连续性。下院(即众议院)现有480个议席。2007宪法[7]规定一种混合议员多数主义制度,其中400个议员根据简单多数制直接选举,任期四年。剩下80个议员根据政党优先从8个地区名单选出,而名单与从上述政党中直接选出议员的人数成比例。[8] 上议院(即参议院)有151个议席,其中75名由任命产生,任期3年,75名根据简单多数制从75个省选出,任期6年,还剩1名留给首都曼谷。[9]

选举制度的完善可被视为泰国民主和宪政改革的核心。尤其是,在

---

[5] See, further, A. J. Harding, "Thailand's Reforms: Human Rights and the National Commission", (2006) 1:1 *Journal of Comparative Law* 88-100; A. J. Harding, "South East Asia 1997-2006: Two Case Studies on the Politics of Law and Development", ch. 6 of C. Antons & V. Gessmer, eds., *Globalisation and Resistance: Law Reform in Asia after the Financial Crisis* (Oxford: Hart Publishing, 2007); A. J. Harding, "A Turbulent Innovation: the Constitutional Court of Thailand, 1998-2006", in A. J. Harding & P. Nicholson, eds., *New Courts in Asia* (London: Routledge, 2009); P. Leyland, "The Ombudsman Principle in Thailand", (2007) 1:1 *Journal of Comparative Law* 137-151; P. Leyland, "'Droit Administratif' Thai Style: A Comparative Analysis of the Administrative Courts in Thailand", (2006) 8:2 *Australian Journal of Asian Law* 121-154.

[6] 通常用语是自由和公正的选举:在国家为政党提供公平竞争机会的意义上,这里不特别关注选举是否自由。泰国在这方面有些问题,其中一些将在下文附带提及,从本质上讲,只有在新闻机构很大程度地自由主张政治立场和政策、投票者不受国家压力以特定方式投票的意义上,选举才是自由的。

[7] At Part 2.

[8] 根据1997宪法,400名议员在选区基础上选出,100名由国家而非地区政党名单选出。1997宪法引入了一个泰国式的改革措施,即规定单议员选区,但是根据2007宪法,又恢复至多议员选区。1997年改革意图在政客和选民创造更紧密的联系(see below for further discussion of this point),通常认为这个目的并没有实现。

[9] CT 2007, Part 3. 2007宪法的情形又一次与1997宪法不同,1997宪法规定200名参议员由与府(省)相称的多议员选区选出。

自由公正选举中的公民投票权可能被视为对民主过程至关重要的基本公民权利，因为这项权利给予公民在选择和形成政府过程中的充分参与。[10] 进行的选择对所谓的“同意的机理”至关重要。[11] 而且，更加广泛的宪政实践经历表明，个人人权保护来源于（实际上是依赖于）国家采取措施保证公民不受干涉的投票权，这实际上需要一个大型国家机构使那样的制度运作起来。[12] 根据1997年宪法和2007年宪法，泰国一直强烈信奉民主过程，即便在2005年以来喧嚣的政治事件期间民主含义受到高度争议。[13] 宪法和相关的组织法正式规定所有年满18岁的泰国国民都有投票权，实际上从1940年代以来投票权从来没有以任何方式基于性别[14]、财产或教育水平而受到限制，如今事实上被描述为投票的责任[15]。

尽管1932年以来几乎所有不同的宪法以某种形式发展和确立了民主代议原则，还有一些社会势力仍旧抵制民主。正如格林所说：泰国中产阶层也恐惧更加开放社会可能引起的骚乱。1973年至1976年民主时期的经历加强了这种恐惧。正如19世纪欧洲中产阶级原有议员，他们认为大众还没有为民主做好准备，他们如此无知、短视和易受情绪摇摆以致不能遵守规则和运行民主。[16]

阿内克在一篇被频繁引用的文章中阐述了类似的观点，提出了泰国两种民主的思想[17]：

---

〔10〕 K. Ewing & C. Gearty, *The Struggle for Civil Liberties* (Oxford: Oxford University Press, 2000) at 3.

〔11〕 J. Waldron, *The Dignity of Legislation* (Cambridge: Cambridge University Press, 1999) at 156.

〔12〕 C. Gearty, “Civil Liberties and Human Rights” in N. Bamforth & P. Leyland, eds., *Public Law in a Multi-Layered Constitution* (Oxford: Hart Publishing, 2003) at 372.

〔13〕 这段时期泰国在所谓红衫军和黄衫军（前总理他信的支持者和反对者）之间的政治极化的结果是两大阵营都宣称自己是真正民主的。然而两者的宣称都可疑。

〔14〕 实际上在这方面，泰国是最早平等对待男女公民的国家之一。1897年由丹龙亲王制定的 *Local Administration Act* 规定男女投票平等。Subhatra Bhumiprabhas, “The Feminist Prince”, *The Nation* (Bangkok, 27 August 2009)。瑞士妇女于1971年获得投票权。

〔15〕 CT 2007, s. 72. 根据暹罗王国1932年宪法，国会议员部分由选举产生，部分由国王任命，但这被描述（第65条）为过半数人民至少具备初等教育水平前的临时措施，且无论如何不得超过宪法生效后十年。

〔16〕 J. Girling, *Thailand: State and Society* (Ithaca: Cornell University Press, 1981) at 145.

〔17〕 Anek Laothamatas, “A Tale of Two Democracies: Conflicting Perceptions of elections and Democracy in Thailand”, R. H. in Taylor, ed., *The Politics of Elections in South East Asia* (New York: Cambridge University Press, 1996). See also J. Logerfo, “Attitudes Toward Democracy Among Rural Northern Thais”, (1996) 36 *Asian Survey* 904-23; Chai-anan Samudavanija & Parichart Chotiya, “Beyond Transition in Thailand”, in L. Diamond & M. Plattner, ed., *Democracy in East Asia* (Baltimore: Johns Hopkins University Press, 1998).

> 农村投票没有受到政治原则、政策问题或国家利益的指导，而所有这些被视为在民主选举中公民投票的仅有的合法依据。农村投票者的理想候选人是经常拜访他们、有效处理他们切身痛楚和带给他们社区大量公共工程的人。然而这些候选人被中产阶级视为视域狭隘、行为粗野，且如此没有教养以致不能成为称职的立法者或内阁成员……理想的是，庇护关系应更加回应和有效地被地方政府制度所代替。最重要的是，投票者还没有被说服原则或政策导向的投票比地方庇护带来更大的好处。

罗葛夫在一项关于泰国北部农村政治态度的研究中以类似的方式提到一种更大的态度情结，这种情结使得经常卷入非法商业活动的地方重要人物能够赢得选举，并且只要他们继续为其选区提供福祉，就会从事各种各样的腐败活动。[18] 他继续显示北部农村更加支持一个更多限制、军方主导的民主模式[19]，社会群体的有限参与，强大的参议院，弱小的地方政府以及对新闻自由的限制……并且，由于泰国农村具有人数优势，因此农村决定哪个政党控制政府，但是鉴于农村的经济和政治重要性，城市中产阶级对政府可行性具有重要影响。

两种民主仍能被清楚区分，但是当前处于 2006 年 9 月军事政变之后的政治极化时期，两种民主已经呈现更多的（和令人不安的）意义。政变废黜了所谓腐败的他信（2001—2007 年总理）泰爱泰党，但 2005—2006 年在曼谷遭到大规模的反对者示威抗议。军方任命的技术官僚政府监督新宪法（即 2007 年宪法，2007 年 8 月全民公决通过）的起草。2008 年 1 月向民选政府的回归经历了亲他信的沙马总理领导下的人民力量党的选举，这再次引起了人民民主联盟（黄衫军）的大规模抗议，导致了 2008 年大多数时间政府和经济陷于停滞。在 2008 年 9 月宪法法院的不利判决[20]之后，沙马被迫辞职，但是其继任者颂猜并不更加顺利，再次在宪法法院判决[21]

---

〔18〕 See Logerfo, *ibid.*; and M. Nelson, *Central Authority and Local Democratization in Thailand* (White Lotus Press: Bangkok, 1998) at 168.

〔19〕 当然，最近几年已发生变化，例如他信作为公认的农村利益捍卫者而出现，并且后来被军方废黜。

〔20〕 See "Court Orders Thai PM To Step Down" *Sky News HD* (9 September 2008), online: http://news.sky.com/skynews/Home/World-News/Thailand-Constitutional-Court-Tells-PM-Samak-Sundaravej-To-Step-Down-In-TV-Cooking-Show-Row/Article/200809215095879.

〔21〕 http://www.welt.de/english-news/article2816105/Court-rules-Somchai-Wongsawats-party-disbanded.html. 该判决解散了颂猜的人民力量党。颂猜是他信的妹夫，其任职总理激起了黄衫军的大规模抗议。

之后于2008年12月被迫辞职,同时其政党也被解散。后来议员的倒戈使得总理阿披实领导下的民主党未经选举就掌握了政权(2008年12月),但是挺他信政党的支持者(红衫军)反对阿披实,发起对政府的大规模抗议,要求重新选举。红衫军的根据在于2008年1月总选举的明显多数,黄衫军也即所谓的人民民主联盟,与格林的上述评论一致,已声明要除去70%农村投票者选票的政策目标,认为农村投票者还没有为民主做好准备,宣称他们的选票只是被购买的。[22] 2010年5月的镇压证实了令人不安的鸿沟分离了彼此对立的民主概念。

二、贿选与政党资助

根据法律,投票是所有公民的义务,如果一个人没有不投票的适当理由,将承担不利后果。[23] 1997年宪法[24]规定这项措施的目的是通过增加选票数量来使贿选变得更加困难,因为政客可能需要购买这些选票对结果产生影响。然而,久而未决的问题是如何确保公正选举。"腐败使治理、商业和选举千疮百孔,腐败丑闻界定了整个选举过程。"[25]根据1997年宪法,一个完全独立的选举机构被认为是对付舞弊的基本工具,人们对选举委员会最初运作的评价是积极的。康纳斯评论如下:显然在2000年参议院选举和2001年众议院选举中,新选举委员会为改革事业提供了史无前例的帮助。通过命令重新选举惩罚许多顽固和腐败的政客,选举委员会借此反对原有的竞选模式。[26]

---

〔22〕 See discussion above.

〔23〕 *Organic Act on the Election of Members of the House of Representatives and Senators* 2009, s. 25. This recent Act replaced the *Organic Act on the Election of Members of the House of Representatives and Senators* 1998.

〔24〕 CT 1997, s. 68; and the Act of 1998, *ibid.*

〔25〕 L. Thornton, *Combating Corruption at the Grassroots: The Thailand Experience* 1999-2000 (National Democratic Institute for International Affairs, 2000) at 7.

〔26〕 M. Connors, "Framing the People's Constitution", in McCargo, *supra* note 2 at 55. 作为选举委员会零容忍方法的指标,在北榄府2000年参议员选举中,在最终宣布获胜者之前必须举行5次选举。不幸的是,在许多情况下,被选举委员会发现舞弊的候选人最终确实当选,这表明选举委员会的介入在实践中对有关候选人未必是一个政治挫败。See, further, Thawilwadee Bureekul, *Citizen Participation in Politics: the Senate Elections 2000 Case* (Nonthaburi: KPI, 2002).

然而这是对其成就的暂时和乐观的评估。[27] “泰国选举政治充其量只是形式上的民主,从几乎所有政客的观点来看,从政是获得财富的最好路径。”[28] 进入政坛主要为富人提供了赢得选举的机会,从而获得进一步的财富。为了获得选票,泰国许多地方的候选人期望通过给予个人选举者现金来获得地方选民的选票。在一个传统上僧侣统治的社会中,真正代表性政党的缺乏带来了有关真正政治参与程度的深刻问题。而且,贿选现象不被普遍认为是错误的行为,而是一种有益的相互回报:你得到我的选票,我得到你的金钱。[29]

尽管有秘密投票和消灭贿选的明显尝试,但贿选是普遍的和理所当然的。一个有影响的评论者认为:贿选是泰国长期存在的做法,实际上被1970 年代末试图清理选举和重建政党的新立法所加剧。到 1995—1996 年的选举,贿选达到了泛滥的程度:为了可能赢得象征性的内阁席位,需要大约 100 万美元的基本投入。[30]

政党本身出现了更大的难题。确立民主的浩大工程不只是授予公民投票权。与马来西亚和新加坡不同,泰国缺乏确定的政治传统,在这个传统里,政党根据一系列政策把从草根阶层直到国家层面组织起来。政党有很多倾向,但不倾向于代表明确的意识形态立场,它们通常是个人追随或者地区利益和选举基础。政党也倾向于派系结盟,这些派系可能随时因为某些利益改变政党。与大多数国家相比,不信任动议和军方干涉引起的政府更迭,使得作为政党目标而控制总理职位更少吸引力(大多数总理任期只有一到两年,并且对实际政策几乎没有影响)。[31] 因此,1997 年宪法起草过程的一个挑战是找到确保政党更加团结(而非分裂)、政府尽可能由

---

[27] *Cf.* S. Nogsuan, "Party Elites in the Business of Conglomerate Model of Thai Political Parties", in Niyom Rathamarit, ed., *Eyes on Democracy: National and Local Issues* (Nonthaburi: KPI, 2006) at 103; D. McCargo & Ukrist Pathmanand, *The Thaksinisation of Thailand* (Copenhagen: NIAS, 2005) at 99 *ff.*

[28] S. Phatharathananunth, "Civil Society and Democratization in Thailand: A Critique of Elite Democracy", in McCargo, *supra* note 2 at 127.

[29] See *supra* notes 25, 27 and 28 and *infra* note 30.

[30] D. McCargo, "Introduction: Understanding Political Reform in Thailand", in McCargo, *supra* note 2 at 7.

[31] 2009 年 9 月写作本文时,在前 3 年内已有 5 任总理,1932 年以来总共有 27 任总理(有几个任职不止一届). See, further, Suchit Bunbongkarn, "Political Institutions and Processes", in Somsakdi Xuto, ed., *Government and Politics of Thailand* (Singapore: Oxford University Press, 1987) at 61.

一党(或至少是政党的坚实联盟)组成。[32] 因此规定了对不信任动议的限制,尽管2007年宪法对此轻微淡化了些。[33] 人们仍旧坚信:宪法和法律设计是必要的,它将有效确保政客的"善良和称职"[34],国家政党将变得更加可行和更少腐败,更加符合国家利益。在民主发展的这一点上,虽然似乎都同意在某种意义上政党是个典型的问题,但似乎很少有证据支持政党确实可被法律设计而改善的观点。这似乎是21世纪初泰国民主的典型问题。

从不同角度处理政党问题,国家资助的基本原则在1997年宪法中首次确立来为草根政治的发展提供谷种和帮助建立新的政党。[35] 选举委员会被授权负责管理资助计划,资助计划涉及补贴政党和关于政党发展的其他活动的花费。政党注册主任主持的特别委员会决定这项基金的分配。该委员会的秘书是选举委员会的秘书长。该委员会须由一个选举委员会选出的选举委员、财政部和预算局中的一个代表、来自政党(众议院有代表)的三个代表,再加上一个来自政党(众议院无议员)的代表组成。讽刺的是,在实践中,考虑国家资助的规则已被政党所利用。法律承认获得资助的资格将随着政党人数的增加而增加,政党对此作出回应,例如泰爱泰党在2003年宣称有1500万成员,但是有230万泰爱泰党成员被发现也是其他政党的成员。不是1500万成员,确切数字更可能是850万。[36] 要求议会候选人须至少有学士学位[37]是另外一个用来提高从政人士水准的手段。从歧视效果和只有极少一部分人口满足标准的角度看,这个措施当然是有争议的[38],

---

〔32〕 讽刺的是,整个议会任期一党政府的目标在2001年得以实现,但是其代价是确立了一个确使1997宪法制定者在任何其他方面(尤其是泰爱泰党仅在选举前数周设立)都感到恐惧的政府(他信的泰爱泰党)。泰爱泰党的选举及其5年任职的更远后果可能是更加专注选举运动政策。他信能够成功地销售诸如30泰铢医疗保健方案的政策。

〔33〕 例如,根据第158条规定,至少需要众议院五分之一议员才可提出对总理不信任票决的动议,但是每个会期议员限于提出一个动议。动议中必须提名替代的总理,弹劾动议必须伴随着其中的腐败指控。而1997宪法规定至少需要五分之二议员才可提出不信任动议。

〔34〕 M. Nelson,"A Proportional Election System for Thailand?",(KPI Politics Update No 2,KPI,Bangkok,2007)12.

〔35〕 *Organic Act on Political Parties* 2007,ss. 55-72.

〔36〕 McCargo & Pathmanand,*supra* note 27 at 86.

〔37〕 CT 1997,s. 107;CT 2007,s. 174.

〔38〕 Harding,*supra* note 2. 泰国识字率和高等教育率较高且增加迅速。2007年6400万总人口中超过200万学生在接受高等教育。See online:http://www.eastwestcenter.org/fileadmin/resources/education/ed2020_docs/Thailand.ppt#337,24,*Quality System of the National Education Act*(1999).

但它是关于上述精英观点的反思,就政客的类型而言,则需要阻止它;同时,从许多投票者这方看来,政治态度很可能是,议员类似于法律或其他职业代表,只要代表自己的利益,就非常适合承担任务。[39]

尽管作为商业利益集团结盟的产物并且有腐败的名声,他信的泰爱泰党通过在全国范围的基础上运作、精明地利用媒体、诉诸民族主义情感以及拥有一个包含11点受欢迎的政治宣言的国家议程等措施抵制了这种趋势。[40] 换句话说,该党被认为是其领导个人进步的工具,同时采取现代国家政党的伪装。为了赢得选举,政客们继续花钱买票。在这个意义上,意图创造更加诚实政治阶层、以国家利益为导向的政治机制似乎已经失败。

三、政党规制

正如许多其他新兴民主国家一样,泰国也尝试控制政党行为,使之符合宪法和选举法的规定,但是适用结社自由原则。根据2007年宪法,1997年宪法也有类似规定[41]:个人有权组织和形成政党以表达人民的政治意愿,并通过民主政体进行政治活动,与国家元首(国王)一起实现人民意愿……政党的内部组织、管理和规制应符合民主政体的基本原则……

此外,1997年宪法和2007年宪法[42]特别根据合宪政见禁止歧视,正如这些规定所暗示的,政治结社自由不是绝对的,政党由政党组织法所规制,政党组织法的最新版本生效于2007年。很多方法可保障(政党)与基本原则一致。规定数量的政党成员可向宪法法院提交政党决议或规则,宪法法院可宣布它无效。另外一个规定[43]强加了更为具体和严厉的惩罚,禁止行使任何宪法权利去推翻民主政体或通过任何不符合宪法准则的方式攫取权力统治国家。一旦政党实施了那样的行为,任何个人都可请求总检察长向宪法法院提出动议禁止其行为,正如其他违法行为,这也可能导致政党解散。2007年宪法增加了惩罚,即剥夺被解散政党主席和执行委

〔39〕 See, however, the views of a former Speaker of the House of Representatives, Uthal Pimjaichon, in "Democratic Path to People-Based Society: Experience, Perspectives and Criticism" in Rathamarit, *supra* note 27 at 305.

〔40〕 P. Phongpaichit & C. Baker, *Thaksin: The Business of Politics in Thailand* (Chiang Mai: Silkworm Books, 2004) at 81.

〔41〕 Ss. 65 and 47 respectively.

〔42〕 S. 30 in both cases.

〔43〕 CT 2007, s. 6 3.

员会为期 5 年的选举权和被选举权。[44]

宪法法院的权力,尤其是解散政党的权力,极具争议,行使严厉,对近年泰国政治产生深远影响。更为关键的是,选举委员会允许 2006 年 4 月 2 日总选举的决定被宪法委员会成功挑战,宪法委员会于 2006 年 5 月宣布选举无效。[45] 这次选举期间,有许多普遍贿选的指控。[46] 选举委员会没有坚持反对这个结果,宪法委员会首次证实了已引起怀疑的个别结果。[47] 尽管泰爱泰党赢得选举,由于街头抗议,他信宣布在新政府形成之前他将充任看守总理,但是在短期休假之后并没有离去的迹象。在史无前例的运动中,国王通过直接向宪法和行政法院法官演讲的方式于 2006 年 4 月 26 日介入其中。国王以典型的皇家语言建议,法官应当坚持宪法权威宣布选举无效,这次选举已被反对党联合抵制。[48] 2006 年 9 月军事政变后的军政府使得对泰爱泰党选举行为的进一步调查畅通无阻,这次政变导致泰爱泰党(而非民主党)解散,这是宪法法庭根据 2006 年过渡宪法决定的结果。[49]

控制政党的另一个方法是"90 天规则",1997 年宪法引入该规则[50],2007 年宪法以修正形式保留了下来。根据该规则,众议院选举候选人必须是任何单一政党成员,到申请选举候选人资格时连续时间不少于 90 天;

---

〔44〕 See CT 2007, ss. 100(2) and 102. (3).

〔45〕 "Constitution Court Invalidates the April Election and Orders New Election", *The Nation*, Bangkok (9 May 2006); "Thai Court Rules Election Invalid", *BBC News* (8 May 2006).

〔46〕 这些导致了宪法法庭 2007 年 5 月 30 日解散泰爱泰党的决定,见下文。

〔47〕 See "End of the Beginning in Thailand's Crisis", *Bangkok Post* (19 May 2006).

〔48〕 See "April 2 Election: Charter Court to Examine the Legality of Poll", *The Nation*, Bangkok (1 May 2006).

〔49〕 See The Constitutional Court, "Summary of the Decision of the Constitutional Tribunal Case Group 1", online: http://www.concourt.or.th/download/news/Party1.pdf; The Constitutional Court, "Summary of the Decision of the Constitutional Tribunal Case Group 2",宪法法庭代替了宪法法院,宪法法院被 2006 年过渡宪法废除;然而,现有案件被转移到宪法法庭。泰爱泰党和其他三个被解散的少数党被一致认定对所有指控都有罪。特别是,裁决基于以下事实:少数高级党员直接卷入贿赂几个小党在前反对党基地的选区进行竞选,其目的是确保满足 20% 的最低要求;法庭解散泰爱泰党,禁止该党执行委员会 111 名成员(包括他信本人)五年内参政。还判决了如下指控证据不足:民主党贿赂小党曝光某些泰爱泰党高层在 2006 年 4 月一系列补选中涉及选举舞弊。还判决了民主党没有诽谤他信或促使选民投反对派。因此民主党免予解散。

〔50〕 S. 107(4). For a discussion of the unintended impact of this rule, see Kuhonta, *supra* note 1 at 381, 383.

但是根据2007年宪法,如果众议院被解散,这个期限将减少至30天。[51] 这个规定的要点是防止在选举之前机会主义地跳党(更换政党)。尽管这可被视为控制个别政客的行为,但也在鼓励政党团结的趋势。宪法也要求候选人与其参选的府(省)具有可靠联系(即出生在该府,在参选前连续在该府住满5年,或者在该府拥有公职或学习满5年)。候选人与选区的联系确实是一个相当棘手的问题。政党资金的匮乏意味着政党倾向于寻找当地有影响力的富有候选人而不是相反,或者富人建立他们自己的政党。因此,最终起作用的是有影响的当地关系而不是选民的追求。确实,经常有报道说议员获选后对其选区几乎没有兴趣[52],更喜欢通过泰国复杂的议会派系政治获得晋升。

这些问题的可能补救方法是,在选区选举之外,取代选区选举,进行政党名单选举。[53] 1997年宪法首次规定政党名单,但是仅被用来选举500个议席中的100个。其主要目的不只是巩固国家政党,还确保不必每次补选就能任命优秀人才入职内阁;否则,鉴于总选举后要求执行与立法相分离,政府成员必须辞掉其议席,因此需要补选。这是2007宪法起草过程中一个有争议的问题。一组希望议会400个席位在选区和政党名单之间平分,另一组则希望议会完全由选区选出的议员组成。结果是一个妥协——320个选区议席和80个政党名单议席,微妙之处是,后者由基于8个地区的8个政党名单组成,因此,政党名单议员也维持了与当地的某些联系。

2008年宪法法院的权力比以往变得更具争议性。2001年宪法法院以8∶7的票决使他信幸免于腐败指控,此后他信表达了这样的观点:少数未经选举的法官不该有权解雇1200万人民选出的领袖。2008年宪法法院判决沙马总理败诉,案件涉及对很多人而言似乎微不足道的利益冲突:他因上正规电视烹饪节目而拿了报酬。这个判决促使总理辞职。更加严重的是,2008年12月宪法法院解散了人民力量党,该党是泰爱泰党的后继党,与他信和红衫军事业密切相关。正如2007年一个重要政党被解散,其领导阶层被罚红牌,因此五年内不得参政。这个决定的基础是2008年前期

〔51〕 CT 2007 s. 101(3). See Kuhonta, *supra* note 1 at 390; and *World of Parliaments Quarterly Review*, Web Version, Issue No 27, October 2007. 在解散众议院的情况下期限减少至30天似乎使原先规则的目的受挫,也即防止从被短期诱因所诱惑的现任议员在短期内形成新党。期限减少至30天的决定似乎是作为宪法起草过程部分所达成的妥协。

〔52〕 Logerfo, *supra* note 17.

〔53〕 See, further, Nelson *supra* note 34.

选举中的舞弊行为。2008年黄衫军上街示威并占领了包括曼谷国际机场的首相办公室,现在该是红衫军上街示威了。宪法法院那样的决定实际上被轻易规避了:众所周知,在人民力量党案例中,他们已经建立另外的政党参与法院的决定。解散的关键选择实际上起到了相反的效果;它处理得既严厉又无效。它增加了政治风险,但是实际上并没有解散政党;它没有检验合法性,创造了宪法之外的政治途径。[54] 尽管如此,该案确实引起了政府更迭,支持他信的那一派议员改变了立场,使得民主党在阿披实的领导下于2008年12月执掌政权。反过来,民主党的上升和宪法法院对征收前总理他信大部分财产的确认激起了红衫军示威要求立刻选举。2010年红衫军运动造成骚乱,使曼谷商业区瘫痪,5月驱散抗议的军事介入引起暴力对抗,导致人员伤亡和财产的蓄意破坏。[55]

2007年新政党组织法代替了1998年法案,就政党规制作了进一步规定。规定申请形成政党,政党注册主任监督该规则。首要原则是,有结社自由,但是政党规则必须符合民主政体(国家元首是国王)的基本原则和议员的职责履行,惩戒规则必须符合被告的听证权。选举委员会现在有权禁止政党注册。该法还规制政党名称的相似性。政党执行委员会有责任为了国家和人民利益根据宪法和法律谨慎、小心和诚实地运作政党,且促进政党的民主化(第17条)。更有趣的是,新的规定(第17条第4款)对因2007年宪法法院惩罚泰爱泰党执行委员会所有成员感到冤屈的那些人作出让步,如果执行委员会成员能证明没有卷入政党行动和在执行委员会会议上或会议之后7天内表示反对,他们将不必对政党行动负责。然而,委员会仍有责任确保政党成员和候选人不违反法律。禁止通过行贿或受贿加入政党(第22条)。为了鼓励真正全国性的政党,要求政党在所有省份都有成员和分支(第27条)。该法有很多规定规制政党的内部程序,例如会议、分支、选择领导人和候选人、财政责任、捐赠以及国家资助等。对当前而言最重要的规定是关于政党解散程序。注册主任在选举委员会的支持下启动该程序,把案件和证据发给总检察官,总检察官再把材料提交给宪法委员会。简而言之,根据第93条规定,适当的理由包括政党采取行动终止或反对以国王为国家元首的民主政体,违反法律、规则或选举委员会决定

---

〔54〕 尽管如此,根据选举委员会因舞弊向宪法法院的提交情况,到2003年为止,1997年当时存在的共88个政党已被解散,显然,选择解散确实具有某些目的。

〔55〕 D. McCargo "Bangkok's savage conflict may be a mere dress rehearsal", *The Telegraph* (19 May 2010).

以及损害国家安全。

四、选举委员会的组成与任命

选举委员会首次成立于1993年,其宪法作用由1997年宪法和2007年宪法界定。根据2007年宪法,当前组成的选举委员会被描述为宪法之下的一个独立机构。它包括主席和四个副委员,他们任期七年,不可连任。[56] 委员会秘书是行政首脑 。现任委员都是根据2006年9月过渡宪法任命的,其职责分为中央管理、选举管理、政党规制以及参与。

(一)任命过程

就制度体系的创造而言,引入选举委员会被视为向真正民主跨出了一大步:"为了建立使清廉选举得以进行的制度,组建了独立的选举委员会:强大的内政部管理和监督地方及总选举已成为过去。"[57] 该机构的地位十分关键,鉴于其作用的极端政治敏感性,选举委员会的任命过程一直非常重要。为了根据1997年宪法任命选举委员会,需要建立更加广泛代表性的十人任命委员会。[58] 委员会必须包括:宪法法院主席(担任委员会主席)、最高行政法院主席、四名国立大学的校长和来自众议院的四名政党代表。委员会成员中至少有四分之三赞成才可把五个合格人选提交给参议会主席。而且,在这初步阶段,需要最高法院另外提交五个合格人选给参议会主席。下一步,参议会主席作为主持人,需要在参议会举行秘密投票,从这十个被提名的人选中选出五名选举委员会委员。[59] 然后国王将正式确认选举。[60]

根据1997宪法精心安排的任命过程并没有阻止关于实际任命的争议。特别是2001—2006年他信总理任职期间,有证据表明任命过程被操纵产生了亲政府候选人,因此抵消了这个重要的监督机构的效果。[61] 参

---

〔56〕 CT 2007, s. 229.

〔57〕 Sombat Chantornvong, "The 1997 Constitution and the Politics of Electoral Reform", in McCargo, *supra* note 2 at 204.

〔58〕 CT 1997, s. 138.

〔59〕 *Ibid.*, s. 138(4):"……得到现任参议员总数一半以上选票的前五名当选……"

〔60〕 CT 1997, s. 138.

〔61〕 J. Jansen, "Thailand Court Rejects Election Commission Nominees in Latest Ouster Bid", *Jurist Legal News and Research*, Bangkok (31 May 2006). 为了使选举委员会委员辞职,最高法院在整个法庭开庭中全体法官以72:4票决拒绝两个被提名者。

议院被证明是薄弱的一环。尽管参议院被设计为一个非党派机构，但是在政府和反对派吸引参议员政治效忠的意义上，参议院实际上被俘获了。结果是，选举委员会2001年出现空缺时，政府秘密地给参议院施压，确保其确认政府所认可的被提名者，即便被提名者明显不合格。2001年5月，参议院选择了一名前将军，其参议院选举由于其个人行为已被宣布无效。他突然成为主席，但是后来被宪法法院解职，理由是根据法律对其任命是错误的。此外，一名法官得到任命但被撤销，这是由于国王不愿意确认任命。另外两个被提名者包括：一名在接受腐败调查的公务员和一名面临印制假选票指控的公务员。[62] 该机构的人事管理经常遭到质疑。

对比之下，根据2007年宪法，选举委员会任命制度大大依赖于司法机构，但是任命委员会并不兼收并蓄，仅限于高级法官、集体法官和政治职位占有者。[63] 司法系统（尤其是其最资深的法官）是泰国最受信任的机构，他们介入很多宪法领域，因此如今备受政治影响。[64] 为了任命三名委员，他们组成了一个仅七名成员的任命委员会，包括最高法院主席、宪法法院主席和最高行政法院主席，还有两名司法系统成员，其中一名选自最高法院总会议，另一名选自最高行政法院总会议。[65] 剩下的任命委员会成员不再是国立大学校长，而是众议院议长和众议院中的反对党领袖。委员会必须根据66%（而非1997年宪法的75%）多数向参议院议长提名三名合格候选人。最高法院及其总会议负责提名另外两名合格候选人给参议院议长，参议院议长安排秘密投票通过了这些提名。如果所有或任何提名被拒绝，那么参议院不得安插自己的候选人，只能把材料交还各自选举机构。如果选举机构投票一致同意或者最高法院总会议根据三分之二多数（情况可能就是这样）确认其原先的任命，候选人将被提交给国王以便正式通

---

〔62〕 Pasuk Phongpaichit & C. Baker, *Thaksin: The Business of Politics in Thailand* (Chiang Mai: Silkworm Books, 2004) at 175; Vitit Muntarbhorn, "Human Rights in the era of 'Thailand Inc'", in R. Peerenboom, C. Petersen & A. Chen, eds., *Human Rights in Asia: A Comparative Legal Study of Twelve Asian Jurisdictions* (London: Routledge, 2006) at 327.

〔63〕 Vitit Muntarbhorn, "Deconstructing Thailand's (New) Eighteenth Constitution", (2009) 12:1 *Thailand Law Journal*, online: http://www.thailawforum.com/articles/Thailand-Eighteeth-Consititution.html. 集体法官是指，某些法官是依据职权任命的，而其他法官是从一组法官中选出的，例如行政法院法官。

〔64〕 A. J. Harding & P. Leyland, "The Constitutional Courts of Thailand and Indonesia: Two Case Studies from South East Asia", (2008) 3:2 *Journal of Comparative Law* 118 at 142.

〔65〕 CT 2007, s. 231.

过。如果不可能达成一致,任命过程将重新开始。与 1997 年宪法不同的是,参议员不能表达他们自己的偏好,只能确认任命机构的选择。[66]

选举委员会委员享有高度的任职保障。一旦被任命,解职诉状可向国会主席提出,如果诉状得到两院至少 10% 现任议员签名,那么诉状将被提交宪法法院决定。这个诉状的根据限于如下指控:候选人不符合任命标准,或者由于委员已经是其他职位的官员、从事专门职业或拥有商业职位而存在重要的利益冲突。[67] 根据 2007 年组织法,委员们必须公开其财产,包括其配偶、孩子的财产以及以他人名义持有的财产。(第 7 条)

宪法委员会认为 2006 年 4 月选举结果无效的部分理由是选举委员会的安排违宪。这是因为选举运动时间太短,没有足够的时间留给候选人准备。[68] 以下情形很好地阐述了职位独立性的程度:他信总理任期内根据 1997 年宪法任命的所有委员因玩忽职守被成功追诉并判处 4 年监禁。然而,他们拒绝辞职并继续任职数周。[69] 2006 年 9 月军事政变后,五名新的选举委员会委员被批准就职。新委员会的司法特征非常显著。四个被任命者是前中高级资深法官,第五个委员是来自总检察办公室的前官员。

(二)选举委员会的权力和责任

选举委员会负责运作泰国国家和地方层面的选举过程,制定对运作选举(现在还有全民公决)所必需的规则,包括选举运动和政党资助及花费等行为。[70] 选举委员会还决定国会议员资格的中止和投票者权利的问题。根据 2007 年宪法,它有权参与参议院一半参议员任命过程。组织选举以往是内政部的职责,为了履行很多职能,选举委员会被授予行政、调查和准司法权力。在某种程度上,选举委员会承担了相当重要的组织任务。它必须划定选区边界[71],实施选举运动规则,准备选举注册[72],打印选

---

〔66〕 这让人想起美国宪法第二章第二条的例子:“他提名,并根据参议院建议和在参议院同意下任命……”

〔67〕 CT 2007, ss. 233, 207.

〔68〕 T. Henry, “Thailand Courts to Supervise New Elections after Constitutional Court Voids Results”, *Jurist Legal News and Research*, Bangkok (9 May 2006).

〔69〕 J. Jansen, “Thailand Election Commissioners get Jail Time for Abuse of Power in April Poll”, *Jurist Legal News and Research*, (25 July 2006).

〔70〕 CT 2007, s. 236: “To notify and set out rules governing the holding of elections and referendums”. See also *Organic Act on the Election Commission* 2009, s. 10.

〔71〕 *Ibid.*, s. 18.

〔72〕 *Ibid.*, s. 17.

票,建立投票站和确立投票、计票程序,任命选举官员,以及监督整个选举过程,包括解决选举过程出现的争议,规定投票过程的便利措施(如残疾投票者通道),确定候选人个人资格,甚至决定有关选举的调查。在完全不同的程度上,根据两部最新宪法,选举委员会有权处理选举舞弊,为此目的,它装上了真正的牙齿。[73] 严惩违反选举法的目的是阻止潜在的违法者。一旦发现严重舞弊,选举委员会有权罚以红牌禁止候选人五年内参与政治(把候选人有效排除在两届议会之外)。[74] 另外同样强大的权力是,如果有舞弊证据,选举委员会就有权决定重新选举国会两院的任何议员。[75] 然而,任何这样的决定需要向最高法院提出动议,最高法院必须决定是否批准动议生效。[76] 而且,如果注意到不当行为,选举委员会有权要求当事人不作出任何可能破坏选举规则的行为。选举委员会被授予广泛的调查权力。[77] 如果有人提出异议或有舞弊或违法的令人信服的证据,选举委员会就必须启动调查程序寻找事实。[78] 当指控贿选时,由于有些是私下亲手现金交易,证人不愿出来指证,因此究竟什么构成令人信服的证据是有待克服的明显障碍。[79] 选举委员会调查时有权传唤文件和人员。[80] 由于财务舞弊可能涉及巨大的技术难题,选举委员会在调查选举舞弊时可以协同其他机构(第 11 条和第 53 条),如国家审计委员会、反洗钱办公室和国家反腐败委员会。它也可以得到各府选举委员会的协助。尽管选举委员会被授予巨大权力,但是一直难以执行这些权力,这主要是因为特定程序被用作保护措施。例如,在实施红牌或其他惩罚前,委员们的决定必须完全一致。假如已经作出那样的决定,在其生效之前,选举委

[73] Leyland, *supra* note 3.

[74] CT 2007, s. 237. 根据《组织法》规定,最大惩罚是监禁 10 年或罚款 20 万泰铢,还要判处剥夺 10 年公民权。

[75] 选举有时进行多达 5 次。根据 2009 年《组织法》第 113 条,如今重新选举的花费由引起重选的舞弊候选人承担。

[76] CT 2007, s. 239.

[77] CT 2007, s. 236; *Organic Act on the Election of Members of the House of Representatives and Senators* 2009, ss. 49-50. 有关选举过程的任何事项出现争议,选举委员会就要进行调查。一个对投票者、候选人、参议员、国会或地方议会成员的异议即可启动调查程序。

[78] 选举委员会有权组成包括公共检察官、国家官员或前法官的委员会调查任何那样的指控。

[79] 期望控告者有令人信服的证据的要求是有问题的,因为任何调查的目的是要发现那样的证据。

[80] CT 2007, s. 236; *Organic Act on the Election Commission* 2007, s. 26.

员会需要通知由国务院[81]各委员会主席组成的特别委员会确认停职(惩罚)的合法性。在宣布选举结果之后发现舞弊证据,选举委员会在选举30天内(第8条)有权宣布该选区(或整个地区、国家)选举结果无效并要求重新选举。[82] 根据2007年宪法,选举委员会可以暂停候选人的选举权和被选举权。此外候选人还可能受到刑事指控。[83]

如上文表明,选举委员会负责确定选举花费的财务因素。对于被认为公平竞争的选举,有必要对竞争者投入运动的花费进行财务规制。1997年宪法没有直接处理这个关键问题——对选举花费设定财务限制。相反,组织法授权选举委员会确定每个候选人和每个参选党的花费数额。[84] 另外规定,如果违反这些限制,选举委员会有权扣押违法者的现金或财产。[85] 然而,2007年宪法明确规定对政党财务捐款的控制和对政党账户的审计是选举委员会主要责任之一。[86] 鉴于个别议员反对在2000年修改组织法时试图加强组织法的措施,以上补充规定并不让人感到意外。[87]

最后,选举委员会具有与广泛传播民主参与有关的教育功能。[88] 为了实现这一点,选举委员会特别关注原投票者和新投票者。它实施计划促进民主政体和选举的知识。它允许来访者体验模拟选举,以便潜在的投票者比他们仅仅通过阅读选举材料和课堂学习更加理解选举过程。同时它利用多媒体和高科技资源提供课外学习资料,它使学校和其他教育机构能够获得这些资源。然而,选举委员会作为独立监督机构的多次名声污点破坏了它实现这方面使命的可信性。但到目前为止,很明显,选举委员会被赋予了足够权力。实际上,正如我们将简要评论的,问题是,这些权力是否已经得到足够严格的执行。

---

〔81〕 国务院是负责起草法律并担任政府法律代理人的机构。

〔82〕 任何那样的决定首先都应受到国务院资深官员的审查。

〔83〕 CT 2007, s. 237; see *Organic Act on the Election of Members of the House of Representative and Senators* 2007, ch. 3.

〔84〕 *Organic Act on the Election of Members of the House of Representatives and Senators* 1998, ss. 40-41.

〔85〕 *Ibid.*, s. 43.

〔86〕 CT 2007, s. 236(3).

〔87〕 S. Chantornvong, "The 1997 Constitution and the Politics of Electoral Reform", in Mc-Cargo, *supra* note 2 at 206.

〔88〕 CT 2007, s. 236(8); *Organic Act on the Election Commission* 2007, s. 10.

五、选举委员会的运作

这部分将有选择地概述 2006 年军事政变前选举委员会的运作情况。首先谈谈选举过程,通常认为,选举委员会被赋予监督地方和国家层面选举行为的职责,具有巨大的权力。首先,值得再次强调的是,根据 1997 年宪法,为了把贿选的可能性降到最低,明确要求泰国公民参加投票,采用部分基于政党名单的选举制度。[89] 结果,最近的选举已经出现了特别高的参选率,政党名单方法已经更多地关注政党而非候选人个人。其次,我们已经看到,选举委员会开展工作的方式是,一旦发现舞弊证据就采取决定性行动。在 2000 年 3 月的选举中,78 名候选人在参议员竞选中被指控舞弊。他们被罚以红牌和取消资格。然而,在次年举行的总选举中,有证据表明存在更加广泛的舞弊。麦卡格认为,对选举结果的广泛挑战表明了一种新的公民意识精神;然而贿选和选举操纵比以前更加猖獗,诸如选举委员会这样的监督机构的可信性在随之而来的愤怒中被严重破坏了。[90] 看来,泰爱泰党用来宣传、说服当地政客脱离其他政党和在选举过程中贿选可能是史无前例的。泰爱泰党每张选票出价 300 泰铢,比其他政党高 100 泰铢。泰爱泰党战胜对手的方式是在花费上超过对手。[91] 此外,有很多报道说众议院议员收受大额金钱倒向泰爱泰党。[92] 在 2001 年总选举之后,30 名候选人被传唤至选举委员会,312 个选区向选举委员会提出了控告。

然而有点讽刺的是,泰爱泰党创立了一个把不同派系联合起来的政治宣言,这些派系包括前左翼激进主义者和前右翼暴徒,他们原本是不大可能结盟的。因此,这个新联盟经常获胜,但是很多现任政客就像黑手党一样公然腐败,没能在 2001 年重新选举中获胜。[93] 选举之后众议院议员

---

〔89〕 Chantornvong, *supra* note 87 at 211.

〔90〕 D. McCargo, "Thailand's 2001 General Elections: Vindicating Reform", in McCargo, *supra* note 2 at 252. See the discussion of vote buying in Sangwon Suh & J. Gearing, "Democracy at a Price: the Dirtiest Election Campaign in 20 Years", *Asiaweek*, 1996.

〔91〕 D. McCargo, "Thailand's 2001 General Elections: Vindicating Reform", in McCargo, *supra* note 2 at 252. See the discussion of vote buying in Sangwon Suh & J. Gearing, "Democracy at a Price: the Dirtiest Election Campaign in 20 Years", *Asiaweek*, 1996.

〔92〕 正如上文所指出的,这种做法现在是不合法的。

〔93〕 Giles Ungpakorn, "From Tragedy to Comedy: Political Reform in Thailand", (2002) 32:2 *Journal of Contemporary Asia* 191-205 at 202*ff*.

照旧受到泰爱泰党资助,数额达到每月 20 万泰铢(约 4 万人民币)。[94] 这已经表明,在被选举委员会调查的全部 312 名现任众议院议员中,多达 66 名议员会被取消资格。然而,2002 年 1 月宣布调查结果时,仅 2 名议员被罚以红牌,直接取消资格,而另外 12 名受到黄牌警告。据称,选举公正议员的失败使细心调查的结果黯然失色。[95] 尽管选举委员会程序秘密进行,并且不受信息自由法规制,但是后来表明,问题一直是委员们无法达成法律所要求的一致意见。由于无法决断,大多数舞弊者逃过了任何惩罚。[96]

他信总理在 2005 年 1 月选举中取得了压倒性胜利,他信和他的政党获得众议院 500 席位中得 370 个,这同样无法令人满意。它引起了人们对民主被进一步侵蚀的忧虑。当时反对者声称,泰国正在变成一党制国家。[97] 他信对重要媒体的控制和赤裸裸的贿选大大加剧了人们对反对党民主党支持的崩溃。据估计在这次选举运动中,大约 100 亿泰铢(约 2.6 亿美元)被用于贿赂投票者。[98] 瓦萨那主持的选举委员会工作远远没有达到之前的高期望。“一些评论者指责选举委员会懒惰和无效率,而另一些人以至于暗示委员会偏向泰爱泰党……选举观察基金会主席 Saiyud 将军宣称选举被投票者和候选人的暴力和恐吓所困扰。”[99] 对舞弊主张的回应,几乎没有证据表明选举委员会积极介入进行充分调查,并采取严厉行动消除存在的舞弊。[100] 许多评论者对选举委员会公认的无能感到恼怒的程度被概括在曼谷《国家》的一篇文章中:“对 2005 年 2 月选举舞弊作出最终判决之后,应当竖起一座纪念选举委员会的纪念碑,这座纪念碑可能是一个男人一手拿着一摞钞票,一手拿着一杆枪,面带灿烂笑容。”[101]

争议继续围绕着选举委员会。正如以上所讨论的,其允许 2006 年 4 月 2 日举行选举的决定在宪法法院受到挑战。在选举中,再次有很多广泛

---

〔94〕 See Chantornvong, *supra* note 87.

〔95〕 W. Katerenchuk, “Thai Politics Monitor: Thai Politics Chronology November 2001-July 2003”, in M. Nelson, ed., *KPI Yearbook No.* 2 (2002/03) (Nonthaburi KPI 2004) at 510.

〔96〕 Ibid.

〔97〕 “An Occasional Democrat,” Editorial, *The Guardian*, Manchester (8 February 2005).

〔98〕 “Thailand's Right-wing Populist Wins National Elections”, *World Socialist Website* (10 February 2005).

〔99〕 W. Katerenchuk, “Thai Politics 2005: a Year in Review”, in Niyom Rathamarit, ed., *Eyes on Democracy: National and Local Issues*, *KPI Yearbook* 3 (2004-2005) (Nonthaburi: KPI, 2006) 206.

〔100〕 “Role of the Thai Election Commission”, *Radio Singapore International* (21 January 2005).

〔101〕 “Two Fingers from the Election Commission”, *The Nation*, Bangkok (19 September 2005).

贿选的指控。选举委员会没有坚持反对选举结果,在最初确认了已被怀疑的个别结果后,要求在宪法法院最终判决选举无效之前国王进行介入。2006年9月政变后军政府使对2006年4月2日选举中政党(泰爱泰党和民主党)行为的进一步调查畅通无阻。尽管原先已向1997年宪法的选举委员会控告,宪法法庭被授权负责始于2007年1月中旬的选举舞弊审判,2007年5月法庭决定取消前议员和110名泰爱泰党官员的资格,这一点上文已经讨论。另外还有很多批评:选举委员会没有取消参加参议员选举的候选人的资格,这使得政党归属受到怀疑[102];选举委员会没有防止上议院选举中的贿选现象[103]。2006年7月,3名选举委员会委员因对这年早些时候举行的选举处理不当而被判处4年监禁。[104]

2006年9月19日军事政变之后,2007年宪法草案于2007年8月全民公决之后正式生效。2007年12月举行进一步的选举,产生了现在众所周知的局面,即在贿选的普遍指控中支持他信的政党大获全胜。83名候选人因选举舞弊受到选举委员会调查,其中6名被罚以红牌。选举委员会介入的结果是举行三轮补选。选举舞弊调查结果还导致了2008年2月众议院议长的解职和2008年12月人民行动党的解散。这也是民主党就所指控的非法捐款而被调查的转折点。[105] 根据选举委员会的观察表明,2009年9月地方选举仍然贿选猖獗,每张选票价格是100—500泰铢,在竞争激烈的地区更是达到2000泰铢。[106]

六、结论

泰国选举达到所有层面、所有方面的公正是个极其复杂的问题。正如宪政的其他许多方面,结论必定令人失望,但是也可提供某些帮助。明

---

〔102〕 "Democrats Mull Suit against EC", *The Nation*, Bangkok (7 April 2006).

〔103〕 "EC's Conduct Panned as 'Inefficient, Incompetent'", *The Nation*, Bangkok (20 April 2006); "Major Party is 'Buying' Likely Vote Winner", *The Nation*, Bangkok (9 April 2006).

〔104〕 "Thai Court Convicts 3 for Election Missteps", *International Herald Tribune* (26 July 2006). 主要指控是允许不合格的候选人参选。这三名委员还被剥夺选举权和被选举权等政治权利10年。

〔105〕 "EC Extends Democrat Funds Probe", *Bangkok Post*, Bangkok (25 August 2009). 13 *Democrat MPs lost their seats in Parliament as a result of ECT findings in* July 2009, see online: http://www.thaindian.com/newsportal/politics/thai-election-commissiondisqualifies-13-lawmakers_100218870.html.

〔106〕 *The Nation*, Bangkok (7 September 2009). 据说有个候选人已从高利贷者处借了50万泰铢。

显的是，至少在泰国政治、经济和法律文化发生显著变化之前，规制选举舞弊使之消失的尝试注定失败。效果似乎比以前更加渺茫。在这个意义上，选举公正问题随着国家现在面临的重大政治问题的解决而解决。政治问题的解决似乎需要两派保持某种政治友好关系和严格根据既定规则（可能特别包括选举规则）继续严格遵守协议。这本身似乎是一个有重大问题的任务，2010 年 5 月事件使之更加难以处理。然而，在 2007 年至今这段试验期内，已经学到很多经验教训，已经确立或经历有用的法律、结构、实践、经验和先例。问题仍然是，同一个机构是否应当实施本质上的组织和调查职能。可能的情况是，管理和然后回头调查选举舞弊的职能应当分别赋予不同的机构，关键是监督机构最好监督选举过程，而不是作为选举过程的必要部分来行事。当然可以论证，泰国已有很多独立机构，鉴于泰国有能力和意愿承担这种监督任务的公民人数相对较少，创造更多的独立机构并为之提供可靠和专业人员本身构成了巨大的挑战。然而，似乎有一个可论证的情况，即修改选举委员会的管辖范围，把它的调查权力（连同具有这方面专长的官员）重新分配给国家反腐败委员会，或者形成专门的警务分支机构来承担这项任务。在已把所有政党的贿选视为准则的政治制度中，需要领导者向宪政的根本转变，以与制度改革一致。

本文在英文期刊《议会与政治法杂志》发表后，泰国又发生了许多变化。2013—2014 年，曼谷“黄衫军”大规模抗议选举产生的英拉政府，引发 2014 年 5 月的军事政变。结果，泰国在此后两年处于军政权统治。曾有起草新宪法的两次努力：第一次为起草机构所否定；第二次诉诸公投，但是公投的条件却离公正无偏甚远。在军政权统治的最后阶段，诸如选举委员会等独立机构并不直接受政治影响。广为接受的共识是，泰国将回归选举政体，选举委员会会继续运作，而其职能并不限于组织公投。然而，新的宪法安排很可能会规定监督选举产生的政府的方法，进而缩减其权力。

约稿函

《世界宪法评论》是探讨各国宪法民主制度的具体实践、发展历史及思想渊源的出版物。我们的宗旨在于深化中国社会问题的制度分析，推动中国的比较宪法研究，建立各国宪法研究的思想库，进而为中国改革积累知识和经验。我们欢迎言之有物、论据充分并符合学术规范的相关论文或译作。

来稿请投至 Conlawrev@126.com。所有投稿均须严格符合《世界宪法评论》的注释体例。译稿请提供作者的书面授权函（包括电子邮件）。

稿件一旦决定刊用，我们将及时通知并和作者签订出版协议。《世界宪法评论》刊登的所有文章的版权均属于编辑委员会。编辑委员会或会对文章进行简单修改，以方便刊发。文章仅代表作者本人观点。

《世界宪法评论》注释体例

《世界宪法评论》的文章标题结构按顺序采用大标题一、二、三，次标题(一)、(二)、(三)，小标题1、2、3。

一、中文注释

(一)著作类

中文著作的注释信息顺序:作者、《文献名称》、出版者及版次、页码。例如:

王世杰、钱端升:《比较宪法》,中国政法大学出版社1997年版,第143—151页。

荆知仁:《中国立宪史》,台湾联经出版社1984年版,第402页。

(二)译作类

译作的注释信息顺序:作者、《文献名称》、译者、出版者及版次、页码。例如:

汉斯·凯尔森:《法与国家的一般理论》,沈宗灵译,中国大百科全书出版社1996年版,第45页。

(三)论文类

中文定期出版物的注释信息顺序:作者、《文章名》、《出版物名称》、年份、卷次、页码。例如

陈弘毅:《论香港特别行政区法院的违宪审查权》,《中外法学》1998年第5期,第12—18页。

(四)编辑出版物

中文多作者文章合成文集或教材的注释顺序:文章作者、《文章名》、载文集编者名、《文集名》,出版者及版次、页码。例如

龚祥瑞:《比较宪法学的研究方法》,载宪法比较研究课题组编:《比较宪法研究文集》第一集,南京大学出版社1993年版,第35页。

陈新民:《宪法的基本概念与理论》,载张千帆主编:《宪法》,北京大学出版社2008年版,第10—11页。

(五)报纸类

中文报刊注释信息顺序:作者,文章篇名,报纸名称,日期。例如:

李步云:《坚持公民在法律上一律平等》,《人民日报》1978年12月6日。

(六)重复引用

中文文献重复时,若紧接第一次引用注文,注明“同上注”、页码;若第二次与第一次引用之间有其他注释,则注明作者名、《论文名》或《著作名》、页码,或注明作者名与著作时间(当著作可明显区别时)。例如:

王世杰、钱端升:《比较宪法》,第15—18页。

陈弘毅:《论香港特别行政区法院的违宪审查权》,第15页。

卢梭(2003),第15页。

(七)其他事宜

1. 注释均为页下脚注,全部注释连续编号。

2. 非引用原文者,注释前加“参见”。

3. 引用资料非来自原始出处者,注明“转引自”。转引文献时,应先注明原始作品之相关信息,再注明转引所据之文献。

4. 引用网络文献等非正式出版资料,应显示资料形成或查阅的时间。

二、外文注释体例

引用外文,以遵循惯例、方便阅读为原则。

(一)著作类

外文著作注释顺序:作者名、著作名、出版地、出版社及出版年代、页码。例如:

Samuel P. Huntington, Political Order in Changing Societies, New Haven and London: Yale University Press, 1968, pp. 1-3.

(二)论文类

外文论文注释顺序:作者名、著作名、杂志名、卷、期(年份)、页码。例如:

AlfredStepan and Cindy Skach, Constitutional Frameworks and Democratic Consolidation: Parliamentarianism versus Presidentialism, World Politics, Vol. 46, No. 1 (1993), pp. 1-28.

（三）报纸类

外文报纸文章注释顺序：作者名、文章名、报刊名、发表时间、版别。

例如：

Ari L. Goldman, *O' Connor Warns Politicians Risk Excommunication over Abortion*, N. Y. TIMES, June 15, 1990, at A1.

（四）论文集

外文论文集注释顺序：作者名、论文名、编者名、文集名、出版地、出版社、出版年份、页码。

例如：

Arend Lijpahart, Presidentialism and Majoritarian Democracy: Theoretical Observation, in Juan J. Linz and Arturo Valenzuela eds., The Failure of Presidential Democracy, Baltimore: The Johns Hopkins Uni. Press, 1994, pp. 98-99.

（五）司法判例

Masses Publising Co. v. Patten, 244 Fed. 535 (SDNY, 1917)

Texas v. Johnson, 491 U. S. 397 (1989).

Costa v. ENLE, Case 6/64 [1964] ECR 585.

（六）立法

Comprehensive Environmental Response, Compensation, and Liability Act, 42 U. S. C. § § 9601-9675 (2000).

（七）网上资料

George McCarthy et al., The Economic Benefits and Costs of Homeownership (Jan. 1, 2001), http://www.housingamerica.org/docs/RIHAw/00-02.pdf.

（八）重复引用

和重复引用中文文献类似。例如

Holmes, The Path of the Law, at 293.

Reich, The New Property, at 739.

Id. at 740.